인권교육 어떻게 할 것인가

인권교육 어떻게 할 것인가

유네스코한국위원회(편)

머리말

1789년 「인간과 시민의 권리선언」을 시발점으로 1948년의 「세계인권선언」과 이후의 각종 인권 관련 국제협약에 이르기까지 인류의 역사는 인간의 권리, 인간다움을 보장받고자 하는 끝없는 노력의 과정이었습니다. 특히 사회주의권이 붕괴된 이후 새로운 보편적 윤리의 핵심으로서 '인권'을 맨 앞에 세우는 데 반대할 논자는 없는 듯이 보입니다. 항간에 유행하는 표현을 사용한다면 인권은 이제 '21세기의 화두'라 능히 부를 수 있을 듯합니다.

대부분의 나라에서 인권은 헌법상 보장되는 기본권으로 한정시키는 경향이 있습니다. 그러나 법이 인간사 전체를 아우를 수 없듯이 인권이 법적인 영역에서만 해석된다면 다양성의 상징으로서 인간의 참모습을 놓칠 수 있습니다. 자기 개성이 뚜렷한 서로 다른 개인들이 더불어 살고 있는 인간사회에서는 그네들 간의 미세한 관계양상을 들여다보았을 때 놀라울 정도의 다양성이 발견되곤 합니다. 따라서 인권 상황은 삶의 현장 가운데서 이해되고 평가되어야 할 것입니다.

가정에서, 직장에서, 그리고 학교에서 우리는 의식하지 못하는 사이에도 수많은 상호관계를 구성하면서 매일 살아갑니다. 이런 관계들 가운데서 여러 가지 형태의 크고 작은 인권침해가 일어나고 있습니다. 어떤 것은 무의식 중에 예사롭게 지나쳐버리기도 합니다. 학교교육의 현장에서 인권교육을 함은 우리들 일상생활의 현장에서 인권문제를 살피고 그에 대한 의식을 일깨우려는 것입니다.

이러한 모든 일들에 대해 적극적으로 대처하려면 무엇보다 가르침의 일선에 서 있는 우리 교사 여러분들의 노력이 필요합니다. 교육이란 모름지기 지식의 전달에 머무는 것이 아니라 좀더 적극적으로 체화시켜낼 수 있는 기회를 제공하는 것이라면, 우리들의 인권교육은 지금과는 다른 모습으로 일대 전환을 이루어야 할 것입니다.

물론 신체의 자유를 논하고 생존권, 사회권 등을 이해시키는 것은 인권교육의 첫걸음임에 틀림없습니다. 그러나 우리 어린 학생들로 하여금 타인에 대한 배려, 그것도 매순간 일어나는 타인과의 만남에서 적극적으로 이루어지는 배려의 미덕을 갖게 하는 것은 인권교육의 이상적 목표일 것입니다.

　　본 지침서의 기획은 바로 이러한 새로운 교육방식의 모색이라는 주제하에 이루
어졌습니다. 따라서 실제 교육현장에서 활용될 수 있는 수업지도안에 가장 큰 중
점을 두었습니다. 도덕과와 사회과 수업을 중심으로 헌법상의 기본권 개념을 이해
시키는 것을 기초로 하고, 동시에 학교생활 과정에서 발생할 수 있는 다양한 관계
들이 인권적 시각에서 어떻게 이해되어져야 하는지, 그리고 그러한 모습들을 학생
들로 하여금 어떻게 받아들이도록 하여야 하는지에 대한 교육방법을 주요하게 다
루고 있습니다. 이러한 노력이 그간 미진하였던 인권교육의 현실에 신선한 자극제
가 되었으면 하는 바람입니다.

　　끝으로, 본서를 위해 인권에 대한 신념 하나만으로 1년 가까운 기간 고생을 마
다하지 않으신 집필자 여러분들과 급박한 제작기간에도 불구하고 훌륭한 책이 되
게 힘써주신 오름 출판사에 감사드립니다.

2000년 5월

유네스코한국위원회
사무총장 **권태준**

차 례

III. 인권교육의 수업모형들

I. 인권교육의 이론과 방법

1. 인권이란 무엇인가
2. 인권과 인권의식
3. 인권과 인권교육

1. 인권이란 무엇인가

1) 들어가는 말

인권은 말 그대로 인간이 가지고 있는 기본적 권리로서 '인간의 권리'를 말한다. 사람이 단순히 사람이라는 이유 하나만으로 누리는 권리가 인권이다. 인권은 인간의 본성에 내재된 권리로서 그것 없이 우리는 인간으로서 살아갈 수 없다. 인간은 기본적인 자유와 권리를 가지고 있기 때문에 자신의 성격과 지능, 그리고 재능과 양심을 발전시키고 이용할 수 있으며, 정신적 욕구 및 기타의 욕구를 충족시킬 수 있는 것이다. 또한 인권은 인간이 사회생활을 영위해 가면서 마땅히 누려야 할 권리를 의미한다. 인간이 세상에 태어나 성장해 가면서 바라는 것, 희망하는 것, 요구하는 것들을 권리의 개념으로 승화시킨 것이 바로 인권이다.

2) 인간은 권리의 주체

사람이 어떠한 '권리의 주체'라는 말이 있다. 이는 다른 누구의 '권리대상'이 아니라, '권리의 주체임'을 명백히 밝히는 말이다. 세계인권선언과 같은 국제인권규약문에서 어떤 권리를 선언할 때 '모든 사람은' 또는 '사람은 누구를 막론하고'라는 말을 붙이는 이유는 '한 사람 한 사람'이 권리의 주체로서 사람의 주체됨을 선언하는 것이다. 그것은 '타고난 권리'(natural right)로서 사람은 날 때부터 권리가 있다는 것이며, 인권의 근원이 된다는 것이다. 이미 인권이라는 말 안에는 주체개념과 어떤 권리개념이 들어 있으며, 주권자의 개념을 동반한다. 근대의 인권개념은 이처럼 사람의 주체성을 인정하되 어떠한 법적 권리의 주체성, 즉 한 사람의 법적 권리를 가리킨다. 인권은 곧 당연한 도덕적 요구로서의 권리를 가지며, 개인의 자유를 보호하는 것이어야 한다.

그런데 인권을 단순히 법적 권리로서가 아니라 하나의 사상으로 확대할 때 그것은 단순히 '사람의 권리'(rights of man)가 아니라 '사람답게 살 권리'(human rights), '인간답게 살 권리'가 된다. 즉, 사람의 사람다움을 실현할 권리이다. 인간

적이라는 말, 곧 인간답다는 말은 인권의 본질적 개념이다. '사람답게'라는 말 안에
는 인간적인 모든 것을 인정하고, 정당하게 보려는 인간관이 관통하고 있다. 인권
의 발전은 그만큼 사람다움을 평가기준으로 삼음으로써 사람을 가치의 근거로 삼
는 데서 이루어져 왔다. 사람이 목적이고, 인간이 가치의 근거이며, 사람의 사람다
움이 최고의 가치이다.

권리로서의 인권은 인간에 대한 '인간의 주체성'을 확립하는 것이다. 한 사람 한
사람이 모두 중요하며, 그런 의미에서 모두는 한 사람이다. 사람은 수단이 아니라
목적이다. 한 사람으로서의 인격, 곧 사람다움은 사람을 목적으로 대우할 때 가능
하다. 사람이 목적이라면 사람 대 사람은 목적 대 목적의 관계이다. 인권은 사람과
사람 사이의 상호관계를 목적의 관계로 세우는 일과 관련되어 있다. 또 인권은 사
람과 사람의 관계를 평등하게 만드는 '주체와 주체의 관계'를 가능하게 해준다. 인
권은 사람과 사람 사이의 평등한 관계를 통해 인간관계를 회복하는 일과 관련되어
있다. 사람과 사람의 관계를 올바로 정립하려는 인권은 민주주의를 확립하는 것으
로 발전한다. 그것은 사람이라면 누구나 인종, 신분, 고향과 출신학교, 직업 따위에
관계없이 귀하게 보는 세계관에 터해 있다. 사람을 보지 않고, 사람의 뿌리를 보면
정의가 없고 원칙이 없는 사회가 된다는 말이 여기에서 나온다.

3) 인권과 인간의 존엄성

인권은 '인간의 존엄성'을 권리로 표현하는 말이며, 인간의 존엄성은 개개인이
서로의 권리를 존중해 줄 때 비로소 확고하게 보장된다. 따라서 인간의 권리가 성
립하려면 사람은 사람이라는 까닭만으로 존엄하다는 관념이 자리잡아야 한다. 사
람답게 살려면 모두 자기 나름의 존엄성이 있음을 자각하고 존중해야 한다. 인간
의 존엄성은 기본적으로 나를 인정하듯이 남도 인정하는 것에서 시작한다. 그리고
내가 존중받으려면 타인을 존중하지 않으면 안 된다. 사람으로 태어난 이상 누구
나 사람답게 살아야 한다. 인간의 존엄성은 기본적 인권을 보장하는 것이지만, 구
체화될 수많은 기본권의 씨앗들을 낳는다. 그러기에 인권은 인간의 존엄성에서 나
오는 모든 법적 권리와 동시에 도덕적 권리를 가져야 한다. 사람은 본디 귀하지만
남에게서 귀한 대접을 받지 못하면 귀한 줄 모른다. 존엄성 또는 자존감은 구체적
으로 보장받아야 한다. 사람이 사람답게 산다는 것은 그 존엄과 자존감을 지키고
발휘한다는 것이다. 그것은 어떤 면에서 영원한 자기실현의 과제이며, 내면을 완성
하는 문제이다.

4) 인권과 평등

모든 인간은 날 때부터 사회적 신분에 관계없이 평등하다. 따라서 사회적 신분의 차이 그리고 인격의 높고 낮음에 상관없이 모든 인간은 마땅히 받아야 할 '몫'(due)이나 '응분'(desert)을 누릴 수 있어야 한다. 사람 사이의 관계를 정의롭게 만드는 공정한 기회균등이 주어져야 한다. 공정한 기회균등은 동등한 자유권의 원칙과 함께 최소수혜자의 기대치를 극대화하는 차등의 원칙이 적용될 때 더욱 평등하다고 할 수 있다. 약자를 위한 차등의 원칙은 실질적 평등을 향한 노력이며, 인간의 번영을 위한 '최소한의 조건'을 만드는 것이다. 인권은 사람이면 누구에게나 '각자의 자기 몫'을 공평하게 분배하는 '정의'를 실현하는 것이다.

인권은 삶의 출발선에서 평등한 조건을 누리지 못한 사람에게 모든 사람이 '똑같이' 존엄함을 확립하는 길로 가기 위한 최소한의 평등장치이다. 서로의 처지를 이해하고, 특히 보호받지 못한 약자의 처지를 특별하게 대우하는 것은 인간이 모두 존엄하기 때문이다. 약자들 한 사람 한 사람을 권리의 주체로 만듦으로써 인간답게 살도록 약자를 살리는 복지적 배려를 해야 한다. 사회가 발전할수록 인권의 영역과 약자의 범위가 확대되어 간다. 곧 노예, 소수민족, 원주민, 무국적자, 여성, 어린이, 어린이노동자, 고아, 빈곤아, 부랑아 등 약자보호의 권리를 늘려가는 쪽으로 인권은 발전하였다. 약자의 개념을 끊임없이 넓혀가는 것이 곧 인권의 영역이 넓혀지는 것이며, 남을 생각하는 정신도 깊어지는 것이다. 처음에는 약자보호를 위해 시작되었던 자비행위가 차츰 권리가 되고 의무로 발전하는 것이다.

5) 인권과 주권

인권은 국가권력에 대한 '국민주권'을 확립하는 첫걸음이다. 인간과 인간의 관계를 정의의 관계로 정립하는 데는 국가권력이 필요하다. 국가권력이란 사람을 보호하기 위해 통치권을 정부라는 정치집단에 부여한 것이다. 우리가 국가라는 기관을 인정하고 따르는 것은 자연상태의 약육강식적 권리침해를 미연에 예방하고, 권리침해가 발생할 때 이를 보상하도록 해주는 대행기관이 필요하기 때문이다. 그런데 인간이 모여사는 사회에서 권력은 필수적으로 요청되게 마련이지만, 국가가 본래의 기능을 발휘하지 못하고 개인의 인권을 침해하는 양상을 보일 때 이에 맞서서 개인의 권리 주체성을 인정하는 국민주권 사상도 요청된다. 개인의 인권을 보호해야 할 국가가 오히려 유린하는 전체주의적 정치양태를 묵인한다면 이는 국민의 주

권을 포기하는 것이나 다름없다. 국가의 공권력을 통해 개인의 권리를 보장하도록
하는 것은 강자에 대한 약자의 보호를 뜻하며, 강자에 대한 약자의 주체성을 보장
하는 작업이다. 모든 사람을 주체로 세운다는 것은 결국 약자도 주체로 세운다는
것이며, 자기결정권을 가진 인격자의 권리를 존중하는 것이다.

6) 인권과 자유

인간은 정신적으로나 육체적으로 '자유'를 갈구한다. 외적 강제가 심할 경우 그
것에서 벗어나려는 방어적 차원의 '소극적 권리'가 필요하다. 이 권리는 부당한 국
가권력이나 타인의 부당한 강압과 간섭, 그리고 횡포로부터 벗어나 자신의 행위를
자율적으로 결정할 수 있는 상태를 말한다. 자유주의는 한 개인이 다른 사람의 자
유나 이익을 침범하지 않는 한 어느 누구도 개인의 자유로운 활동을 방해해서는
안 된다는 '불간섭의 원칙'을 중시한다. 불간섭의 원칙은 더 많은 '자율적 선택의
기회'를 보장할 수 있다. 사람은 누구나 다른 사람의 권리를 침해하지 않는 한도
내에서 자신의 선택에 따라 자신의 삶을 살아갈 수 있는 자유로운 존재이다.

자유를 누릴 때만이 의미 있는 삶과 가치를 생산하고 윤택한 문화를 생산할 수
있다. 자유는 '―로부터의 자유', 즉 소극적 자유에서 시작하여 '―로의 자유', 즉
적극적 자유로 나아간다. 진정한 자유는 외재적인 속박으로부터 벗어남으로써, 그
리고 인간 자신의 내부적인 속박에서 벗어남으로써 얻어질 수 있는 소극적 자유만
이 아니다. 진정한 자유는 내면의 한계를 극복하고 자기의 완성과 바람직한 가치
의 추구를 위하여 자발적으로 몰입할 수 있는 적극적 자유를 동시에 획득하는 것
이다. 적극적 자유는 인간의 권리를 확보하는 데 필수적인 것이다. '총체적 자유'는
소극적 자유와 적극적 자유 모두를 구성요소로 한다. 총체적 의미의 진정한 자유
란 외부로부터의 간섭뿐만 아니라 내면으로부터의 속박에서도 벗어나 자기의 의사
와 행위를 자율적·이성적으로 결정할 수 있는 상태인 것이다. 총체적인 의미에서
자유로운 사람이란 국가권력이나 타인의 부당한 간섭 혹은 횡포에서 벗어나 자기
의 권리를 행사할 수 있어야 하며, 나아가서 자기 자신의 절제되지 않은 내면적
속박이나 욕망에서 벗어나 좀더 바람직한 삶을 추구할 수 있는 사람이다.

인간은 표현을 자유롭게 하고 싶어한다. 자유로운 표현을 할 수 있는 '의사소통
의 권리'는 서로 의사소통을 하는 과정에서 말하는 사람의 권리와 듣는 사람의 권
리로 구성되어 있다. 그리고 이 두 권리는 동시에 존중되어야 한다. 특히 언론과
출판의 자유를 누릴 권리는 지식과 그것의 상호교환이 지니는 막중한 가치 때문에

중요하다. 우리는 우리의 이웃, 우리가 다니는 교회, 그리고 우리가 뽑은 정부와는 명백히 다른 의견을 가질 수도 있다. 정부는 지금까지 국민들이 정부와 의견이 충돌할 때 국민들로 하여금 그들의 의견을 자유롭게 표현하는 것을 금지시켜 왔다. 그래서 정부는 그들에게 달갑지 않은 것은 무엇이든 검열과정을 통하게 하였고 그것은 표현의 자유를 침해하는 주범이 되어 왔다. 그렇다고 표현의 자유에 대한 권리가 당신이 원하면 언제라도 무슨 말이나 할 수 있는 자격을 부여하지는 않는다. 이러한 경우 그 권리는 다른 사람의 권리에 의해 제한을 받는다.

예를 들어 영화관에서 영화를 볼 때 아무 이유 없이 "불이야!" 하고 소리칠 권리를 갖는 것은 아니다. 소리를 지르려면 '정당한 이유'가 있어야 한다. 정당한 이유가 되지 못할 때 소유주는 소란을 피운 사람을 퇴장시킬 책임이 있다. 이러한 소유주의 책임은 모든 관람객의 다수 이익(공리성)을 보호하기 위한 것이다. 타인의 해악을 낳는 행위는 법적 규제나 도덕적 규제를 받을 수 있다. 또 밤늦게까지 파티를 열어 아파트의 아래윗집 사람이 잠을 잘 수 없을 정도로 시끄럽게 했다면 이들의 표현의 자유는 이웃의 인권을 침해하는 것이 된다. 왜냐 하면 이웃 또한 자기 집에서 조용하게 지낼 자유를 누릴 권리를 가져야 하기 때문이다. 자기 아파트라고 하여 밤늦게 망치질을 하거나 피아노를 치는 일은 정도를 넘어서는 권리행사이다. 그렇기에 '적당한 정도'를 넘어서는 소음은 타인의 인권침해나 공동체의 존립을 위태롭게 하는 '방해행위'로 규정할 수 있다. 창작행위에서도 마찬가지로 적용할 수 있을 것이다. 표현의 자유는 가치를 드러내야 하고 공동체적 책임을 가져야 한다.

7) 인권과 생명존중

인권은 '생명의 존중'을 중시한다. 인간은 자신의 귀중한 생명을 안전하게 유지하는 것을 가장 필수적인 요소로 간주하고 있다. 생명의 유지는 신체적인 안전을 비롯해서 무단체포되거나 고문당하지 않을 것까지 포함한다. 행려병자를 고통 없이 죽일 수만 있다면 살인의 근거를 마련해 줄 수 있는 '사회적 공리성'을 정당화할 수 있는가? 그럴 수는 없다.

그렇다면 보잘것 없는 행려병자의 생체 실험을 통해 의술에 대한 획기적인 발전을 가져와 다수의 인간 복지를 증진시킬 수 있음에도 불구하고 그 사람을 죽일 수 없는 이유는 무엇인가? 한 사람을 죽임으로써 백 사람이 행복해질 수 있는 살인의 타당성이 있음에도 불구하고, 즉 개인의 생명이 전체의 총량(사회적 공리성)을 위

해 희생될 수 있다는 사회개량의 목적이 있음에도 사람을 죽여서는 안 되는 이유
는 무엇인가? 그것은 한 사람이 아무리 보잘것 없는 인간이라 하더라도 개개의
'생명에 대한 권리'를 갖고 있기 때문이다. 모든 사람은 누구나 똑같이 타인에게
양도할 수 없는 권리, 평등한 대우를 누릴 권리, 그리고 생명의 권리를 갖고 태어
났기 때문이다. 신의 의지에 의해서거나 사람들 사이의 사회계약에 의해서거나 사
람은 자신의 '자발적 동의' 없이 함부로 자신의 생명을 다른 사람들의 수단으로 사
용되는 것이 허용되어서는 안 된다. 이와 같은 기본적 권리는 폭행당하지 않을 권
리, 고문당하지 않을 권리, 구타당하지 않을 권리, 강간당하지 않을 권리, 기타 신
체상의 해를 입지 않을 권리 등에도 마찬가지로 해당된다.

8) 청구권과 소유권

권리란 종종 일종의 '청구'(claim)를 할 때 요청되는 것이라고 말해지기도 한다.
청구를 한다는 것은 필요하고 요긴하기 때문이다. 그러나 청구라고 해서 무조건적
인 권리를 주장하는 것은 아니다. 어떤 아이의 장난감을 내 것이라고 요구할 수
있으나(흔히 어린아이들이 남의 집에 가서 갖고 싶은 것을 갖고 놀다가 허가 없이
그냥 가져가려고 하는 경우를 쉽게 보게 된다), 그렇다고 하여 그것에 대한 권리가
나에게 주어지는 것은 아니다. 권리의 주장은 무조건적인 것이 아니고, '공정한 청
구'이어야 하며, '타당한 청구'일 때 성립한다. 타인의 이해와 대립할 때 그 청구는
정당성을 갖기가 어렵다.

인권이 '무엇을 청구할 때만' 갖게 되는 권리인가? 꼭 그렇지만은 않을 것이다.
우리는 우리가 미처 알지 못했던 유산에 대해서도 권리를 가질 수 있으며, 또한
물건을 도둑맞았을 때에도 잃어버린 물건에 대한 권리를 갖기 때문에 그 권리를
굳이 요구하지 않고서도 분실된 물건에 대해 '자격'을 가질 수 있다. 훔친 TV가
도둑에게 훨씬 더 요긴한 물건일 수 있지만 그것을 산 소유자가 따로 있을 때 자
신의 소유물을 자신의 뜻에 따라 처분할 수 있는 권리, 즉 '소유권'(ownership)이
인정되어야 한다. 소유권은 '침범금지 표식'과 같이 다른 사람과의 관계에서 그 표
식을 넘어서는 안 되는 지표와 같은 것이다. 이렇게 볼 때 권리의 개념은 일종의
'소유자격'(entitlement)이라고 말하는 것이 나을지도 모른다. 어떤 사람이 자기가
쓰던 자동차를 나에게 주었을 경우, 나는 그것에 대해 '소유자격'을 가진다. 내가
그것을 요구했건 안했건 상관이 없다.

어떤 사람이 김씨의 재산을 다른 사람들에게 분배함으로써 다른 사람이 누릴 행

복이 김씨가 겪을 불행보다 크다고 하더라도 분배해서는 안 되는 이유는 무엇인가? 그 재산은 김씨가 '노력'하여 벌어들인 것으로서 그 사람만이 그것에 대해 권리를 갖기 때문이다. 대상에 '노동'을 투여하고, 그때의 노동한 결과가 소유권으로 나타날 수 있다. '경자유전'이 이에 해당하는 말이다. 그렇다면 자격은 그것을 소유할 '응분의 자격'을 갖추어야 한다. 응분의 자격이란 '당신이 누려야 할 응분의 몫을 차지하는 것'이다. 그런데 노력을 하지 않고 응분의 자격을 갖추지 않은 사람이 갖고 있는 재산은 어떻게 해야 하나? 평등의 관점에서 보았을 때 그것은 '가장 불이익에 처한 사람의 이해'를 위해 사용되어져야 한다. 그러면 만약 부모가 여러 자식에게 재산을 분배할 경우 어떤 기준을 가지고 분배할 것인가? 그것은 매우 어려운 문제로서 평등한 분배, 노력과 업적, 필요와 능력, 상황 등을 모두 고려하여 '공정하게' 이루어져야 한다.

9) 권리와 의무

이렇게 권리의 개념은 다양한 차원에서 이루어진다. 그렇다면 '권리'와 '의무'(duty)의 상관관계를 따져봄으로써 관계를 명료화할 수 있다.

첫째, 김씨가 어떤 '권리'를 갖는다면 다른 사람들(김씨, 이씨, 심씨…)은 그것에 '상응하는 의무'를 갖는다. 권리는 의무의 근거이기에 모든 권리에는 '상관적 의무'(correlative duty)가 있다. 앞서 논의한 바 있듯이 나와 다른 사람이 당신을 '죽여서는 안 된다는 의무'를 가질 때 당신은 자신의 '생명에 대한 권리'를 가질 수 있다. 즉, 의무를 가져야 '생명권'이 보장되는 것이다. 당신이 자신의 물건에 대해 법적 · 도덕적 권리를 가진다면 타인은 그것을 '훔쳐서는 안 되는 의무'를 갖고 있어야 한다. 다른 사람의 재산을 빼앗지 않아야 할 나의 의무는 타인의 소유권에 서로 상응한다.

둘째, 김군의 '권리'가 김군의 '의무'를 함축하는 것은 아니다. 의무 없이도 당신은 권리를 누릴 수 있다. 어린이는 스스로 자신을 보살필 수 있을 때까지 '보살핌을 받을 권리'를 가진다. 이것은 타인들, 즉 부모(김씨)로 하여금 어린이를 보살피는 의무가 있음을 말하긴 하지만, 어린이 자신이 의무를 가지고 있음을 뜻하는 것은 아니다. 아직까지 어린이는 의무라는 개념을 갖지 못하며, 더욱이 그 '의무를 수행할 능력'을 갖고 있지 않다. 이 경우 어린이는 권리만을 갖고, 성인은 의무만을 갖는다고 할 수 있다. 이럴 때 '온정적 간섭'이 허용된다. 어린이는 물론, 비정상인과 고령자에 대한 온정적 간섭은 물론 그들이 나중에 스스로 자유롭게 결단할 수 있는 권리를 가질 때까지 도와주는 조력자의 입장에서 이루어져야 한다. 그러나 이같은 온정적 간섭이 '강한 간섭'으로 발전해서는 안 된다. 당신의 의지는 당신의 재산이기에 마음대로 처분할 수 있는 권리가 있지만, 자식은 마음대로 할 수 있는 재산이 아니기 때문이다. 이렇게 본다면 어린이는 인간으로서 그들 나름대로의 권리와 특권을 갖고 있다고 할 수 있다. 부모가 온정적 간섭조차 하지 못할 경우 국가가 적극적으로 개입하는 '복지권'을 요청할 수 있다. 이것은 부모의 교육권과 국가의 교육권이 맞물린 문제이다.

셋째, 타인에 대한 의무가 반드시 타자의 권리를 함축하는 것은 아니다. 당신이 어떤 의무를 가지는 경우, 타인들은 그에 해당하는 권리를 갖지 못할 수도 있다. 당신은 자신이 기르는 개에게 먹이를 주어야 할 의무를 갖지만, 그렇다고 해서 그 개가 먹이를 달라고 할 '권리(동물권)'를 가지는가? 또 당신이 곤경에 처한 친구를 도왔을 경우 그렇다고 그 친구가 당신에게 어떤 '요구'를 할 수 있는가? 그 친구는 당신의 도움을 자신의 권리로서 주장할 수 있는가? 그렇게 할 수는 없을 것이다. 왜냐 하면 자신의 이익을 위해 도움을 준 것이 아니기 때문이다. 운전사로서 당신은 붉은 신호등이 켜졌을 때 자동차를 멈추어야 할 의무를 갖지만 이러한 의무에 상응하는 권리를 갖는 사람은 도대체 누구인가? 특히 보행자도 없는 사거리에서 말이다. 그렇다면 권리는 최종적으로 '공공의 요구'에 부응할 때 정당성을 갖는다.

10) 권리와 규칙

이렇게 볼 때 권리와 의무의 관계는 개념적 관계로만 존재하는 것이 아니라 그것을 판단하고 조정하는 교통신호와 같이 '규칙의 체계'(rule structure) 속에서 이루어진다고 보아야 한다. 도서관에서는 누구나 큰 소리를 내서는 안 되는 규칙이 있으며, 규칙의 준수를 통해 독서의 자유로운 권리를 향유할 수 있다. 축구 경기를 예로 들어 보자. 경기 도중 어떤 선수도 프리킥을 얻을 권리 또는 자격이 있다고 하자. 이 경우 왜 프리킥을 얻을 권리가 있느냐라고 묻는다면 받아들일 만한 합당한 이유가 있어야 한다. 그것은 선수 개개인이나 관중 모두가 '축구 게임의 규칙'을 받아들이고 숙지하고 있으며, 그것을 지키겠다는 약속을 이미 전제하고 있기 때문이다. 약속과 약속이 상호부여된 합의가 이루어질 때 권리주장이 성립한다. 약속한 대로 행동을 하겠다는 규칙이 없다면 권리를 주장할 수가 없다. 권리의 향유는 '공동체의 합의' 속에서 이루어지는 것이다. 비록 자신의 이해와는 거리가 있을지 모르지만 본질적으로는 자신의 복지를 실현하고 나아가 '모든 사람의 이익'과

'공동체의 복지'와 '공공선'을 구현해야 한다. 개인이 권리라는 이름 하에 간섭받지 않는 자기만의 공간을 강하게 주장할 때 공동체 자체의 존립을 불가능하게 하며, 그것은 곧 자기 존립의 근거도 허약하게 한다.

규칙의 적용은 나라마다 다른 권리의 향유와 함께 독특한 규범방식으로 나타날 것이다. 공동체마다 법적·제도적·도덕적 기준이 다를 수 있기 때문이다. 문화적 차이에 따라 권리 추구 및 인권의 향유는 서로 다른 '공동체적 맥락'을 갖는다. '양심적 병역거부' 문제를 두고 보더라도 분단된 나라와 그렇지 않은 나라를 구분하지 않고 아무런 조건과 제약이 없이 무한정으로 개인의 권리를 허용하기란 쉽지 않을 것이다 여기에 대해 '조건부 권리'를 보장할 것이냐, 아니면 '무조건적 권리'를 보장할 것인가에 대한 논란이 일어날 수 있다. 권리의 보편적 특성을 고려한다고 하더라도, 특히 민족의 현실과 관련된 문제일 경우 집단적 권리가 개인의 보편적 권리주장보다 우선할 수 있는 상황을 상정할 수 있다. 민족의 생존권과 관련된 집단적 권리의 요청일 경우 특히 그러하다. 물론 집단적 권리가 공공선을 가질 때 그것의 정당성을 갖는다. 권리가 충돌할 때 공정한 규칙의 적용이 있어야 하지만, 특수한 상황과 조건을 우선시하여 민족의 최고선을 상위의 가치로 놓을 수 있다. 집단적 권리를 요청하는 제일의 조건은 모든 인간의 휴머니즘에 바탕을 두어야 한다. 그래야 개인의 이해에 봉사하는 것으로 환원될 수 있다. 그리고 공동체의 집단적 자결권은 궁극적으로 개인의 권리를 수호하려는 데 있어야 한다.

만약 규칙이 인간의 인권, 특히 자율성을 제약하는 강압의 속성을 지닌 반민주적인 것이라면 그 규칙에 반하는 자율권을 보호할 수 있는 주체적 '거부의 권리'가 주어져야 한다. 그것이 온건한 방식이든 급진적 방식이든 최소한의 '저항권'을 향유할 수 있어야 한다. 전체주의적 권력을 행사하는 사회에서는 규칙을 준수하는 데 있어서 개인의 인권보호를 위해 '조건적 의무'(conditional duty)의 이행을 담지할 수밖에 없을 것이다. 부정의한 상황에서 상사의 지시를 그대로 따를 경우 자신의 생존에는 도움이 되지만 더 큰 잘못을 초래할 수 있고, 나아가 조직의 발전이나 사회의 발전에도 위해를 가져온다. 그럴 경우 단순히 명령을 따르는 것으로 안위를 삼을 수는 없을 것이며, 동시에 단순히 인간관계의 보존을 위해 더 큰 불의를 용납하는 것은 자신의 양심에도 위배되며 사회정의의 실현에도 위배된다. 권리만을 강조한다면 우리는 비록 간섭받지 않는 개인의 영역을 확보할 수는 있지만 타인의 복지나 공동체의 화합에 무관심하기 쉽고, 반면 공공선만을 강조한다면 비록 우리는 도덕적 인품의 형성이나 공동체의 화합을 도모할 수는 있겠지만 전체주의로 빠지거나 자율적 자아를 상실하게 될 위험이 있다.

11) 권리와 덕

인권은 이해관계를 조정하는 공정한 법칙을 넘어 '남을 남으로' 보는 관계, 곧 사랑의 세계를 바라보고, 때로는 '특별한 배려'를 해야 한다. 도덕성은 정치공동체의 적법성 너머에 있다. 영원히 다하지 못하는 의무는 덕의 의무이다. 이해관계를 넘어 남을 생각하는 마음, 남의 처지에서 생각할 줄 아는 동료애가 진정한 인권이다. 권리 조정의 적당한 공정성을 가지는 것이 민주사회에서 요구되는 기본적 법칙이지만, 완전한 관계의 회복을 위한 보다 차원높은 인권으로 발전하려면 권리담지자의 '덕있는 행동'이 요청된다.

단순히 권리의 개인적 추구가 아니라 이타적 성향을 갖는 도덕성을 지향해야 한다. 사람과 사람 사이의 권리를 추구하는 것이 공정해야 하지만 상황과 조건에 따라 사람과 사람 사이의 도리를 우선시하는 인륜성을 요청할 때 자신의 권리를 진정으로 표현하는 것이다. 권리의 추구는 최종적으로 인륜성의 가치에 부합하여야 한다. 그것은 사랑, 연민, 양보의 미덕 등 이타적 가치를 지향해야 한다. 권리 추구는 보다 큰 행복과 복지의 구현을 위한 최소한의 조건에 지나지 않는다. 권리 추구 자체가 '내재적 목적' 또는 '궁극적 목적'일 수는 없다. 다만 도구적 가치만을 지닐 뿐이다. 권리를 더 높은 가치로 고양시키는 더 높은 인격을 갖추어야 한다. 권리는 도덕적으로 칭송할 만한 높은 내적 가치나 덕목을 함유해야 한다. 인권은 '인격'의 연장선에 있으며, 인권의 완성은 인격에 대한 기본적 자각으로부터 시작된다. 물론 인격교육이나 도덕적 완성을 위해서는 최소한의 권리가 먼저 충족되어져야 한다.

12) 나오는 말

권리만을 주장할 때 이기심 많고 인정머리 없는 졸부가 되기 쉬우며, 반면 덕만을 강조할 때 무골호인으로 비웃음을 받거나 전제정권의 충실한 충복으로 전락할 위험도 있다. 따라서 어떤 상황에서 '양보'와 '인정'이 요구된다면, 다른 상황에서는 '부정의의 시정'과 '정당한 분배'를 요구해야 한다. 개인들이 마땅히 받아야 할 '몫'(due)이나 '응분'(desert) 또는 '청구'(claim)나 '소유자격'(entitlement)이 박탈당하거나 침해당할 때 우리는 이에 대한 시정과 보상으로서 이익 분쟁을 조정하는 공정한 분배에 대한 요구, 시비지심이나 공정성을 요청하기도 하고, 때로는 이익 분쟁의 씨앗이 되는 욕망이나 이기심을 극복하려고 권유하는 측은지심이나 양보와 인정을 요구하기도 한다. 이것은 오늘날 우리가 몸담고 있는 현실사회가 정과 우애로 다져진 친밀한 사람들끼리의 '공동사회'의 모습뿐 아니라 사익을 추구하는 낯선 사람들끼리의 '이익사회', 그리고 이 두 가지의 모습을 겸비한 두 얼굴의 성격을 가진 '중간적 공동체'로 이루어져 있기 때문이다. 이럴 때 상호이익을 보장하려면 의무의 이행이나 부정의의 시정과 같은 '최소도덕'을 권리의 기반으로 삼는 동시에 인과 사랑이라는 '최대도덕'을 향해 윤리적 지평을 확대시켜야 한다.

　　나아가 근대성의 한 특징인 인간중심주의에서 비롯된 인권사상은 사람과 사람 사이의 권리에 머물지 않고, 사람과 자연의 관계를 새로운 시각에서 보게 되는, 만물을 주체로 삼는 '자연권'(right of nature) 또는 환경권으로 그 지평을 넓혀야 한다. 자연을 착취의 대상에서 보호의 대상으로 여기는 자연권은 환경오염과 생태계의 파괴가 심각해지면서 사람과 자연과의 관계를 정립하는 새로운 권리로 대두하고 있다. 인류의 생존문제를 고려하지 않는 사람만의 인권에 머무는 인간중심주의는 더욱 생태계를 위협한다. 이렇게 사람과 자연과의 관계가 바르지 않을 때 사람과 사람의 관계가 좋을 수 없다. 자연을 개발과 억압의 대상으로 여길 때 사람과 사람의 관계가 제대로 될 수 없다. 생산과 기술은 인간관계만으로 한정해서는 안 된다. 사람만이 권리의 주체와 목적이 되면 사람 바깥에 있는 자연이 객체가 되는 이용과 지배의 수단으로 전락한다. 이러한 관계는 자연과 인간과의 관계단절일 뿐 아니라 궁극적으로 사람과 사람의 관계를 단절한다. 따라서 인권은 사람의 문제이지만 그 인식지평을 존재 전체의 대아적 세계관으로 확장하여 전지구적 생태윤리를 회복해야 한다.

2. 인권과 인권의식

① 인권의 역사와 배경

인권은 모든 사람이 태어날 때부터 부여받은 평등하고 양도할 수 없는 권리를 의미한다. 인종·피부색·성·언어·종교·정치·재산·출생 또는 지위가 다름에도 불구하고 누구나 자연법과 자연권이 보장하고 있다고 믿는 권리와 자유를 가지고 있다. 인권에 대한 인류의 보편적 믿음은 1948년 12월 10일 유엔 총회에서 결의되고 선포된 「세계인권선언」에서 가장 압축적으로 표현되고 있다.

그러나 인권사상의 싹은 고대 그리스의 소피스트들(sophists)에게로 거슬러 올라간다. 소피스트들이 오늘 우리가 생각하는 그런 의미의 인권사상을 말하고 있지는 않지만 자연중심의 철학에서 인간중심의 문제로 철학적 관심을 돌려 놓았다는 사실은 커다란 변화였다. 인간을 만물의 척도로 보는 인간중심주의는 초보적인 인권의식을 반영하고 있다. 이들은 법을 계약의 산물로 보았고 사회나 정부는 개인의 이익, 특히 강자(强者)의 이익을 보호하기 위해 인위적으로 만들어진 인공물이라는 생각을 가졌다. 그들은 국가보다는 개인의 권리를 우선적으로 생각했다. 그후 로마의 법률가들이 제안한 자연법 사상은 인간에게 보편적 권리가 있음을 확신시켜 주었다. 자연법은 하느님의 명령이며, 보편적으로 적용되고 불변의 내용들로 이루어져 있다. 인간의 평등성, 권리의 보편성, 그리고 생명의 존엄성 등은 모두 자연법이 보장하고 있는 중심내용들이다. 노예제도의 폐지를 주장할 수 있었던 근거도 바로 자연법 사상에 있었다. 이런 자연법 사상은 근대에 와서 더욱 발전하였으며, 사회계약론에 바탕을 둔 근대시민사회가 개인주의와 자유주의의 정신을 확대할 수 있었던 것도 그 바탕에 자연법의 정신이 놓여 있었기 때문이다.

영국에서 제정된 「대헌장」(The Magna Carta, 1215년), 「권리청원」(The Petition of Right, 1628년), 그리고 「권리장전」(The Bill of Right, 1689년)은 인권의 역사에서 중요한 진보를 이룬 사건들이다. 인간의 보편적 권리가 실정법으로 보장된 최초의 경우는 미국의 「독립선언문」(1776년)과 프랑스 대혁명 이후 제정된 「인권선언」(1789년)이다. 이 두 선언문은 '모든 인간은 평등하고 자유로운 존재이며, 양도할 수 없는 자연의 권리를 가진다'고 밝히고 있다.

그러나 그리스 사람들이 생각한 시민계급에 노예, 여자, 그리고 어린이는 제외되었듯이 위에서 말한 선언들도 역시 시대적 한계를 지니고 있었다. 시민의 권리를 주장하나 어린이와 여자는 역시 제외되었다. 명실상부하게 남녀노소를 불문하고 모든 사람의 인권을 보편적 가치로 인정하게 된 것은 1948년 유엔이 선포한 '세계인권선언'이 처음이다.

1) 제1세대 인권

근대 이후 20세기 전반기까지 인권의 개념은 그 적용범위나 내용에서 점차 확대되어 왔다. 인권의 내용을 보면 처음에는 소위 인간의 기본권이라 말할 수 있는 언론의 자유, 결사의 자유, 사유재산의 권리, 종교의 자유, 투표의 자유, 고문을 받지 않을 권리, 공정한 재판을 받을 권리 등 전통적으로 주장되어 온 자유와 권리들이 그 중심내용을 이루고 있었다. 이를 제1세대 인권의 내용들이라 이름붙일 수 있다(1789년 The Declaration of the Rights of Man and Citizen, The U.S. Bill of Rights, 그리고 The European Convention on Human Rights 등에서 구체적으로 그 조항들이 표현되고 있다).

2) 제2세대 인권

제2세대 인권의 내용들은 사회경제적인 조건들의 개선과 관련해서 새롭게 첨가된 권리들이 포함된다. 1948년 「세계인권선언」의 22조에서 27조까지의 내용들이 여기에 해당한다. 노동의 권리, 정당한 보수(임금)를 받을 권리, 최소한의 무상교육을 받을 권리, 휴식과 여가의 권리, 인간의 존엄성을 유지할 수 있는 삶의 권리, 의료보장을 받을 수 있는 권리 등이 이것들이다.

3) 제3세대 인권

인권의 내용은 다시 확대되는데, 1세대와 2세대 인권이 개인의 가치를 중심으로 놓고 있다면 3세대 인권은 공동체나 사회 전체구성원들의 단결된 권리로 구성되어 있다. 평화, 환경적 가치, 문화와 종족적 동일성의 보존, 그리고 건강한 경제발전 등을 인권개념에 포함시키고 있다. 정보통신사회에서 새롭게 요구되는 인권개념들—예를 들면 개인정보의 유출, 포르노 산업의 무차별적 공략, 해커나 크래커의 불법적 행위 등이 가하는 인권침해로부터 보호하려는 것들—이 등장하고 있다.

이처럼 인권의 내용은 20세기에 들어와서 다양하게 확대되었다. 뿐만 아니라 인권의 적용 범위도 역시 확대되어 왔다. 어린이·여성·전쟁포로·난민·노동자의 권리에 관한 규정과 협약들이 제정되었으며, 인종차별 금지, 사형제도의 폐지, 학살과 고문 같은 반인륜적 범죄, 노예제도, 인신매매, 강제노동 등을 금지하는 국제 협약들이 제정됨으로써 인권의 범위는 확대되었다. 그 대표적인 국제협약들을 보면 아래와 같다.

- 「여성의 정치적 권리에 관한 협약」(The Convention on the Political Rights of Women, 1953).
- 「어린이 권리 협약」(The Convention on the Rights of the Child, 1989).
- 「전쟁 포로의 대우에 관한 제네바 협약」(The Geneva Convention relative to the Treatment of Prisoners of War, 1949).
- 「난민의 지위에 관한 협약」(The Convention relating to the Status of Refugees, 1951).
- 「결사의 자유와 조직할 권리의 보호에 관한 국제노동기구 협약」(The ILO Convention concerning the Freedom of Association and Protection of the Right to Organize, 1948).
- 「인종차별 철폐를 위한 국제 협약」(The International Convention on the Elimination of All Forms of Racial Discrimination, 1966).
- 「학살범죄 방지와 처벌에 관한 협약」(The Convention on the Prevention and Punishment of the Crime of Genocide, 1948).
- 「강제노동 폐지에 관한 국제노동기구 협약」(The ILO Convention concerning the Abolition of Forced Labour, 1959).

인권존중사상이 확대, 확산되어 온 배경에는 두 가지 신념이 놓여 있다. 자유주의와 개인주의적 가치에 대한 믿음이다. 17세기 이후 서구의 근대정신은 이 두 가지 이념을 바탕으로 해서 성숙한 시민사회를 이룩했다. 따라서 인권을 교육하는 일은 일차적으로 자유주의와 개인주의 정신이 무엇인지를 가르치는 일부터 시작되어야 한다. 자유주의의 기본정신은 다른 사람의 자유를 침해하지 않는 한 개인의 자유는 최대한 보장되어야 한다는 데 있다. 국가나 사회가 개인의 자유를 간섭하거나 제한할 수 있는 근거는 오직 다른 사람의 자유를 침해할 위험이 있을 경우에만 해당된다. 개인주의의 기본정신은 모든 개인이 독립된 개체이며, 자기 발전과

자기실현을 최선의 목표로 삼는 데 있다. 방임주의로 흐르지 않는 자유주의와 이
기주의와 혼동되지 않는 개인주의의 건전한 정신을 교육하는 일은 인권교육의 선
결과제이다.

② 왜 우리는 인권의식이 약한가?

우리 나라의 경제적인 수준이나 문화적인 전통을 고려할 때 인권의 수준은 거기
에 훨씬 미치지 못하고 있는 것이 사실이다. 홍익인간을 건국이념으로 삼았던 고
조선 이래 사람을 존중하는 사상이 우리에게 없었던 것은 아니나 오랫동안 지속된
봉건주의적 체제는 인권사상이 성장할 토양이 되지 못했다. 19세기말 봉건주의 타
파를 기치로 내세운 동학은 언내천(人乃天) 사상을 주장했다. '사람이 곧 하늘'이라
는 인간존중사상은 오늘의 인권사상과 정신을 같이 하고 있다. 그러나 서구의 인
권사상이 자유민주주의와 뿌리를 같이 하고 있음을 볼 때 우리 사회에서 아직 성
숙한 인권사상을 기대하기란 어렵다. 그 이유는 다음 다섯 가지이며 이것들을 들
추어 내는 일은 인권교육의 한 방법이 된다.

1) 봉건주의 의식

비록 우리가 자유민주주의 사회에 살고 있지만 의식의 내면에는 아직도 봉건주
의적 사고방식이 많이 남아 있다. 정치나 경제제도 등 사회의 여러 분야에서의 근
대화는 비교적 빠른 시간 안에 이루어질 수 있음에도 불구하고 의식에서의 근대화
에는 보다 많은 시간이 필요하다. 봉건주의 의식의 전형적인 예로는 다음과 같은
것들이 있다. 반론과 비판을 잘 허용하지 않는 배타적인 권위주의, 학벌과 재산에
따라 새롭게 형성된 계급 질서와 차별을 묵인하려는 태도, 권력지향적인 관존민비
(官尊民卑)의식, 학연·혈연·지연과 같은 연고주의를 지나치게 중요하게 생각하는
태도, 그리고 자식을 독립된 개체로 보지 않고 자신의 소유물이나 대리만족의 도
구로 보려는 태도 등은 모두 봉건주의 의식의 잔재들이다. 인권교육과 민주주의교
육이 같은 이유는 바로 이 두 가지 교육이 모두 봉건주의 의식을 걷어내는 일로부
터 시작되기 때문이다.

2) 민주주의의 미성숙

서양에서의 인권사상은 17세기 이후 개인주의·자유주의·민주주의 등의 이념들과 동시에 출현해서 본격적으로 확대되어 왔다. 위에서도 지적되었듯이 인권의식은 자유주의와 개인주의 정신과 불가분의 관계를 가지고 있다. 따라서 성숙한 자유민주주의적 사고방식이 우리 사회 전반에 걸쳐 확대되어 있지 않다는 사실은 인권의식이 약화되는 원인 가운데 하나이다. 국가지상주의나 전체주의는 국가와 사회의 목적을 위해 개인의 권리와 자유를 유보하거나 침해하는 것을 정당화해 준다. 국가안보를 최고의 목적으로 삼았던 과거에 얼마나 많은 인권침해 사례가 있었는가를 보면 알 수 있다.

우리는 종종 '대(大)를 위해서 소(小)를 희생해야 한다'는 논리를 자주 사용하게 된다. 물론 이런 태도가 많은 경우에 필요한 실천덕목임에도 불구하고 지나치게 남용될 때 불공정, 부정의, 그리고 인권침해의 위험성은 증가된다. 인권의 문제가 다수 쪽보다는 언제나 소수 쪽에서 발생한다는 사실은 '대를 위해 소를 희생해야 한다'는 논리가 인권침해의 위험성을 내포하고 있음을 보여준다. 민주주의사회에서 다수결의 원칙이 최선의 의사결정방식이지만 소수의 견해를 충분하게 고려할 때 '다수의 전제'(tyranny of majority)로부터 벗어날 수 있으며 그 정당성을 얻을 수 있는 것과 마찬가지로, 희생이 요구되는 소(小)에 대한 고려는 다수 쪽에 속한 사람들에게 요청되는 도덕적인 요구사항이기도 하다. 인권의식은 바로 소수에 대한 고려에서 출발한다.

3) 지나친 경쟁사회

자본주의 시장경제체제는 기본적으로 경쟁의 공정성과 효율성을 최고의 가치로 삼는다. 17세기 초기 상업자본주의 시대로부터 오늘날의 고도화된 산업자본주의에 이르기까지 자본주의체제는 항상 자유경쟁을 생존의 전략으로 삼아왔다. 그러나 20세기에 들어서서 러시아와 동유럽은 사회주의경제체제를 자본주의의 대안으로 실험해 보았으며, 서유럽의 여러 나라들도 평등의 이념을 강조하는 사회주의 정당―예를 들면 영국의 노동당, 독일의 사민당 등―에게 정권을 맡겨 자본주의체제를 수정 보완하려는 시도를 해왔다. 이런 시도들이 비록 전자처럼 실패했거나 후자처럼 시장경제체제의 부분적 수정에 그치고 마는 결과를 낳았지만 평등과 인권의 신장에 많은 기여를 했다.

그러나 우리 나라의 경우는 오직 자본주의경제체제만을 유지해 왔다. 그리고 시장경제체제 아래에서 우리 사회는 경쟁의 전쟁터와 같았으며 그것도 점점 더 치열해지고 있다. 경쟁은 언제나 승자와 패자를 만들어 내며, 이런 경쟁사회에서는 평등이념과 인권존중사상의 설 자리가 상대적으로 작을 수밖에 없다. 세계화와 경쟁력 강화의 논리는 죽기살기 경쟁을 부추기며, 승자가 되기 위한 목적은 불공정한 수단과 방법까지도 정당화해 준다. 정치·경제·사회·교육 등 모든 분야에서 지난 수십 년 동안 우리 사회를 지배해 온 가치관이 있다면 그것은 '결과지상주의'일 것이다. 타자를 항상 경쟁의 상대자로 보는 한 타자의 인권에 대한 고려는 어렵다. "다른 사람을 수단으로 다루지 말고 목적으로 다루어야 한다"는 칸트의 도덕률을 다시금 음미해야 할 이유는 사람은 언제나 목적이기 때문이다. 타자를 나의 목적에 필요한 수단으로 보지 않고 또 이용하지 않는 태도는 인권존중의식의 첫걸음이 된다.

4) 이데올로기 대립과 분단상황

제2차 세계대전 이후 지난 50년의 냉전체제 아래에서 우리 민족은 세계에서 가장 큰 희생을 치렀다. 한국전쟁으로 인한 민족상쟁의 비극과 이데올로기의 극단적인 대립은 남한과 북한 사회 모두에게 참을 수 없는 부담을 지게 만들었다. 그 가운데 인권의식의 정체는 가장 큰 정신적 피해일 것이다. 상당한 숫자의 정치범이 구금되어 있다고 알려져 있는 북한의 인권상황은 말할 필요조차 없으며, 남한에서의 인권상황 역시 아직 많은 부분에서 심각한 상황하에 있다. 영토적으로 분단되어 있고 이념적으로나 군사적으로 서로 대치하고 있다는 정치적 상황은 인권의식이 자라기에 좋은 조건이 되지 못했다. 인권을 생각하기보다는 국가안보가 더 중요하게 간주되는 상황은 아직도 지속되고 있다. 이런 현실 정치적 여건이 우리의 인권의식이 성장하는 데 큰 장애물이 되고 있는 것이다. 이데올로기를 극복하고 우리 민족의 통일을 지상과제로 삼아야 하는 당연한 이유 가운데 하나는 이것이 곧 남한과 북한의 인권적 상황을 상당히 개선시킬 수 있기 때문이다.

5) 관용정신의 결핍

인권의식은 먼저 '자기 권리찾기'로부터 시작되지만 결국은 '다른 사람 권리 존중하기'까지 확대되어야 한다. 학벌·재산·집안배경·사고방식·가치관·종교, 그리고 종족과 피부색이 나와 다르더라도 그 다름을 인정하고 차이를 존중하는 관용적 태도는 인권의식의 확대에 필수적이다. 관용은 바로 타자존중의 정신을 기르는 데 가장 필요한 덕목이기 때문이다. 우리에게 인권의식이 약한 이유 가운데 하나는 바로 이런 관용의 정신이 결여되어 있기 때문이다. 우리의 문화는 정착문화이며 농경문화이다. 이런 문화들은 동일한 집단의식을 강하게 만들지만 이질적인 것에 대해서는 배타적인 텃세주의(territorialism)를 동시에 갖게 만든다. 이런 배타적인 불관용은 나와 다른 것(difference)을 틀린 것(false)으로 보게 만들며 우리의 인권의식이 성장하는 데 큰 걸림돌이 되어왔다.

    인권교육은 구체적인 권리교육을 통해서 이루어지지만 동시에 우리의 인권의식을 약하게 만드는 배경적 원인들을 들추어 내고, 이것들을 우리의 의식 안에서 제거하는 방법도 선행적으로 이루어져야 한다.

<참고문헌>

양병수(1997), 『녹색윤리』, 서광사.

이승환(1994), '유가의 정의관과 그 현대적 의의', 한국동양철학회(편), 『기술정보화시대의 인간문제』, 현암사.

_____(1996), '왜 유학에서는 권리존중의 윤리관이 형성되지 못했는가', 『중국의 사회사상』, 형설출판사.

이용교(외), 『청소년인권보고서』, 인간과 복지.

유엔인권센터, 『인권교육의 이론과 실제』, 유네스코한국위원회.

국제사면위원회, 『인권교육의 기법』, 인간과 복지.

호스퍼스(저)·최용철(역)(1994), '인간의 권리', 『도덕행위론: 현대윤리학의 문제들』, 지성의 샘.

Almond, B.(1993), "Rights", P. Singer,(ed.), *A Companion to Ethics*, Blackwell.

Barrow, R.(1997), "Right", *Moral Philosophy for Freedom*, George Allen & Unwin: 141-145.

Raz, J.(1990), "The Nature of Rights", *The Morality of Freedom*, Clarenden: 165-216.

Starkey, H.(1991), *The Challenge of Human Rights Education*, Cassell.

Taylor, C.(1995), "Human Rights", *Philosophical Foundation of Human Rights*,

Unesco.

Torney, J. V.(1984), "Human Rights", *Teaching for International Understanding, Peace and Human Rights*.

3. 인권과 인권교육

① 인권교육이란 무엇인가?

오늘날 인권의 지평은 국민의식의 변화와 시대의 변천과 함께 새로운 권리를 계속 수용하고 확대하면서 대안적 개념을 형성하고 있다. 기본적 권리가 심각하게 침해되는 상황에서 '인권'에 대한 지각은 더욱 강하게 요청될 것이다. 인권을 존중하고 보호하고 개선하는 일은 법과 제도의 문제이지만 근본적으로는 교육의 문제이다. 왜냐하면 인권의 가치를 사회 전체에 걸쳐 확산하는 일은 오직 교육을 통해서만 가장 효과적으로 이루어낼 수 있기 때문이다. 인권사상·인권운동의 성공과 실패는 결국 장기적으로는 교육의 손에 달려 있다. 체계적인 인권교육 프로그램을 만드는 일은 무엇보다도 중요하며, 이를 각급 학교교육을 통해 시행하는 일은 우리 나라 인권의 수준을 높이는 첩경이 된다. 그리고 인권교육은 진정한 의미의 민주화나 세계화를 위해서도 반드시 필요하며, 개인주의가 지향하는 자아실현의 목적달성에도 필수적이다.

그런데 불행하게도 우리의 교육현실은 인성교육의 부재와 지식교육의 편중으로 표현된다. 성장기 청소년들에게 평생 동안 영향을 미칠 품성교육이 학교나 가정에서 충분하게 이루어지고 있지 않다. 중등학교에서의 교육은 대학입시에 초점이 맞추어지며, 대학교육은 취업을 위한 준비과정으로 변해 버린 것이 오늘의 현실이다. 개인주의의 본래적 가치는 상실되어 자기도취 또는 원자적 개인주의로 전락했다. 공주병과 왕자병 증후군은 이런 자기도취의 극단적인 형태이다. 또 타자존중의 정신과 공감의식은 불관용(나와 다른 것은 틀린 것으로 보고 배척하려는 잘못된 태도)과 무관심으로 대체되었다. 성인의 권리는 성인 스스로 지킬 수 있는 능력을 어느 정도 갖추고 있는 데 비해, 어린이는 그것을 지킬 수 있는 힘이 없음으로 인해 자신의 권리가 박탈됨으로써 자신의 삶이 상처받고, 나아가 인격적 손상을 초래하고 있다. 인권이 밑바탕이 되지 않는 한 그 어떤 이데올로기와 민주화도 허구가 되고 말 것이며, 그것의 정당성조차 허약해짐은 말할 나위도 없다.

인권교육은 바로 이러한 요청에 응답하는 교육이라고 할 수 있다. 더불어 사는 공동체 정신을 기르고 다른 사람을 존중할 줄 아는 것을 배우기에 가장 적절한 시기는 유치원에서 고등학교과정까지이다. 인권교육은 넓은 의미의 인성교육에 포함되어야 하며, 민주주의교육, 관용과 연계되어 이루어져야 한다. 유치원이나 초등학교에서의 인권교육은 주로 '예절교육'을 통해서 이루어질 수 있다. 왜냐 하면 이 시기의 학습자는 좋거나 나쁘거나 간에 '습관들이기'에 가장 좋은 감성상태에 놓여 있기 때문이다. 중등학교에서 이루어지는 도덕윤리교육은 인권교육의 효과를 극대화할 수 있을 뿐만 아니라 그 성공과 실패가 달려 있는 가장 중요한 과정이다. 경쟁적 타자의 출현과 이에 대한 합리적 대응방식에 대해 훈련할 수 있는 좋은 시기이기 때문이다.

인권교육의 목적은 문자를 읽고 쓰는 법만이 아니라, 인간으로 살 수 있는 법, 인간의 존엄성을 존중하는 법을 배워야 할 것이다. 따라서 인권교육은 자신을 삶의 주체로 세워나가기 위한 것으로 사람들의 삶과 경험을 이해하고 변화시키는 데 있다. 학생들에게 인간존엄성의 존중을 발전시키고 인권의 기본적 원리를 주장하는 데 적극적으로 참여케 하여 결과적으로 공정하고 인간적인 사회를 건설하게 하는 것이다. 교육 중에서도 인권과 관련된 모든 것들이 인권교육을 구성한다. 인권교육은 우리가 이미 알고 있는 것들을 끄집어내어 활용할 수 있게끔 도와주는 길잡이라고 할 수 있다. 인권교육은 '참여의 과정'으로서 인권의 지식과 가치, 그리고 기법을 이용해 자신의 경험을 이해하고 자신의 삶을 스스로 통제하도록 할 수 있게끔 정교하게 계획된 학습활동이다. 인권교육은 사람들이 가진 수동적 행동을 거부하고, 변화지향적인 태도를 취해야 한다. 이 속에서 인권학습은 사람들이 알아야만 하는 지식으로서가 아니라, 사람들의 삶과 경험에 대한 이해와 변화로서 인권을 받아들이는 것이 된다.

인권교육은 결코 중립적이지 않다. 누구나가 동의하는 자유와 평등, 인간의 존엄이라는 원칙으로부터 시작하고, 구체적인 하나하나의 현상을 통해 인권의 실현을 방해하는 반인권적 구조를 깨닫고, 그 구조를 정당화하기 위해 만들어내는 그럴듯한 담론의 정체를 꿰뚫어 볼 수 있는 비판의식을 튼튼히 키우는 일이 인권교육이다. 자신의 삶에 영향을 끼치는 사회구조를 고쳐나가는 데 참여할 스스로의 잠재력을 의식하면서 비판적 사고와 아울러 도덕적 헌신을 갖춘 인권옹호자들이 인권교육의 주체가 될 것이다.

인권교육은 비맥락적이어서는 안 되며, 단지 인권에 관한 교육을 하는 것이어서는 안 된다. 인권교육을 통하여 가르치는 내용은 보편성뿐 아니라, 그 교육이 시행되는 곳의 구체적 맥락에 부합하는 것이어야 하며, 비록 인권이라는 용어를 쓰지 않는다고 하더라도 학습자 개개인이 인권을 존중하고 신장할 수 있는 '인권문해능력'을 고양하는 데 중점을 두어야 한다. 인권에 대한 현학적인 지식의 암기와 나열이 아니라 구체적 현실 속에서 인권적 자각을 하고, 실천을 할 수 있는 인권문해자가 되도록 해야 한다. 서로 다른 생각이나 사상, 성, 종교, 성적 지향, 특히 지역이나 이념으로 인한 차별과 인권침해에 대해서 알도록 하고, 그런 차별하고 반목하려는 생각과 마음이 가정에서, 학교에서, 혹은 사회적으로 어떻게 형성, 재생산되는가를 교육해야 한다. 열악한 노동환경 속에서 소외되고 차별받는 조선족 동포와 외국인 노동자들의 인권유린에 대해서 교육해야 한다. 우리 사회의 그늘진 곳에서 고통받고 버려진 사람들, 가난한 사람들, 특히 장애인들도 인간으로서의 존엄을 지킬 수 있도록 우선적인 배려를 할 줄 알고, 그들과 함께 더불어 살 수 있도록 교육해야 한다.

② 인권교육의 내용들

인권교육의 구체적인 내용은 두 가지 방식으로 구성된다. 하나는 적극적인 방식으로 인권사상과 관련된 여러 가지 자료·정보·지식 등을 교육하는 일이다. 각종 국제협약이나 선언문들과 이들에 담겨진 중심사상을 학습자들이 이해할 수 있는 방식으로 설명하고 전달한다. 인권의 역사·배경·중심개념·정신 등의 교육이 이에 해당된다. 다른 하나는 인권의 침해나 피해사례들을 중심으로 교육하는 소극적인 방식이다. 교실에서 학생들이 참여하여 직접적으로 인권문제를 자기의 문제로 삼기에는 사례중심의 교육이 더 효과적이다. 그러나 적극적인 방식으로서의 인권교육도 동시에 이루어져야만 한다.

다음은 가정과 학교 그리고 사회에서 일어날 수 있는 어린이와 청소년의 인권침해 사례들이다. 편의상 가정·학교·사회로 구분하여 침해 사례를 분류했지만 침해의 방식과 구조가 어떤 경우에는 복합적으로 나타날 수 있으며, 중층적인 구조를 가지기도 한다.

1) 가정에서

(1) 어린이 학대
물리적 폭력, 언어 폭력 등을 포함해서 가장 넓은 의미의 인권침해이다. "내 자식 내가 때리는 데 참견 말라"든지 자녀와 동반자살하는 부모의 행위는 잘못된 소유의식의 발로이다. 자녀는 태어나는 순간부터 독립된 개체라는 의식이 필요하다. 물리적으로나 심리적으로 약자이기 때문에 부모에게 쉽게 저항할 수 없다는 점 때문에 밖으로 노출이 잘 안 되는 경우가 많다. 어린이에게 가해지는 학대나 폭력을 예방하기 위해서는 사회가 어느 정도 사적인 생활에 간섭을 해야만 한다. 사회복지사(social worker)를 활용하는 일과 임시피난처를 운영하여 부모의 폭력으로부터 어린이를 보호해야 한다. 또 학교에서는 담임교사나 상담교사 그리고 양호교사가 공동으로 은폐되기 쉬운 가정에서의 폭력을 찾아내고 해결책을 모색해야 한다.

(2) 아이 말 무시하기

부모로서의 권위만을 앞세워 자녀와 진지한 대화를 회피하는 경우는 어느 가정에서나 쉽게 발견된다. 문제는 아이의 말을 무시하는 일이 의도하지는 않았지만 아이의 인권을 침해하거나 상처 주는 일이라는 사실을 대부분의 부모들이 깨닫지 못한다는 데 있다. 토론문화가 아직 충분하게 정착되지 못했으며, 어른의 생각에 비판을 하는 일을 불경스럽게 보려는 우리의 정서가 세대 간의 자유로운 의사소통에 걸림돌이 되고 있다. 윽박지르기보다는 합리적인 설득을 통해 자녀에게 부모세대의 생각을 이해시키는 일이 중요하며, 부모로부터 인격적인 대접을 받는 아이들이 다른 사람에게서도 존중받는다는 사실을 잊지 말아야 한다.

(3) 혼자 집보기

영화 '나홀로 집에'는 결코 코미디가 아니다. 어린아이는 부모의 보호를 받을 권리가 있다. 특히 자기 방어력이 없는 초등학교 저학년까지의 아이들을 집에 혼자 남겨두는 일은 어린이의 인권에 대한 심각한 침해이다. 아이만을 남겨두고 부모가 외출하는 경우 신고대상이 되며 심지어 구속사유가 되는 외국의 사례들은 생각해 볼 만하다. 아이의 안전에 위험하기 때문이며 그것은 곧 아이의 보호받을 권리를 침해하는 행위로 간주하기 때문이다. 「어린이의 권리에 관한 국제 협약」의 19조와 20조에서는 어린이가 보호받을 수 있는 권리가 있음을 명백하게 밝히고 있다. 맞벌이 부부처럼 불가피하게 아이가 혼자 집을 보게 하는 경우는 국가나 사회가 대신해서 보호할 의무가 있다. 탁아소나 유아 놀이방 이용이 용이하도록 정부나 기업은 시설투자와 지속적인 보조를 해야 할 의무가 있다.

(4) 대리만족의 희생

자식의 성공을 자신의 것으로 착각하는 부모들의 대리만족은 아이들에게 무리한 요구를 하게 만든다. 과도하게 과외공부를 시키는 것도 일정한 부분 부모의 욕심 때문이며, 아이의 능력을 무시하는 또 다른 형태의 인권유린이다. 물론 부모의 자녀에 대한 기대 자체가 문제 되는 것은 아니다. 말로는 모두 "다 너를 위해서 그러는 거야"라고 하지만 사실은 자녀의 이익을 앞세워 자신의 욕구충족을 은폐시키는 경우도 있다. 관심과 간섭의 경계선을 구분하기가 모호하지만 부모세대는 언제나 자기 성찰을 통해 간섭을 관심으로 위장하는지 반성해야만 한다.

(5) 영아유기

미혼모가 된다는 두려움이나 아이 양육이 불가능한 가난을 이유로 아이를 버리는 일은 어떤 경우라도 정당화될 수 없다. 아이의 인권과 미혼모의 미래 또는 경제적 사정이 서로 교환될 수 있는 것은 결코 아니기 때문이다. 영아들의 권리를 보장해 줄 수 있는 방법이 무엇인지를 학생들 스스로 찾아보도록 유도한다. 먼저 학생들에게 우리 나라에서 매년 발생하는 영아유기의 숫자와 보육시설의 실태에 관한 정확한 정보를 제공할 필요가 있다. 이 문제를 학생들과 토의하는 과정에서 자연스럽게 부모의 의무감, 성에 대한 올바른 이해 등의 문제로 이행될 수 있다.

(6) 인공 임신중절

인권의 문제가 결코 성인 중심의 문제가 아니라 아직 태어나지 않은 태아의 권리까지로 확대될 수 있다. 먼저 낙태행위를 둘러싼 여러 가지 윤리적 문제와 이에 대해 찬성하는 자유주의 입장과 반대하는 보수주의 입장을 간단하게 정리하여 설명해 주는 일은 토론을 준비하는 단계에서 할 수 있다. 낙태는 인권 가운데 가장 중요한 생명권에 대한 도전이다. 비록 태어나지는 않았지만 태아도 생명을 가진 존재라고 볼 때 낙태는 살인행위에 가깝다. 태아의 인권유린은 은폐되어 있거나 무시되고 있으며, 낙태를 금지하는 법은 유명무실한 것이 우리의 현실이다. 태아의 인권을 보호할 수 있는 유일한 제도적 장치는 낙태금지법을 더욱 강화하는 길뿐이며, 지속적인 성교육과 인권교육을 통해서 부도덕하고 불법적인 태아의 인권유린을 줄일 수 있을 것이다.

2) 학교에서

(1) 집단 괴롭힘

장애인뿐만 아니라 신체적인 허약자 같은 약자에게 가해지는 집단적 괴롭힘은 학교에서뿐만 아니라 어느 집단에서나 정도를 달리 할 뿐 쉽게 발견되는 인권침해의 대표적 사례이다. 학교에서 발생하는 이런 집단 괴롭힘은 교사의 눈에 잘 포착되지 않는다는 사실 때문에 더욱 심각하다. 가해자의 위협에 대해 '아니오'라고 말할 수 있는 용기를 갖거나 아니면 부모나 교사에게 말할 수 있는 용기를 갖도록 부모와 교사가 지속적으로 교육하는 일은 매우 중요하다. 심리연극(psycho-drama) 같은 데서 치료효과가 증명되었듯이 '입장바꿔 생각하기'(易地思之)는 미워하는 상대방을 이해하는 데 적절한 효과를 지닌다. 집단 괴롭힘의 상황을 가정하고 학생들이 서로 가해자와 피해자의 입장을 번갈아가면서 역할을 하도록 하고 그 느낌을 서로 교환하도록 한다. 이런 훈련은 관용의 정신을 기르도록 하는 데도 효과가 있다.

(2) 끼리끼리 놀기

집단 괴롭힘이 적극적인 불관용이라면 '끼리끼리 놀기'는 소극적인 의미의 배타적 행위이다. 소외자를 발생시키며 집단의 화합을 깬다. 성인들의 사회에서보다도 청소년 사회에서 발생하는 소외는 더욱 심각하며 당사자에게 때때로 치유하기 어려운 치명적인 손상을 입힌다. 소속감을 상실케 하거나 소외감을 느끼게 만드는 일은 의도하지 않았더라도 그 당사자에게는 존재의 근거를 무너뜨리는 위협이 될 수 있다. 어느 집단이나 몇 개의 소집단으로 나누어지는 것은 자연스러운 일이나 이 과정에서 소외된 사람이 발생하지 않도록 배려하는 일은 중요하다. 여러 개의 다른 집단들이 서로 공존할 수 있기 위해서는 타자에 대해 고려하는 태도를 갖도록 교육하는 일이 필수적이며, 이는 곧 관용의 정신을 교육하는 일과 동일하다.

(3) 비인격적 체벌

학교 현장에서는 체벌의 불가피성을 말하는 현실론과 어느 경우에도 체벌은 정당화될 수 없다는 이상론이 공존하고 있다. 이는 양자택일의 문제는 아니다. 체벌이 없는 학교를 지향하는 것이 모두의 목표이다. 완벽한 교사가 되지 못하는 한 체벌은 뿌리치기 어려운 교육적 유혹이다. 현실적으로 교육 목적상 체벌이 불가피한 경우가 있음을 인정한다고 하더라도 상식을 넘어선 체벌은 학생의 인격과 인권에 손상을 입히기 쉽다. 그럼에도 폭력에 가까운 체벌이 상당히 많다. 특히 남자

중·고등학교에서 생활주임이나 체육교사는 악역을 맡아 물리적인 체벌의 행사자가 되는 경우가 많다. 몽둥이를 휘두르는 것은 결코 교육적이지 못하다. 최근 통계에 의하면 학교 폭력의 90% 이상이 교사에 의해서 이루어지고 있다는 사실과 학교가 인권의 사각지대라는 비판은 음미해 볼 만하다. 이렇게 높은 통계숫자는 학생들이 교육 목적상 가해지는 체벌도 폭력으로 간주하기 때문이다. 교사들에게 최대한으로 인내를 요구하는 부분이 바로 체벌에 대한 유혹을 물리치는 일과 말로 위협하지 않는 일일 것이다. 체벌과 관련하여 다음과 같은 점을 실천하는 일은 중요하다.

첫째, 체벌의 방식에 대해 여러 가지 선택지를 주고 학생의 의견을 듣고 선택하자.

둘째, 체벌을 가한 후 적절한 시간에 학생과 대화하는 시간을 갖자.

셋째, 교실에서 이루어지는 모든 대화는 가급적 높임말을 사용하자.

(4) 중퇴자 관리

중징계로 내려지는 퇴학 명령이 학교에서 없어졌다. 그러나 여러 가지 이유로 인해 학업을 중도에서 그만두는 중퇴자의 발생은 늘어나고 있다. 소위 문제아들이 안고 있는 문제는 대부분 복합적인 원인을 가지고 있다. 음주·흡연·마약·본드와 같은 환각제의 흡입, 그리고 가출 등은 여러 가지 원인들을 가지고 있다. 따라서 학교의 상담교사만으로 이런 문제를 해결하기에는 어려움이 많다. 따라서 중퇴자의 증가를 사전에 막기 위한 예방적 제도로서 '학교 사회사업제도'(학교의 요청으로 사회복지사가 문제학생을 다각적인 방식으로 도움을 주는 제도)의 도입과 상담제도의 조직화가 요청된다.

(5) 교사의 편견

포괄적인 의미에서 문제아들에 대해 교사가 가질 수 있는 편견은 종종 학생들에게 상처를 입힐 수 있다. 성적 위주의 교육에서 낙오하거나 뒤처진 학생들에게 특별한 배려가 없는 것은 학생의 학습권을 빼앗는 행위이다. 타자에 대한 편견이 불관용을 낳고 불관용은 폭력을 낳는다는 사실을 역사는 보여주고 있다. 교사가 학생들을 대할 때 편견을 갖지 않고 공정하게 교육하는 것은 감수성이 예민한 학생들에게 좋은 모범이 되며, 학생의 인권을 존중하는 첫걸음이 된다.

(6) 열악한 교육환경

학생들은 깨끗하고 쾌적한 환경에서 교육받을 권리가 있다. 특히 학생들의 건강이나 안전과 관련된 시설은 우선적으로 고려되어야 한다. 첨단 교육 기자재를 갖추는 것보다 안전하고 깨끗한 교실, 화장실, 그리고 적절한 조명상태 등의 기본시설에 우선적으로 투자해야 한다. 학생은 적절한 교육환경 아래에서 교육받을 권리를 갖기 때문이다.

(7) 종교의 자유

종교 선택의 자유는 기본권 가운데 하나이다. 그런데 학교에서 어떤 특정한 종교적 교리를 교육시키거나 예배의식에 참여할 것을 강요한다면 그것은 기본권을 위반하는 것이 된다. 종교재단에서 운영하는 사립학교의 경우 일정한 부분 종교교육을 할 수는 있으나 그것도 학생들의 자유로운 선택에 의해서 이루어져야 하며, 더구나 예배의식에 참여하는 것을 의무화해서는 안 된다. 학교 선택의 자유가 거의 없는 현재의 교육제도 아래에서 종교 선택의 권리가 학생에게도 있음을 인정해 주어야 한다.

(8) 사생활 보호의 권리

"공간은 존재의 집이다"라는 하이데거의 말은 사람에게 있어서 사적인 공간이 얼마나 중요한가를 말해 준다. 소위 프라이버시의 일차적인 조건은 자기만의 공간을 가지는 일이다. 학생들에게 사생활이 보장되는 영역은 대단히 제한되어 있다. 가정에서 자기방을 갖기가 쉽지 않으며, 설령 있다고 하더라도 부모로부터 늘 감시당하는 것이 현실이다. 학교에서의 사물함은 아마도 최소한의 자기 공간일 것이다. 그리고 책가방과 호주머니는 누구에게도 보이고 싶지 않은 사적인 공간이다. 교육의 이름으로 사물함, 책가방, 그리고 호주머니 속의 소지품을 검사하는 행위는 학생의 자존심뿐만 아니라 존재의 집을 침범하는 것이며 인권을 침해하는 일이 된다. 학교에서 늘 당해 온 소지품 검사의 관행은 길거리에서 신분증과 가방을 조사하는 경찰의 요구에도 순순히 응하는 굴종적 인간을 만든다. 사생활을 보호받을 수 있는 권리를 스스로 지킬 수 있도록 교육하는 일은 인권교육의 한 부분을 이룬다.

(9) 성교육과 인권교육

성교육도 이제는 인권교육의 차원에서 이루어져야 한다. 현재 학교에서 이루어지는 성교육의 대부분은 보건, 생리학적 수준에 머물고 있다. 실제로 학생들은 성에 대한 대부분의 지식을 음성적인 통로를 통해서 얻고 있다. 이런 것들이 성에 대해 왜곡되고 부정적인 인식을 하도록 만든다. 솔직하고 공개적인 그리고 진지한 성담론이 학교 교과과정을 통해서 이루어져야 한다. 성교육은 성병과 성폭력을 방지하기 위한 예방적 차원에서 벗어나 더 적극적인 차원으로 확대되어야 한다. 성에 대한 존중심을 길러주고, 성행위는 강요되는 것이 아니라 최종적으로 자기 스스로 결정권을 가진다는 의식을 갖도록 해주어야 한다. 성은 결코 상품화되어서는 안 되며, 특히 미성년자와 관련된 매매춘이 얼마나 인권을 침해하는 행위인지에 대해 생각해 보도록 해야 한다. 중학교의 고학년 이상 고등학교 수준이면 충분히 매춘, 포르노그라피 그리고 혼전 성경험 등에 대해 토론할 수 있는 능력이 있다.

3) 사회에서

(1) 생명의 권리

자기 생명을 보존하려는 것은 모든 인간의 기본 욕구이다. 생명권은 자연법이 허용한 최선의 권리이다. 따라서 인간 권리의 제1순위는 자기 생명권의 확보이다. 만화·영화·비디오의 폭력물을 청소년으로부터 격리시키려는 가장 큰 이유는 이런 매체들이 인간의 생명권을 너무도 쉽게 짓밟기 때문이다. 인간에 대한 예의와 존엄성을 배워야 할 청소년들에게 생명 경시풍조를 낳게 하는 이런 매체들은 인권침해의 차원에서 취급되어져야 한다. 생명을 가볍게 여기는 이런 풍조는 어른들의 세계에서 남아선호사상과 맞물려 심각한 성비 불균형을 낳고 있다. 가난과 미혼모라는 동정적 상황에서 이루어지는 임신중절이 아니라 단지 남아를 원하기 때문에 여아를 제거하는 낙태가 결과적으로 성비 불균형을 이미 초래했다. 이제 남아선호사상은 인권침해의 차원에서 반성되어야 한다. 청소년층을 중심으로 자살률이 급증하고 있다는 현실문제도 개인적 차원에서 접근하기보다는 인권적 차원에서 해결책이 모색되어야 한다. 이제는 자살에 대한 사회적 책임을 물어야 할 때가 되었다. 소외·좌절·외로움·절망·고통 등의 감정이 극단화되었을 때 수반되는 자살행위는 인간적인 최소한의 권리마저 보장받지 못하는 인권의 사각지대에서 일어날 가능성이 많기 때문이다.

(2) 장애인의 권리

「세계인권선언」의 25조는 모든 사람이 적합한 생활수준을 누릴 권리와 자신이 통제할 수 없는 상황에서 생계가 곤란한 경우에도 보장제도를 누릴 권리가 있음을 선언하고 있다. 「어린이의 권리에 관한 국제 협약」 23조에서는 정신적·신체적 장애어린이가 존엄성을 보장받고 특별한 보호를 받을 권리가 있음을 규정하고 있다. 장애인도 정상인과 마찬가지의 삶의 질을 누릴 수 있는 권리가 있으며, 정상인보다 더 많은 배려를 필요로 한다. 장애인의 문제를 동정과 시혜의 차원에서 접근하는 것은 잘못이다. 이들을 위해 특수시설을 만들고 여러 가지 사회보장을 제공하는 것 등은 이들이 가지고 있는 권리의 차원에서 이루어져야 한다. 장애인에 대해 개인적으로나 사회적으로 어떤 편견들이 있는지, 그리고 그것의 극복을 위해 어떤 일들을 할 수 있는지 학생들과 토론해 보자.

(3) 시민으로서의 권리

어린이와 청소년은 형법상 또는 민법상 시민으로서의 권리가 제약되고 있다. 15세 미만의 어린이는 양부모를 선택할 수 있는 권리가 없으며, 부모가 이혼할 경우 어느 쪽을 선택할 것인지에 대해서도 권리가 없다. 또 16세 미만의 어린이와 청소년은 법정에서 증인선서를 할 수 없다. 법적 효력을 인정하지 않기 때문이다. 투표권을 20세 이상으로 정하고 있는 현행 법률의 비현실성은 어린이와 청소년의 시민적 권리를 제한하고 있다. 청소년을 보호하려는 취지에서 정해진 여러 가지 제도적 장치가 오히려 시민으로서의 권리를 침해하는 결과를 초래할 수도 있다는 사실에 주목할 필요가 있다. 투표권의 허용 나이 제한, 음주와 유흥업소 출입을 제한하는 청소년의 나이 제한, 이혼한 부모의 양육권에 대해 의사를 표명할 수 있는 어린이의 권리, 법률적 효력이 있는 증언의 나이 제한 등을 하향 조정할 필요성이 있는지에 대해 학생들과 토론해 보자.

(4) 외국인 노동자의 권리

최근에 외국인 불법체류자에게도 퇴직금을 지급하라는 대법원의 판결은 외국인 노동자의 인권을 향상시키는 데 아주 중요한 계기가 되었다. 가난한 제3세계에서 온 노동자들을 단순히 노동력의 대용품으로 보는 시각에서 벗어나야 하며, 이들을 인격적인 존재로 보려는 노력을 해야 한다. 이들의 노동력이 착취당하지 않도록 보호장치를 만들어야 한다. 또 이들이 직면한 법률적 문제에 대해 도움을 줄 수 있는 기구를 만들어야 한다. 국제결혼의 경우 국적을 취득하는 과정에서 여성은 남성보다 불리한 것이 현실이다. 세계화는 바로 외국인 노동자들의 인권에 대해 관심을 가지는 일로부터 시작된다.

(5) 사형제도의 폐지

사형제도는 극악한 범죄자에 대해 사회보호라는 이름으로 범죄자의 생명을 빼앗는 처벌행위이다. 사형은 피해자와 일반인들에게 보복의 감정을 충족시키는 효과는 있을지 모른다. 그러나 아무리 극악한 범죄자라 하더라도 그의 생명을 빼앗을 권리를 가진 사람은 이 세상에 아무도 없다. 사형제도의 존치와 폐지를 둘러싼 논의들에 대해 학생들이 관심을 갖도록 유도할 필요가 있다. 그렇게 함으로써 사형제도가 범죄인의 인권을 심각하게 침해하는 수단이 될 수도 있음을 보게 만든다.

(6) 양심수의 인권

우리 나라에 양심수가 있는가라는 문제는 보는 입장에 따라 다르다. 검찰과 정부는 공식적으로 양심수가 하나도 없다는 입장인 데 반하여 재야단체나 국제 엠네스티에서는 양심수의 존재를 주장하고 있다. 대부분 양심수는 현행 국가보안법에 의해 형사처벌을 받은 사람들이다. 따라서 범법자이지 양심수가 아니라는 것이 정부의 주장이다. 양심수의 존재여부를 논의하는 것은 적절하지 않다. 학생들에게 필요하고 중요한 것은 양심수에 대한 정의, 양심수가 발생하는 이유, 그리고 법과 도덕(양심)의 충돌이 생길 경우 어떻게 할 것인가 등의 문제에 대해 생각해 보고 토론하는 일이다. 고대 그리스의 소포클레스의 비극 작품인 『안티고네』를 읽고 토론하는 것은 유용할 것이다.

(7) 전자주민카드와 사생활 침해

현대인은 익명성을 좋아한다. 드러나기보다는 숨어 있는 것이 심리적으로 편안하기 때문이다. 이미 우리는 주소와 전화번호 그리고 직업 같은 가장 기본적인 개인정보가 무방비 상태로 노출되어 있음을 쉽게 경험하고 있다. 개인에 대한 중요한 정보를 한 장의 카드에 담아 사용자의 편의성을 높이겠다는 취지의 전자주민카드는 심각한 사생활 노출과 침해가 우려된다. 인권적 차원에서 전자주민카드의 문제점에 대해 신중한 검토가 요구된다.

(8) 수용자 시설과 인권

우리 사회의 대표적인 인권의 사각지대는 여러 종류의 수용시설들이다. 장애인, 고아 같은 무의탁자, 정신질환자, 마약이나 알코올 중독자 등을 위한 수용시설의 대부분은 민간인들에게 위탁되어 운영되고 있다. 정부나 지방 자치단체는 이들 시설들에 대해 재정적 지원과 행정적 감독을 하고 있다. 그럼에도 수용시설 내에서 벌어지는 인권침해의 사례들은 언론을 통해 종종 세상 밖으로 드러나고 있다. 사회복지재단의 비리, 관리자들의 폭력, 원생들을 상대로 한 성폭행, 강제노동, 가혹행위 등은 수용자들의 인권을 심각하게 침해하는 대표적인 사례들이다. 사회로부터 격리되고 소외된 이들의 인권상황에 관심을 돌리는 일은 감독관청의 관리들만의 의무가 아니라 우리 모두의 책임이기도 하다.

③ 인권교육의 영역과 학습단계

1) 인권교육의 영역

최근 참여민주주의와 시민사회에 대한 관심과 더불어 인권의 문제가 학교교육의 과제로 대두되고 있다. 인권의 문제를 주로 다루고 있는 학교교육의 교과영역은 주로 사회과이다. 법과 민주주의, 그리고 시민생활영역에서 인권의 문제를 다루어 왔다. 도덕과에서는 사회과만큼 중요하게 다루어지지 않고 있으나 도덕이 단순히 책임과 순종의 차원에서 이루어질 때 도덕성의 발달이 성공적이지 못하다는 차원에서 새롭게 제창되고 있다. 도덕과의 인권교육에 대한 관심은 자연히 사회의 권리중심적 인권교육의 편향을 극복할 수 있는 새로운 가능성이다. 사회과의 목표인 비판의식은 도덕과의 양보의식과 대립할 요소를 상당히 지니고 있다. 사회과와 도덕과의 이러한 갈등은 권리의 윤리와 덕성의 윤리 간의 갈등이라고 할 수 있다. 이렇게 볼 때 인권없는 인성이나 인성없는 인권 모두가 인간의 전인성을 모두 담아내지 못하고 어느 한 부분만을 강조할 뿐이다. 그렇다면 우리는 이러한 대립을 해소하기 위해 인권교육이 인성교육의 차원에서 이루어져야 하고, 인성교육은 인권교육의 차원을 염두에 두어야 한다.

인권교육의 내용은 사회과 교육과 도덕과 교육에서 주로 이루어지겠지만 사회교육과 시민교육, 그리고 잠재적 교육과정, 그리고 담임활동이나 특별활동을 통해서도 가능할 것이다. 또 인권교육은 내용적으로 지구촌교육, 다문화교육, 평화교육의 차원에서도 담아낼 수 있을 것이다.

2) 인권교육의 학습단계

1. 자신의 권리에 대해 사고하기: 인권을 모르는 초보자에게 권리와 인권이 무

엇이며, 인간으로서 누려야 할 인권의 항목들을 생각하고 알아가면서 자신의
권리와 타인의 권리, 그리고 인간의 존엄성에 대해 자각하기

2. 인권을 맥락 속에서 이해하기: 인권침해의 상황과 조건을 파악하고, 그것을
   사회 역사적 맥락에서 바라보고 이해하기
3. 인권을 수호하기 위한 의식을 형성하기: 인권유린의 사태를 해결하기 위해
   권리를 요구하고 지켜내겠다는 인권의식 갖기
4. 서로 연대하기: 인권를 혼자 지켜내기가 어렵기에 인권의식을 가지고 공동으
   로 인간의 권리를 서로 연대하며 지켜내는 활동하기
5. 모임 만들기: 연대하는 활동의 일시성을 극복하기 위해 인권을 항시적으로
   보호하고 의사소통을 해가며 새로운 사회를 건설해 가는 공동체 만들기

④ 인권교육의 학습기법

1) 개념분석 기법

사람들이 이미 잘 알고 있다고 생각하는 도덕적 개념들의 의미를 묻고 그에 대
한 답변을 유도한 뒤 그 답변이 충분하지 못함을 반박을 통해 보여줌으로써 결국
에는 대화 상대자가 자신의 무지함을 깨닫게 한다. 이제까지 자신의 삶을 반성해
보도록 촉구하는 방법으로 '대화법'이 유용하다. 개념분석 수업모형에 교사의 역할
은 답을 제시하고 설명해 주는 사람이 아니라 학생들이 개념의 의미를 점차 높은
수준으로 사고해 내도록 도와주고 유도하는 일이다. 예를 들어 '권리란 무엇인가',
'인권이란 무엇인가', '인권을 위해 덕을 포기할 수 있느냐' 등의 개념적 질문을 통
해 인권문제를 확인해 간다.

2) 가치명료화 기법

우리는 사회생활에서 속에서 숱한 가치갈등을 경험한다. 가치갈등 중에서 인권
적 가치가 개재되어 있을 때 가치를 명료화하기란 쉬운 일이 아니다. 인권의 가치
체계들은 매우 복잡하고 또 명백하게 인식되기 어렵기 때문에 가치판단이나 우열
이 쉽게 분별되지 않는다. 그리고 일상생활의 구체적인 장면에서는 흔히 둘 혹은
그 이상의 규범(가치)들이 적용되기 때문에 우리는 어느 것을 준수해야 하느냐로

인한 갈등을 경험하기도 한다. 이 경우에 어떤 가치가 더 중요하다고 판단을 내리는 일은 매우 어려운 일이다. 이러한 상황에 대비하여 학생들로 하여금 올바르게 선택하고 판단하는 능력을 길러주는 것은 매우 중요한 일이다. 가치갈등의 해결을 위한 수업은 그 자체의 목적을 위해서뿐 아니라 내면화된 규범들이 실제의 생활장면에서 어떻게 적용되고 있는가를 구체적인 실례와 더불어 검토하여 이해할 수 있게 하는 데 도움을 줄 것이다.

3) 역할놀이 기법

역할놀이 기법은 인간의 존엄성과 인권의 중요함을 공동으로 인식하기 위해 학생이 특정역할을 해봄으로써 그 입장을 이해하고 공감하는 수업이다. 이 방법은 학생들에게 구체적인 상황을 실제로 경험해 볼 수 있는 기회를 제공함으로써 가능하다. 참가자들에게 권리가 흔히 침해되는 가장 상처받기 쉽고 소외된 부분을 알아보도록 하는 놀이를 한다. 그렇게 함으로써 학생들에게 스스로가 지닌 가치나 의견을 좀더 분명히 깨닫도록 하고, 또 사람들이 어떻게 타인의 행동에 영향을 미치는가를 더 잘 이해할 수 있게 해준다.

역할놀이 수업모형은 학생들이 여러 가지 다른 역할을 해보는 과정에서 일상생활에서 일반화시킬 수 있는 인간의 행동에 관한 여러 개념을 습득하게 될 것이라는 가정에 근거하고 있다. 역할놀이는 학급 전체의 학생들이 서로 어떤 문제상황에 대해 토론하고, 주어진 상황 속의 인물들이 다음에 어떤 행동을 할 것인가를 시행해 보며, 이같은 행동과정과 결과에 대해서 평가해 보고, 주어진 문제상황에 대해 해결책을 제시하게 된다. 이러한 과정을 거침으로써 학생들은 일상생활에서 스스로가 어떤 행동을 선택함으로써 어떤 결과가 올 것이라는 것에 대한 이해가 생겨나고, 또 일의 결과란 자신의 행동뿐 아니라 자신이 어떻게 할 도리가 없는 타인의 의견이나 행동에 대해서도 영향을 받는다는 것을 깨닫게 된다. 이같은 역할놀이의 경험을 통해서 얻은 인간의 행동과 동기에 대한 통찰력이 실제생활에 많은 도움이 된다.

4) 집단적 탐구 기법

집단적 탐구 기법은 학생들 스스로 집단적 협동과정을 통해 인권문제를 공동으로 인식하는 것이다. 집단적 탐구를 통해서 학생들은 교과목의 내용을 학습할 뿐 아니라 협동적인 학습태도로 학습할 수 있는 소집단 학습이 이루어질 때 효과적일 것이다. 이러한 경험을 통하여 학생들이 낱낱의 정보를 수집·분석·종합·일반화함으로써 지식이 도출된다는 것을 알게 된다. 집단적 탐구 수업모형은 본래 사회과와 자연과 등에서 수업모형으로 이용되며, 사실적인 문제의 탐구가 주를 이룬다.

5) 문제해결 기법

문제해결 기법은 인권문해력의 신장을 다음과 같은 일반적 원리에 따라 이루어진다. 도덕적 문제사태(문제상황)의 제시, 문제사태와 관련된 규범찾기(중심적인 도덕원리의 제시), 규범의 의미와 타당성 찾기, 도덕적 판단의 연습, 실천동기의 부여 등의 절차를 통해 이루어진다.

6) 인성적 기법

인성적 기법은 권리주장적 인권교육의 편향을 제어할 수 있는 것으로 유용하다. 인권적 감각과 함께 인격적 품성을 지닌 교사일 때 인권교육은 대승적으로 발전할 수 있다. 교사는 감정이입에 능숙하고, 따뜻한 온정을 갖고 있고, 사려깊고 이해력이 있으며, 가치있는 일에 대한 열정이 강하고, 진실하고 건전한 인성의 특징을 갖고 있어야 한다. 이런 도덕적 에너지를 갖고 있을 때 도덕교육은 잘 이루어질 것이다. 도덕적 실천을 인식하고, 느끼고, 실행하는 데 종합적으로 요구되는 것이 인성이며, 인격일 것이다. 여러 도덕적 사태가 발생할 때 그것을 통합할 수 있는 중심축이 인성과 인격의 중심에 자리잡아야 한다는 말이다. 인성적 기법은 교사로 하여금 개별적으로 긍정적·인성적 특성을 보여줄 것을 권장하기 때문에 실제로 도덕교육의 중요한 방법으로 받아들여지고 있다. 학생들은 무언중에 교사의 도덕적 인성을 본받고 따르기 때문이다. 이러한 인성적 기법은 행동주의에 대한 반발과 함께 자율성을 신장하고, 인격의 주체자가 될 것을 강조하는 인격교육 모형과 인간주의적 모형에 크게 의존하고 있다고 할 수 있다. 인성적 기법은 적극적 보살핌을 통한 도덕성 변화의 가능성을 보이고 있다. 그리고 인성적 기법은 교사가 '인간주의적' 인성을 갖추어야 할 것이다.

<참고문헌>

유네스코한국위원회(1995), 『인권이란 무엇인가?』, 오름.

한국청소년개발원(1997), 『청소년 인권 보고서』, 인간과 복지.

김정환(1996), 『인간화 교육 어떻게 할 것인가』, 내일을 여는 책.

어린이, 청소년의 권리 연대회의(1997), 『아이들의 인권 세계의 약속』, 내일을 여는 책.

청소년폭력예방재단(1996), 『학교폭력, 고통받는 아이들을 위해 무엇을 할 것인가?』, 한울림.

전국도덕교사모임(1995), 『아이들과 함께하는 도덕수업 3』, 내일을 여는 책.

고려대학교 교육사(1996), 철학연구회, 『인간주의 교육 사상』, 내일을 여는 책.

II. 인권교육의 현실과 분석

4. 도덕과 교과서 분석

중등학교에서 인권교육을 교과목의 내용으로 선정하고 가르치고 있는 것은 사회와 도덕교과이다. 특히 사회과목은 인권교육과 직접적인 관련성을 지니고 있다. 도덕교육은 인간화교육을 그 목적으로 하고 있으므로 인권교육이 이에 포함된다. 그러나 도덕 교과서의 저자가 의도성을 지니고 인권교육의 내용을 편성했다고 보기는 어렵다. 단지 도덕교과에서는 인권교육은 인간교육의 일환으로 다루어지고 있으며, 그것의 교육과정도 전체 교과서의 분량에 비해 일부분이다.

그러나 도덕교육은 인권교육을 그 기초로 해서 이루어져야 한다. 도덕교육은 그 목표에서도 제시되었듯이 훌륭한 인간을 육성함을 그 목적으로 한다. 훌륭한 인간이 되기 위해 선행되는 것은 나는 누구인가라는 자아의 존재성의 해답을 통해서 가능하다. 나의 존재에 대한 물음은 인간의 존재에 대한 해명이다. 인간은 무엇인가? 라는 인간존재론은 인간의 권리의 물음으로 자연스럽게 이어진다.

이에 우리는 도덕교육에서 인권교육을 효율적으로 수행하기 위해서 다음의 몇 가지 선행작업을 실시하고자 한다.

첫째, 도덕 교과서의 내용 중에서 인권교육의 연결점을 찾는 것이다. 이를 위해 우리는 먼저 도덕교육의 목표를 분석하고 도덕교과서의 내용을 분석할 것이다.

둘째, 도덕 교과서의 예화나 삽화, 그리고 잠재적으로 활용할 수 있는 학습자료의 내용을 분석할 것이다.

① 도덕교육의 특징과 인권교육

1) 도덕교육의 목표와 인권교육

현행 교육과정에 의하면 중학교 도덕과는 '학생들이 자신을 이해하고 사회규범과 생활예절을 익히며, 도덕적 판단능력을 길러 한국인으로서 바람직한 삶을 살아가는 데 도움을 주기 위한 교과'로서 정의하고 있다. 그리고 그 하위목표는 개인생

활, 가정·이웃·학교생활, 사회생활, 국가·민족생활 4개의 생활영역으로 나누어
지적되고 있다. '개인생활'에 대해서는 "인간의 삶에서 도덕이 필요함을 알고, 도덕
적 판단력과 가치선택 능력을 키우며, 인격도야에 힘써 바람직한 삶을 영위할 수
있게 한다"고 하였고, '가정·이웃·학교생활' 영역에서는 "여러 가지 생활에서 요
구되는 도덕규범과 예절을 이해하고 이러한 생활 속에서 등장하는 문제사태들을
서로 비교함으로써 바르게 살아갈 수 있는 생활태도와 실천의지를 가지게 한다"고
하였다. '사회생활' 영역에서는 "전통도덕과 시민윤리의 특성을 인식하고 현대사회
에서 발생하는 도덕문제를 합리적이고 바람직하게 해결할 수 있는 능력을 길러 민
주시민으로 떳떳하게 살아갈 수 있게 한다"고 하였고, '국가·민족생활' 영역에서
는 "국가, 민족, 문화를 사랑하고, 국토와 민족분단의 현실 및 남북한의 통일과제
를 올바로 인식하여 통일을 이룩하는 데 필요한 공동체 의식과 통일국가의 실현의
지를 가지게 한다"고 하였다.

이를 구체적으로 분석하면 ① 학생은 도덕수업을 통해 자신이 도덕적 주체인
인간임을 자각하고 ② 한국의 사회규범, 생활예절, 시민 윤리의식, 그리고 민족통
일에 대한 바람직한 이해를 통해, 이를 실천하고 ③ 학생들이 자율적으로 바람직한
삶을 살 수 있게 하는 것이다.

이를 통해 볼 때 도덕과 그 목표는 크게 두 가지로 분류할 수 있다. 전체적으로
학생들이 바람직한 삶을 살기 위해 ① 개인적 영역에서는 학생들이 도덕적 주체인
인간을 이해하는 것이다. 인간에 대한 이해는 인간에 대한 앎에서 가능하다. 인간
의 이해는 인식론의 영역이지만 그것은 인간학의 기초가 된다. 도덕교육은 인간이
어떻게 살아야 하는 것인가에 대한 해답이다. 즉 '나는 이러한 상황에서 이렇게 행
동한다' 혹은 '나는 소크라테스처럼 약속을 삶의 원리로서 받아들이고 이 원리를
실천하며 살고자 한다' 등의 도덕적 판단이나 도덕적 실천의지는 한 사람의 전체
적 삶과 연관된다. 그리고 이러한 도덕적 실천의지의 표명은 그 사람의 인간됨됨
이의 표현이다. 이는 다른 말로 표현하면 인격이다.

결국 도덕교육은 인간이 어떻게 살아야 하는가에 대한 해답이고, 도덕교육이 제
대로 그 교육적 효과를 얻기 위해서 인간교육이 되어야 한다. 인권교육 역시 인간
교육이다. 인권교육은 그것의 목적이 인간의 권리에 대한 자각과 그것의 실현이기
때문이다. 인권교육은 인간화를 위한 도덕교육의 내용에 포함된다.

②, ③은 도덕교육의 목표가 시민교육의 역할을 한다는 것을 의미한다. 인간은
욕구를 지닌 존재이다. 다양한 욕구를 지닌 존재인 인간이 사회생활을 시작하면서
부터 서로 충돌할 수 있다. 특히 다양한 인간의 욕구가 인정되고 그것의 확대를

요구하는 민주사회는 그 욕구의 갈등이 증폭된다. 그런데 이러한 인간의 욕구가 충돌할 때 이를 합리적으로 해결하기 위한 장치가 필요한데 그것이 사회규범이다. 사회규범의 내용은 인간의 존엄성, 도덕규범의 준수, 시민의 권리존중, 자유 등이다. 이것은 시민교육의 내용은 물론이고 인권교육의 내용이 된다. 이렇게 볼 때 도덕교육은 인간교육이고, 인권교육이 도덕교육에 포함된다.

2) 도덕교육 내용과 인권교육

도덕 교과서 머리말에 "도덕적으로 훌륭하게 산다는 것은 성인 군자나 학식이 많은 사람들만이 할 수 있는 일은 아니다. 노력하면 누구나 그렇게 할 수 있다. 즉 어떻게 사는 것이 도덕적으로 훌륭한 삶을 사는 것인지 바르게 알아 그렇게 살려고 최선의 노력을 다하면 된다"고 제시되었듯이 도덕교육은 훌륭한 덕성을 갖추기 위한 교육이다. 도덕교육은 이러한 목적을 구체적으로 4개의 생활영역, 즉 개인생활, 가정·이웃·학교 생활, 사회생활, 국가·민족생활로 구성하고 그 내용을 싣고 있다.

그 내용을 정리하면 다음과 같다.

학 년	1학년	2학년	3학년
강조점 내용 영역	도덕적 문제에 대한 중요한 인식 및 개념 파악과 도덕적 생활에 필요한 규범 및 예절의 생활화	도덕적 문제의 다양한 갈등사태 해결 경험을 통한 가치판단 및 선택능력의 신장	도덕적 삶의 이상 및 원리의 체계화와 자율과 양심에 따른 실천 성향 형성
개인생활	I. 삶과 도덕 1. 인간의 삶과 도덕 2. 도덕적 사고와 신념 3. 청소년기와 중학생 시절 4. 인물학습	I. 가치와 도덕 1. 삶의 목표와 가치 2. 삶의 다양성과 가치 갈등 3. 가치선택과 도덕적 판단 4. 인물학습	I. 바람직한 삶 1. 삶의 보람과 설계 2. 개성신장과 인격도야 3. 인본적인 삶의 자세 4. 인물학습
가정· 이웃· 학교 생활	II. 가정과 학교 생활예절 1. 가정과 학교생활의 의의 2. 가족, 친족, 이웃 간의 예절	II. 가정·이웃·학교 생활과 도덕문제 1. 가정생활과 도덕문제 2. 이웃생활과 도덕문제	II. 올바른 가정·이웃·학교 생활 1. 바람직한 가정의 모습 2. 올바른 친족과 이웃관계

가정·이웃·학교생활	3. 학교생활의 예절 4. 인물학습	3. 학교생활과 도덕문제 4. 인물학습	3. 바람직한 학교생활과 진로탐색 4. 인물학습
사회생활	III. 사회와 도덕	III. 현대사회와 도덕문제	III. 올바른 사회생활
	1. 현대사회와 전통도덕 2. 현대사회와 시민윤리 3. 현대사회와 공중도덕 4. 인물학습	1. 현대사회와 환경문제 2. 현대사회와 청소년 문화 3. 사회적 도덕문제의 해결 4. 인물학습	1. 민주사회와 인간존중 2. 민주적 태도와 생활양식 3. 복지사회와 경제윤리 4. 인물학습
국가·민족생활	IV. 국가와 민족	IV. 민족통일과 북한 현실	IV. 민족의 통일과 한국의 미래
	1. 민족의 발전과 문화창달 2. 나라의 중요성과 나라 발전 3. 올바른 애국애족의 자세 4. 인물학습	1. 민족분단의 원인과 과정 2. 북한의 현실 3. 남북한의 통일정책 4. 인물학습	1. 민족공동체의 번영 2. 통일국가의 실현 3. 세계 속의 한국인 4. 인물학습

위의 내용을 구체적으로 1·2·3학년 도덕 교과서의 내용과 인권교육과 관련시켜서 분석하면 다음과 같다.

(1) 1학년 도덕 교과서의 내용과 인권교육 내용과의 관련성

단원명	주제명	소주제명	인권과 관련된 소주제	인권과 관련된 덕목 및 내용
I. 삶과 도덕	1. 인간의 삶과 도덕	(1) 우리의 삶과 도덕의 필요성 (2) 도덕적인 인간은 어떤 인간인가? (3) 양심과 도덕 (4) 법과 예절과 도덕	(1) 우리의 삶과 도덕의 필요성 (2) 도덕적인 인간은 어떤 인간인가? (3) 양심과 도덕 (4) 법과 예절과 도덕	인간으로서의 인격, 타인을 존중, 생명의 존엄성
	2. 도덕적 사고와 신념	(1) 도덕적 사고의 필요성 (2) 합리적 사고 (3) 아는 것, 믿는 것, 행하는 것 (4) 도덕적인 삶의 모습들	(4) 도덕적인 삶의 모습들	

단원명	주제명	소주제명	인권과 관련된 소주제	인권과 관련된 덕목 및 내용
I. 삶과 도덕	3. 청소년기와 중학생 시절	(1) 삶의 단계와 청소년기 (2) 청소년기의 중요성 (3) 중학생 시절의 도덕적 의미 (4) 중학생으로서의 도덕생활	(3) 중학생 시절의 도덕적 의미 (4) 중학생으로서의 도덕생활	
	4. 인물학습	(1) 원효 (2) 석가모니	(1) 원효 (2) 석가모니	
II. 가정과 학교 생활	1. 가정과 학교생활의 의의	(1) 오늘날의 가정과 학교 (2) 화목한 가정생활 (3) 보람찬 학교생활 (4) 가정·학교생활과 예절의 중요성	(3) 보람찬 학교생활 (4) 가정·학교생활과 예절의 중요성	공동체성, 타인 존중, 규칙 준수
	2. 가정·친족·학교생활	(1) 가정에서의 예절 (2) 친족 간의 예절 (3) 이웃 간의 예절 (4) 효도와 경로	(1) 가정에서의 예절 (2) 친족 간의 예절 (3) 이웃 간의 예절 (4) 효도와 경로	
	3. 학교생활의 예절	(1) 선생님에 대한 예절 (2) 친구 간의 예절과 도리 (3) 선배와 후배와의 도리 (4) 학교사랑	(1) 선생님에 대한 예절 (2) 친구 간의 예절과 도리 (3) 선배와 후배와의 도리 (4) 학교사랑	
	4. 인물학습	(1) 이황 (2) 공자		
III. 사회와 도덕	1. 현대사회와 전통도덕	(1) 현대사회와 도덕문제 (2) 오늘날의 전통적 도덕의 모습 (3) 전통도덕의 기본정신 (4) 전통도덕의 내용	(3) 전통도덕의 기본정신 (4) 전통도덕의 내용	민주주의, 공동체성, 양보, 관용, 사회성, 협동, 시민윤리
	2. 현대사회와 시민윤리	(1) 시민사회와 도덕	(1) 시민사회와 도덕 (2) 오늘날의 시민윤리의 모습	

단원명	주제명	소주제명	인권과 관련된 소주제	인권과 관련된 덕목 및 내용
III. 사회와 도덕	3. 현대사회와 공중도덕	(2) 오늘날의 시민윤리의 모습 (3) 시민윤리의 내용과 특징 (4) 시민윤리와 전통도덕과의 조화	(3) 시민윤리의 내용과 특징 (4) 시민윤리와 전통도덕과의 조화	
	4. 인물학습	(1) 개인생활과 사회생활 (2) 서로 믿고 양보하는 사회 (3) 서로 돕고 위하는 사회 (4) 질서 있는 사회와 공중도덕	(2) 서로 믿고 양보하는 사회 (3) 서로 돕고 위하는 사회 (4) 질서 있는 사회와 공중도덕	
		(1) 이이 (2) 예수	(2) 예수	
IV. 국가와 민족	1. 민족의 발전과 문화창달	(1) 민족이란 무엇인가 (2) 우리 민족의 얼 (3) 우리 문화의 우수성 (4) 민족 문화의 계승과 발전	(3) 국민으로서의 나라사랑과 겨레사랑 (4) 중학생으로서의 나라사랑과 겨레사랑	민족에 대한 사랑
	2. 나라의 중요성과 나라 발전	(1) 나라란 무엇인가? (2) 나라의 형성과 하는일 (3) 우리 나라는 어떤 나라인가 (4) 우리 나라의 이상과 목표		
	3. 올바른 애국 애족의 자세	(1) 조상들이 걸어온 길 (2) 해외동포들의 애국애족 (3) 국민으로서의 나라사랑과 겨레사랑 (4) 중학생으로서의 나라사랑과 겨레사랑		
	4. 인물학습	(1) 일연 (2) 간디	(1) 일연 (2) 간디	

⑵ 2학년 도덕 교과서의 내용과 인권교육 내용과의 관련성

단원명	주제명	소주제명	인권과 관련된 소주제	인권과 관련된 덕목 및 내용
I. 가치와 도덕문제	1. 삶의 목표와 가치	(1) 삶의 목표와 가치 추구 (2) 가치의 기능 (3) 가치의 종류 (4) 인간의 궁극적 가치	(4) 인간의 궁극적 가치	인간의 존엄성
	2. 삶의 다양성과 가치갈등	(1) 삶의 여러 가지 모습 (2) 가치 갈등상황 (3) 가치갈등의 원인과 문제점 (4) 가치 갈등 해결의 기본자세		
	3. 가치선택과 도덕판단	(1) 가치선택 (2) 도덕 판단의 과정 (3) 도덕 판단의 검사 (4) 도덕 논쟁의 해결	(4) 도덕논쟁의 해결	
	4. 인물학습	(1) 김삿갓 (2) 노자		
II. 가정·이웃·학교 생활과 도덕문제	1. 가정생활과 도덕문제	(1) 가정생활의 의의와 변화 (2) 조상들의 가정생활 (3) 다른 나라의 가정생활 (4) 오늘날의 가정생활과 도덕문제	(4) 오늘날의 가정생활과 도덕문제	공동체성, 타인의 존중, 규칙의 준수, 학교에서의 급우 간의 평화, 가정에서의 어린이 권리의 확보
	2. 이웃생활과 도덕문제	(1) 이웃생활의 변화 (2) 우리 조상들의 이웃생활 (3) 다른 나라 사람들의 이웃생활 (4) 오늘날 이웃 간의 도덕문제	(4) 오늘날 이웃 간의 도덕문제	
	3. 학교생활과 도덕문제	(1) 학교생활의 의의 (2) 옛날의 학교생활 모습	(1) 학교생활의 의의 (4) 학교생활의 도덕	

단원명	주제명	소주제명	인권과 관련된 소주제	인권과 관련된 덕목 및 내용
II. 가정·이웃·학교생활과 도덕문제		(3) 다른 나라의 학교생활모습 (4) 학교생활의 도덕문제	문제	학교에서의 청소년 권리의 확보
	4. 인물학습	(1) 영조 (2) 루소	(2) 루소	
III. 현대사회와 도덕문제	1. 현대사회와 환경문제	(1) 환경문제의 등장 (2) 환경문제의 발생원인 (3) 인간의 무관심과 환경문제 (4) 인간의 생존과 환경	(3) 인간의 무관심과 환경문제 (4) 인간의 생존과 환경	공동체성, 공동선, 양보, 협동, 시민윤리, 평등
	2. 현대사회와 청소년 문화	(1) 청소년 문화의 성격 (2) 청소년의 놀이문화 (3) 청소년과 이성교제 (4) 청소년과 종교생활	(1) 청소년 문화의 성격 (3) 청소년과 이성교제	
	3. 사회적 도덕문제의 등장과 해결	(1) 사회적 도덕문제의 등장배경 (2) 여러 가지 사회적 도덕문제 (3) 사회적 도덕문제의 해결 (4) 도덕공동체와 공동선의 추구	(1) 사회적 도덕문제의 등장배경 (2) 여러 가지 사회적 도덕문제 (3) 사회적 도덕문제의 해결 (4) 도덕공동체와 공동선의 추구	
	4. 인물학습	(1) 이하응 (2) 노벨	(1) 이하응 (2) 노벨	
IV. 민족통일문제와 북한의 현실	1. 민족분단의 원인과 과정	(1) 민족분단의 원인 (2) 민족분단의 과정 (3) 민족분단과 남북한의 갈등 (4) 민족분단의 역사적 교훈	(4) 민족분단의 역사적 교훈	남북통일교육 공동체성, 민족애, 인간적 삶의 조건 확보
	2. 북한의 현실	(1) 북한의 정치현실 (2) 북한의 경제현실 (3) 북한의 사회현실 (4) 북한의 교육과 문화	(1) 북한의 정치현실 (3) 북한의 사회현실 (4) 북한의 교육과 문화	

단원명	주제명	소주제명	인권과 관련된 소주제	인권과 관련된 덕목 및 내용
IV. 민족통일문제와 북한의 현실	3. 남북한의 통일정책	(1) 통일의 의미와 환경 (2) 우리의 통일정책 (3)북한의 통일정책 (4) 통일을 위하여 해야 할 일	(4) 통일을 위하여 해야 할 일	
	4. 인물학습	(1) 연개소문 (2) 나폴레옹	(2) 나폴레옹	

(3) 3학년 도덕 교과서의 내용과 인권교육내용과의 관련성

단원명	주제명	소주제명	인권과 관련된 소주제	인권과 관련된 덕목 및 내용
I. 바람직한 삶	1. 삶의 보람과 설계	(1) 다양한 삶 (2) 삶의 질과 삶의 설계 (3) 계획하고 반성하는 삶 (4) 성숙한 삶	(3)계획하고 반성하는 삶 (4) 성숙한 삶	인간의 존엄성, 사랑, 관용, 생명의 존중, 감사하는 마음
	2. 개성신장과 인격도야	(1) 자아의 발견 (2) 개성의 신장 (3) 인격의 도야 (4) 개척정신과 고난극복	(3) 인격의 도야 (4) 개척정신과 고난극복	
	3. 인본적인 삶의 자세	(1) 정신적 가치의 추구 (2) 사랑과 관용 (3) 자기 존중과 감사하는 마음 (4) 자연과의 조화로운 삶	(1) 정신적 가치의 추구 (2) 사랑과 관용 (3) 자기 존중과 감사하는 마음 (4) 자연과의 조화로운 삶	
	4. 인물학습	(1) 안창호 (2) 헬렌켈러	(1) 안창호 (2) 헬렌켈러	

단원명	주제명	소주제명	인권과 관련된 소주제	인권과 관련된 덕목 및 내용
II. 가정·이웃·학교 생활의 보람	1. 바람직한 가정생활	(1) 행복추구의 자세 (2) 가정생활과 구성원의 역할 (3) 행복한 가정의 실현 (4) 가정의 안정과 행복	(1) 행복추구의 자세 (2) 가정생활과 구성원의 역할 (3) 행복한 가정의 실현 (4) 가정의 안정과 행복	공동체성, 규칙의 준수, 상부상조
	2. 조화로운 이웃생활	(1) 사회생활과 예절 (2) 우리 조상들의 예절생활 (3) 현대사회와 예절 (4) 상부상조의 이웃생활	(1) 사회생활과 예절 (4) 상부상조의 이웃생활	
	3. 학교생활의 보람	(1) 현대사회와 학교생활 (2) 학교생활과 진로탐색 (3) 취미생활과 여가 선용 (4) 학교생활과 인성함양	(4) 학교생활과 인성함양	
	4. 인물학습	(1) 신사임당 (2) 페스탈로치	(1) 신사임당 (2) 페스탈로치	
III. 민주사회와 도덕	1. 민주사회와 인간존중	(1) 민주사회에서의 인간관 (2) 인간존중의 의미 (3) 인간존중의 사상 (4) 인간존중의 실천	(1) 민주사회에서의 인간관 (2) 인간존중의 의미 (3) 인간존중의 사상 (4) 인간존중의 실천	시민윤리, 공정한 경쟁과 협력, 올바른 의사결정, 자발적인 참여, 소유권, 정의, 책임성, 인간존중, 규칙의 준수
	2. 민주적 태도와 생활양식	(1) 자발적인 참여 (2) 책임과 준법정신 (3) 공정한 경쟁과 협력 (4) 올바른 의사결정	(1) 자발적인 참여 (2) 책임과 준법정신 (3) 공정한 경쟁과 협력 (4) 올바른 의사결정	
	3. 복지사회와 경제윤리	(1) 복지사회의 의의 (2) 복지사회의 실현 (3) 경제윤리의 필요성 (4) 생활 속의 경제윤리	(1) 복지사회의 의의 (2) 복지사회의 실현 (3) 경제윤리의 필요성 (4) 생활 속의 경제윤리	

단원명	주제명	소주제명	인권과 관련된 소주제	인권과 관련된 덕목 및 내용
III. 민주사회와 도덕	4. 인물학습	(1) 정약용 (2) 프랭클린	(1) 정약용 (2) 프랭클린	
IV. 민족의 통일과 한국의 미래	1. 민족 공동체의 번영	(1) 민족공동체의 의미 (2) 민족공동체의 발전을 위한 우리 조상들의 노력 (3) 민족문제와 발전 (4) 민족공동체의 당면과제와 해결	(1) 민족공동체의 의미 (2) 민족공동체의 발전을 위한 우리 조상들의 노력 (3) 민족문제와 발전 (4) 민족공동체의 당면과제와 해결	민족공동체, 남북통일교육
	2. 통일국가의 실현	(1) 통일은 왜 이루어져야 하는가? (2) 다른 나라의 통일과정 (3) 통일로 가는 길 (4) 통일 이후의 전망	(1) 통일은 왜 이루어져야 하는가? (3) 통일로 가는 길 (4) 통일 이후의 전망	
	3. 세계 속의 한국인	(1) 통일의 의미와 환경 (2) 우리의 통일정책 (3) 북한의 통일정책 (4) 통일을 위하여 해야 할 일	(1) 통일의 의미와 환경 (4) 통일을 위하여 해야 할 일	
	4. 인물학습	(1) 이순신 (2) 쑨원	(2) 쑨원	

위의 내용을 정리하면 다음과 같다. 첫째, 중학교 도덕 교과서가 개인생활, 가정·이웃·학교 생활영역, 사회생활영역, 그리고 국가·민족 생활영역으로 나누어져 있는데 이를 통틀어서 고찰하면 개인으로서는 인격존중, 행복, 개성 등의 자율성을 강조한다. 그리고 이러한 개인이 가정·이웃·학교와 같은 우리의 삶과 가까운 공동체의 일원으로서 갖추어야 할 덕목들을 제시한다. 그 내용으로는 효도나 예절, 조상숭배, 경로효친, 형제애와 같이 전통적 규범에 바탕을 둔 가치도 있고 사회적 책임, 민주적 절차, 공정성, 평등성 등 민주주의적인 가치에 뿌리를 둔 것이 있다.

둘째, 도덕교육은 민주시민으로 살아갈 수 있는 시민을 양성하는 데 그 목적이 있다. 그리하여 도덕교육은 민주주의의 가치체계인 개인주의·자유주의에 뿌리를 둔 자유권, 자발적 참여, 공동체의식, 사회에 대한 의무, 사회에 대한 봉사정신 등의 덕목을 강조한다.

그러나 현행 도덕 교과서의 내용을 인권교육과 관련시켜서 보면 다음과 같은 비판도 가능하다.

첫째, 교과서에 제한적으로 제시된 인권의 개념이 지나치게 한국적 상황을 무시하고 서구적인 민주주의 개념을 적용하고 있다. 예컨대 소극적 의미의 자유의 보장, 자발적인 참여의 정신, 준법정신 등이 그것이다.

둘째, 인권의 개념이 권리의 측면보다 의무의 측면을 부각시키고 있다. 예를 들면 민주적 생활태도에서도 사회적 책임만을 강조하고 있다. 그리고 교과서는 민주적 발전의 가장 큰 저해요인으로 사회에 대한 구성원들의 무관심으로 규정하고 있다.

셋째, 인권의 개념이 협소하게 다루어지고 있다. 인권의 개념에는 1, 2, 3세대 인권의 개념이 있는데 1세대 인권의 개념에 강조점이 주어지고 있다. 이러한 것들은 도덕 교과서 이외에 잠재적인 교육과정을 통해 보완해야 한다.

② 도덕 교과서에 실리는 소재, 일화와 인권교육

우리는 도덕 교과서에 실리는 소재들을 활용함으로써 인권교육을 할 수 있다. 이는 수업의 흥미도를 높일 수 있는 방법이기도 하다. 한 예로 도덕 교과서에 실린 화보들 가운데서 인권교육과 관련시킬 수 있는 것들을 정리하면 다음과 같다.

<중학교 도덕 교과서에서 활용할 만한 삽화 및 사진>

활용 학년	단원명	주제명	인권 관련 덕목	삽화 및 사진 내용
1학년	Ⅰ. 삶과 도덕	1. 인간의 삶과 도덕(21쪽)	준법	법을 지키지 않으면 처벌을 받는다는 의미에서 재판정의 모습을 담은 사진
	Ⅱ. 가정과 학교 생활 예절	2. 가족, 친족, 이웃 간의 예절(103쪽)	공동체의식	이웃 간에는 더불어 살아가는 것이 중요하다는 의미로 골목길을 청소하는 모습의 사진, 구세군 모금함에 참여하는 사진

활용 / 학년	단원명	주제명	인권 관련 덕목	삽화 및 사진 내용
1학년	II. 가정과 학교 생활 예절	2. 가족, 친족, 이웃 간의 예절(109쪽)	타인존중	외롭게 살아가는 노인들의 모습을 담은 사진
	III. 사회와 도덕	2. 현대사회와 시민윤리	질서	깨끗이 청소되어 있는 거리의 모습을 담은 사진
2학년	I. 가치와 도덕 문제	2. 삶의 다양성과 가치갈등 (37쪽)	합리적 해결	오락실에 가고 싶어하는 동생을 강압적으로 말리는 형의 모습을 그린 삽화
	II. 가정·이웃·학교 생활과 도덕문제	2. 이웃생활과 도덕문제 (109쪽)	생명존중과 이웃사랑	여객기 추락현장에서 피어난 이웃사랑의 모습을 담은 사진
	II. 가정·이웃·학교 생활과 도덕문제	3. 학교생활과 도덕문제	관용	친구들과 잘 어울리지 못하는 아이를 집단적으로 괴롭히는 급우들의 모습을 그린 삽화
	III. 현대 사회와 도덕문제	4. 사회적 도덕 문제의 등장과 해결(197쪽)	공동체의식	집단 이기주의의 폐해를 나타내는 우화를 그린 삽화
3학년	I. 바람직한 삶	3. 인본적 삶의 자세(48쪽)	사랑과 봉사	헌혈, 환경정화, 자원봉사를 실천하는 모습의 사진
	I. 바람직한 삶	4. 인물학습 (65쪽)	사랑과 봉사	제2차 세계대전 중에 부상한 병사들을 위로하는 헬렌켈러의 모습을 담은 사진
	III. 민주사회와 도덕	1. 민주사회와 인간존중 (147쪽)	자발적 참여	투표하는 모습의 사진
	III. 민주사회와 도덕	3. 복지사회와 경제윤리 (189쪽)	공동체의식과 인간애	복지사회는 모든 사람들이 인간답게 사는 사회라는 의미에서 소외된 장애자를 돕는 사진

<삽화 예시>

중2 도덕 교과서 108쪽   중3 도덕 교과서 159쪽

③ 도덕교육을 통한 인권교육의 방향

도덕교육을 통한 인권교육은 크게 두 가지 방향에서 이루어질 수 있다. 첫째는 교육과정을 통한 것이고 둘째는 잠재적 교육과정을 통한 교육방법이다.

(1) 중학교 도덕교육과정을 통한 인권교육은 대체적으로 다음과 같이 이루어질 수 있다. 우선 도덕교육의 특징을 활용하는 방법이다. 현행 중학교 도덕교육의 방향은 다음으로 구성되어 있다. 첫째, 인성교육이다. 도덕교육은 인간교육이고 인성교육이다. 인간다운 인간으로 키우는 것을 그 목적으로 한다. 둘째, 시민교육이다. 도덕교육은 인간다운 인간을 육성하기 위해 사회화와 개인의 발달을 존중하는 방향으로 이루어지고 있다. 도덕은 그 사회의 문화 속에서 형성된 것이다. 도덕은 전통과 사회적 습관을 통해 형성된 것이다. 그러므로 사회화와 발달이 조화를 이루어야 한다. 도덕교육에서 시민교육의 측면은 사회화를 강조하는 것이다. 시민교육으로서의 도덕교육은 한국사회의 규범을 이해하고 이를 실천할 수 있게 한다.

도덕교육은 이러한 내용을 충분히 활용하여 다음과 같은 방향으로 인권교육을 담아낼 수 있다.

① 인성교육을 통한 인권교육이다. 인권교육은 인간의 권리를 자각하고 이를 실천한다. 그리고 이를 통해 타인의 권리를 존중하는 것이다. 인권교육은 인간의 주체성을 자각함에서 비롯된다. 그러므로 인성교육의 내용에서 인권교육과 관련된 내용을 추출해서 강조한다.

인성교육을 통한 인권교육의 방법은 우선 덕목교육을 통한 방법이다. 도덕교육은 덕목교육을 위해 예절, 규칙준수, 인간존중 등에 대한 습관화를 강조한다. 덕목교육은 저학년에서 특히 강조하기 때문에 중학교에서는 1학년에서 가능한 학습방법이다. 인권교육 역시 중학교 1학년에서는 도덕 교과서 내용 가운데서 인권교육과 관련된 덕목을 추출하여 실시한다. 다른 하나는 학생들의 자율성을 강조하는 교육이다. 도덕교육은 이를 위해 문제사태를 제시하고 그것의 해결능력을 통해 자율성을 강조한다. 인권교육은 자신의 권리에 대한 자각이 중요시된다. 인권개념, 혹은 내용과 관련된 문제사태를 제시하여 권리개념을 강화시킬 수 있다. 특히 한국의 인권교육이 권리개념보다 의무를 강조하는 교육이므로 이러한 교육방법은 의미있는 시도가 될 수 있다. 신문의 활용은 구체적이고 현장감 있는 문제사태를 제시할 수 있다. 인권교육에서 신문의 활용은 그 수업의 교육적 효과를 높이는 데 매우 필요한 자료이다.

② 시민교육을 통한 인권교육이다. 한국은 서구에 비해 인권의 개념과 이에 대한 신장노력이 부족한 것이 현실이다. 이는 서구에 비해 민주주의의 역사성이 길지 않기 때문이기도 하지만 그것이 토착화 과정에서 많은 시행착오를 경험한 원인도 있다. 민주주의 토착화 과정을 단축시키고 건강한 민주주의를 실현하는 방법은 성숙한 중산층을 길러내는 것이다. 우리는 시민교육을 통해 성숙한 중산층을 육성할 수 있다. 중산층의 양산은 그들이 사회에 대한 책임의식, 권리의 자각, 인간을 존엄하게 여겨야 가능하다. 시민교육의 출발은 인권교육에서 시작해야 한다. 시민교육과 관련해서는 도덕 교과서의 내용이 많이 부족한 상황이므로 다양하고 많은 수업자료의 수집과 교사의 적극적인 인권교육의 의지가 필요하다.

(2) 잠재적 교육과정을 활용한 방법이다. 이는 도덕 교과서의 예화나 제시된 예문, 혹은 기타 학교생활 등 잠재적 교육과정에 나타난 교육자료를 활용하여 인권교육을 실시할 수 있다.

5. 사회과 교과서 분석

① 사회과에 있어서의 인권교육

1) 6차 교육과정 사회과 교육과정

교육부의 '6차 교육과정 사회과 교육과정 해설'에 의하면 사회과 교육과정의 목표는 사회의 여러 현상을 통합적 시각으로 이해하게 하고, 우리 사회의 문제점들을 합리적으로 해결하는 데 필요한 기능을 길러, 개인과 국가 및 인류의 발전에 기여할 수 있는 민주시민으로서의 기본적 자질을 기르게 하는 데 있다는 총괄적 진술로 되어 있다.

이러한 목표하에 공민영역은 다음과 같은 내용상 특징을 갖는다고 진술하고 있다. 정치·경제·사회·문화·법의 기본개념과 원리를 우리 나라 중심의 사례와 연결시켜 문제해결력을 기르도록 한다. 민주시민으로서의 정치 참여능력의 신장, 민주적 생활태도의 형성 및 사회문제를 종합적인 시각에서 파악하고 해결할 수 있는 능력을 기르도록 한다. 국제화·개방화 추세에 비추어 국제화 사회에서의 적응 능력을 기르도록 한다.

그리고 위 교육과정 해설은 사회과가 추구하는 궁극적 목표는 민주시민을 양성하는 데 있으며, 이때의 '민주시민'이란 개인적·국가·사회적·세계적인 적합성을 고루 갖춘 시민으로서 민주적 의사결정능력과 태도, 책임감 등에 대한 기본적 자질을 지닌 시민이라고 제시하고 있다.

2) 사회과 교육과정과 인권교육의 관련성

교육과정의 목표와 영역별 내용진술에서 인권교육이 명시적으로 언급된 부분은 존재하지 않는다. 그러나 사회과가 목표로 하는 '민주시민'의 정형은 근대시민사회의 성장과 민주정치의 발전 속에서 형성되어 왔다는 점에 주목할 필요가 있다. 즉 근대에 새로이 등장한 시민계급은 절대권력에 대항하여 자신들의 생명과 자유와 재산을 지킬 뿐만 아니라, 국가의 정치활동에 참여하는 권리를 얻기 위해 싸웠으며, 그 결과 민주정치제도가 정착하게 되었다. 민주주의는 이들 시민계층의 생활원리로서 자리잡게 되었고, 민주시민의 자질은 이들에게 당연히 요구되는 덕목이 되었다.

이러한 맥락에서 보면 민주시민의 양성을 지향한 교육활동은 인권을 존중하고 인권을 신장시키려는 자세를 민주시민의 중요한 자질의 하나로서 파악하게 되고, 그러한 자질을 키우는 데 노력을 기울이지 않을 수 없다. 이 점에서 인권의식을 심어주고, 인권실태에 대해 관심을 갖게 하며, 인권신장을 위한 실천적 노력을 기울이게 하는 것이 민주시민을 양성하려는 사회과의 본래의 목표와 부합하는 것이 된다. 따라서 사회과의 목표를 이루기 위한 일환으로서 인권교육이 실시되어야 할 당위성은 여기에서 도출되는 것이다.

② 교과서를 통한 인권교육의 가능성

6차 교육과정에 의하면 사회과의 영역은 지리영역, 역사(국사·세계사)영역, 공민(정치·경제·사회·문화·법)영역의 세 영역으로 제시되고 있다. 이 가운데 인권교육과 직접적 관련을 맺는 부분은 공민영역이다. 6차 교육과정은 이른바 통합교과를 지향한다는 명분하에 학년별로 둘 이상의 영역을 혼합 편제하는 체제를 갖고 있으나, 공민영역은 주로 3학년 과정에 집중배치되어 있다. 그러므로 사회과 수업을 통하여 인권교육을 실시한다 할 때, 자연스럽게 3학년 과정에 초점을 맞출 수밖에 없다.

중학교 3학년 사회 교과서를 통해서 어떻게 인권교육이 가능할지 살펴보자. 먼저 중학교 3학년 사회 교과서는 인권교육을 표면적으로 의도하여 기술된 체제가 아니라는 점부터 지적하고 싶다. 이 말은 인권교육을 위하여 교과서의 내용을 그대로 설명해 주는 방식을 통해서는 어렵다는 것을 의미한다. 이는 인권과 관련된 항목을 교과서의 내용 중에서 추출하여 그것을 주제로 한 수업안을 만들어야 한다는 것을 뜻한다. 수업안의 구체적 예시는 뒤에서 따로 제시될 것이므로, 이 글에서는 인권교육과 관련하여 교과서에서 어떤 내용을 인권과 관련된 항목으로 추출할 수 있는지를 탐색하는 데 초점을 맞추었다.

1) 인권에 접근하는 방법

인권과 관련된 항목을 어떻게 추출할 것인가? 인권항목을 추출하는 틀은 인권에 접근하는 방법에 따라 달라질 수 있다. 그러므로 인권에 접근하는 방법을 먼저 짚고 넘어가고자 한다. 인권에 접근하는 방법 중의 하나는 '인간은 누구나 인간적인 삶을 누리기 위한 최소한의 생활수단을 영위하여야 한다'라는 식으로 기술하는 방식에 의해 인권을 파악하는 방법이다. 이 방법은 국가·다수집단이 개인·소수집단에 대해 힘의 우위에 섬으로써 발생하는 억압·침해·간섭으로부터 개인·소수집단을 보호하여야 할 필요성, 아울러 경제적 불평등으로 야기된 궁핍·박탈로부터 경제적 약자를 보호하여야 할 필요성에서 출발한다. 이 방법에서 접근하는 인권을 올바로 인식하기 위해서는 역사적·사회구조적 배경을 이해하는 것이 중요하다. 「세계인권선언」과 「인권규약」이 등장한 것은 이러한 접근방식과 불가분의 관계를 맺고 있으며, 여기서 열거된 인권은 보편적·무조건적임을 전제로 한다. 그리고 인권실태를 감시하는 동시에 인권으로 천명된 내용을 국가·사회체제가 철저히 보장할 것을 요구하는 형태로 나타난다.

인권에 접근하는 또 다른 방식은 '그러한 생활 수단을 위해 필요한 경비는 누가 부담하여야 하는가? 어느 정도가 적정한 수준인가? 개인의 능력과 노력의 차이에서 비롯된 부와 소득의 차이는 어느 정도 인정해 주어야 하는가?'라는 식으로 기술하는 방식에 의해 인권을 파악하는 방법이다. 이 방법은 개인 간의 자유롭고 평등한 관계, 권리와 의무의 관계를 중심으로 인권에 접근한다. 정의, 공정한 배분, 형평성, 합리성을 추구하는 관점에 바탕을 두고 있다. 권리의 주장에 있어서 적정한 요구, 관용, 약자에 대한 배려가 강조되며, 타인의 권리를 존중하고 권리의 행사에 따른 의무와 책임을 강조한다. 그리고 인권의 실체를 규명하는 탐구적 과정이 큰 비중을 차지한다. 전자의 접근방식이 역사학적·사회학적이라고 하면, 후자의 접근방식은 철학적·윤리적 색채가 강하다고 할 수 있을 것이다.

학생들로 하여금 우리 사회에 아직도 소외당하고 억압받고 궁핍한 사람들이 존재한다는 것을 알게 하여야 하고, 인류가 한목소리로 외치는 인권보장의 요구에 대해 감동하고 학생의 입장에서 가능한 실천적 방안을 모색하도록 하여야 한다. 그러한 점에서 전자의 접근방식은 중요한 의미를 갖는다. 한편, 학생들로 하여금 관용, 평화, 타자존중, 공존, 문화적 상대주의, 다원주의, 토론의 개방성, 합리적인 문제해결 방식의 존중 등을 체험하고 습득케 하는 일도 중요하다. 그러한 점에서 후자의 접근방식도 중요한 의미를 갖는다. 결국, 인권에 접근하는 두 가지 방법은 인권교육에서 상호배타적인 것이 아니고 상호보완적으로 병행되어야 하는 방법이다.

2) 인권항목의 작성

인권항목을 작성하는 데 정해진 틀은 없다 할 것이다. 먼저 전자의 접근방식과 관련하여서는, 「세계인권선언」과 「인권에 관한 빈 선언·행동강령」1)을 틀로 하여 다음의 <표 1-1>과 <표 1-2>와 같이 인권항목을 정리하였다.

<표 1-1> 세계인권선언과 인권항목

조 항	인 권 항 목
제1조	△인간의 존엄성 △천부인권
제2조	△인간의 평등
제3조	△생명, 신체의 자유·안전
제4조	△노예제도 금지
제5조	△고문·가혹행위 금지
제6조	△법률 앞의 평등
제7조	△법률에 의한 균등한 대우
제8조	△권리침해에서 구제받을 권리
제9조	△체포·감금·추방의 제한
제10조	△공정한 재판을 받을 권리
제11조	△형사피의자의 무죄추정의 원칙 △형벌불소급의 원칙
제12조	△사적 생활에 대한 간섭 배제 △명예에 대한 권리
제13조	△이전·거주의 자유 △국외 여행의 자유
제14조	△피난거주의 권리

---

1) 「세계인권선언」은 1948년 12월 10일 유엔 총회 결의 제217호에 의해 채택되었다. 인권선언문 은 전문에 '인간의 고유한 존엄성과 평등하고 양도할 수 없는 권리의 승인이 세계에 있어서의 자유, 정의와 평화의 기본'이 된다고 밝히고, 모두 31개조에 걸쳐 인권항목을 열거하고 있다.
　한편, 「인권에 관한 빈 선언·행동강령」은 93년 6월 빈에서 냉전 이후 새로운 인권개념의 정립과 인권 보호방안 수립을 목표(1948년 이후 인권분야에 이뤄진 성과를 분석하고 현존하 는 인권규약 및 제도의 실효성을 높이기 위한 방안을 마련하는 것을 목적)로 열린 유엔 세계 인권회의에서 채택되었다. 빈 선언은 모든 인권이 인류에게 평등하게 적용되어야 할 보편성 을 가진 것이며 인권의 보호와 증진은 국제사회의 적법한 관심사임을 선언했다. 또한 이 문 서는 발전권을 재확인하고 환경과 조화를 이루는 발전을 주창했으며 여성·원주민·장애인· 어린이·소수민족의 권리를 특히 강조했다.

<표 1-1> 계속

조 항	인 권 항 목
제15조	△국적 취득의 권리
제16조	△혼인의 자유 △배우자 간 동등한 권리 △가족이 보호받을 권리
제17조	△개인의 재산 소유권
제18조	△사상·양심·종교의 자유
제19조	△의사표현의 자유
제20조	△평화적 집회·결사의 자유
제21조	△참정권 △공직취임권 △국민주권 △보통·평등·비밀선거의 원칙
제22조	△사회보장을 받을 권리
제23조	△일할 권리 △직업선택의 자유·균등한 보수 △인간의 존엄성을 유지할 수 있는 생활수단의 보장 △노동조합 결성·가입의 자유
제24조	△노동시간의 제한 △유급휴가·휴식의 권리
제25조	△건강하고 안녕된 생활수준을 보유할 권리 △생활보장을 받을 권리 △모성·어린이가 보호받을 권리
제26조	△교육받을 권리(초등 무상교육, 의무교육, 기술·직업교육) △고등교육의 기회균등 △교육의 목표(인격의 완전한 계발, 인권과 기본 자유에 대한 존경심 함양, 이해와 관용성·우의의 신장, 평화 유지) △아동의 교육 내용에 대한 부모의 선택권
제27조	△문화생활을 향유할 권리 △저작권을 보호받을 권리
제28조	△기본권이 보장되는 사회체제를 향유할 권리
제29조	△기본권이 보장되는 한에서 사회에 대한 의무를 짐
제30조	△기본권 제한과 그 한계의 법정주의
제31조	△국가·단체·개인이 개인이나 타인의 기본권을 파괴할 권리의 불인정

<표 1-2> 인권에 관한 빈 선언·행동강령과 인권항목

조 항	인 권 항 목
제1조	△인권과 기본적 자유의 보편성 △민족의 자결권 △외국의 점령 아래 있는 민족의 인권보장
제2조	△천부인권
제3조	△인권의 보편성·상호연관성 △국가·지역적 특성 및 각종 역사·문화·종교적 특수성 감안
제5조	△민주주의와 개발, 인권존중의 상호의존성·상호보강성·보편성·무조건성
제8조	△인종차별정책(아파르트헤이트) 철폐 △테러리즘 배격

<표 1-2> 계속

조 항	인 권 항 목
제9조	△여성과 여자 어린이의 인권의 불가양도성 △여성의 모든 영역에서의 동등한 참여권, 성차별의 철폐
제10조	△소수민족 구성원에 대한 차별 반대
제11조	△원주민의 기본적 존엄성 △개발 및 사회의 다양성에 대한 공헌 인정
제17조	△집단학살 형태의 대규모 인권침해, 즉 '민족 청소'와 여성에 대한 조직적 강간, 종군위안부의 범죄성 △범죄자 처벌

한편, 후자의 접근방식과 관련하여서는 다음 <표 2>와 같은 인권의 개념범주표를 작성해 보았다.

<표 2> 인권의 개념범주

번호	인권의 범주	번호	인권의 범주
1	△사람의 권리 △권리의 주체	10	△정당하고 타당한 요구 △절차의 공정성
2	△사람과 사람의 관계	11	△자격(entitlement)
3	△인간의 존엄성	12	△공정성과 배려
4	△약자를 살리는 것	13	△권리와 의무의 관계
5	△사람답게 살 권리	14	△규칙의 체계(rule structure)
6	△정의의 실현	15	△공동체적 맥락
7	△생명의 존중 △자연권적 권리	16	△저항권
8	△표현의 자유와 권리	17	△자연권
9	△소유권		

3) 인권항목과 교과서

인권항목(또는 인권의 개념범주)의 목록이 작성되었으면, 이제 그 목록을 가지고 교과서의 어떤 부분이 인권항목을 포함하고 있는가 살펴보기로 한다. 중학교 3학년 사회 교과서를 살펴보면 여기저기에 인권항목과 관련된 내용이 기술되어 있음을 발견할 수 있다. 다음에 <표 1-1> 및 <표 1-2>를 준거로 삼아 인권교육이 어떻게 가능할 것인지, 또한 <표 2>를 준거로 삼아 어떻게 인권교육이 가능할 것인지 차례로 살펴본다.

(1) 「세계인권선언」 및 「인권에 관한 빈 선언·행동강령」을 틀로 한 인권
교육(<표 1-1>, <표 1-2>와 관련)

■ 기본권 보장을 위한 장치로서의 민주정치의 원리

단원 Ⅱ '민주정치와 시민생활'은 국민주권·권력분립·입헌정치와 같은 민주주
의의 기본법리, 선거·정당 등과 관련된 민주정치제도, 민주적 참여절차 및 정책결
정과정, 주요 정부기관이 가지는 권한과 지위 등을 다루고 있다. 이 단원의 목표는
민주정치의 원리와 제도를 이해하고, 민주사회의 구성원으로서의 올바른 역할을
습득하며, 바람직한 시민 자세를 확립하는 것이다.

이 단원은 인권을 직접 언급하고 있지 않지만 민주주의의 원리를 궁극적으로 기
본권 보장을 위한 장치·수단이 무엇이냐 하는 관점에서 파악하고 있다. 따라서
이러한 관점을 중심으로 인권에 대한 접근이 시도될 수 있는 여지가 충분하다. 예
컨대 인권과 관련한 다음과 같은 내용은 이 단원에서 직접 다루어질 수 있는 것이
라 할 수 있다. 즉, △인간의 존엄성·자유·평등, △법 앞의 평등, △권리침해를
구제받을 권리, △의사표현의 자유, △참정권 및 평등·비밀선거의 원칙, △사회보
장을 받을 권리, △기본권이 보장되는 한에서 사회에 대해 지는 의무, △다른 사람
들의 자유와 권리를 존중해야 할 책임, △권력분립 등이 그렇다.

■ 법에 의한 기본권 보장

단원 Ⅳ '국민생활과 법'은 법적인 사고력을 함양하고, 준법정신을 내면화하며,
권리의식을 고양하는 데 주안점을 두고 있다. 특히 **주제 2 '민주주의와 법'**은 인권
사상의 발달과 함께 법치주의의 원리가 민주정치의 기본 원리가 되었으며, 이에
따라 법에는 국민의 기본적 인권을 보호하는 내용을 담고 있음을 지적하고 있다.
민주주의의 인간의 존엄성 보장이념은 천부인권사상으로 발달하였고, 인간의 존엄
성은 국가의 최고법인 헌법에 의해 국민의 기본적 권리로 보호해야 한다는 입헌정
치의 원리로 발전하였음을 지적하고 있다. 그리고 헌법에 열거된 기본권의 내용을
살펴봄으로써 자기의 인권은 물론 타인의 기본권을 보장하는 자세를 기르도록 한
다는 것을 강조하고 있다.

이 주제에서, 인간이기 때문에 당연히 가져야 하는 기본적 권리를 인권이라 명
시하고 있으며, 인권의식은 근대민주주의의 발전과 함께 성장해 왔음을 지적하고
있다. 따라서 이 단원은 곧장 인권교육과 결부시킬 수 있다. △기본권·인권·천부
인권, △법의 지배·법치주의, △국민주권, △입헌주의, △권리의식·타인의 권리존
중, △기본권 침해의 구제수단, △인권침해사례의 조사, △참정권, △사회보장을 받

을 권리, △기본권 제한과 그 한계의 법정주의 등은 인권과 관련하여 이 단원에서 다루어질 내용이다.

■ 복지국가가 추구하는 사회권

단원 IV의 주제 3 '현대 복지국가와 법'에서는 법은 개인적으로는 분쟁의 해결 수단이고, 공적으로는 기본권의 보장수단임을 밝히고 있다. 노사관계나 경제질서에 있어, 사적인 자유와 공적인 복지의 조화를 위해 국가의 공적 관여(법적 개입)가 요구되고 있으며, 그렇게 되었다는 것을 설명하고 있다. 이 점은 초기의 인권개념 이 주로 자유권·사유재산권 등 전통적으로 주장되어 온 자유와 권리에 중심을 둔 것이었다고 하면, 현대적 인권개념은 사회경제적·문화적·환경적 제 권리로 확장 되고 있다는 것과도 맥을 같이 한다고 볼 수 있다.

노동법·경제법·사회보장법 등을 통하여 △사회보장을 받을 권리, △국가의 사 회보장 의무, △인간의 존엄성을 유지할 수 있는 생활수단의 보장, △노동조합 결 성·가입의 자유, △경제적 약자의 보호 등등은 인권과 관련하여 이 주제에서 다 루어질 내용이다.

한편, **단원 III의 주제 3 '우리 나라의 경제와 국민생활'**에서는 모든 국민의 인간 다운 생활 및 삶의 질을 보장해야 한다는 현대 경제이념과 기초적인 경제원리를 근거로 하여 물가, 환경, 실업 및 소비자 보호 등과 같은 우리 경제의 문제점을 평 가하고, 원인과 해결책을 찾아볼 수 있게 하는 데 목표를 두고 있다.

△형평성의 문제, △교육·환경·문화·보건·노동 등 삶의 질, △국민들이 최소 한의 인간적인 삶을 유지할 수 있을 정도의 소득보장, △질병으로부터의 보호와 예방을 위한 의료보장, △기본적인 교육과 주거보장, △여가를 가지고 문화생활을 할 권리, △정치적으로 자유와 평등을 누릴 권리, △근로자들이 회사에 참여하고 경영층과 화합할 권리 등은 인권과 관련하여 이 주제에서 다루어질 내용이다.

■ 건강하고 안녕된 생활수준을 보유할 권리 및 환경적 가치

단원 V '공업화와 인구 및 도시문제'에서는 공업화·도시화로 인한 환경문제가 다루어지고 있다. 공업화·도시화로 인한 환경문제는 세계 각국이 공통적으로 지 닌 지구 전체의 문제로서 인간생활을 크게 위협하고 있다. 특히 삼림의 남벌과 이 상기후로 인한 사막화 현상, 연료 사용증가와 인구집중으로 인한 지구 온난화 현 상, 생활 쓰레기와 산업폐기물로 인한 토양오염, 수질오염 등으로 하나뿐인 지구환 경이 크게 위협받고 있다.

단원 VI '자원과 지역개발 및 환경문제'에서는 급속한 인구증가와 자원고갈, 자

원의 지역적 편중으로 발생하는 문제, 개발로 인한 환경파괴라는 문제가 다루어지고 있다. 개발 도상국에서의 기아문제, 자원을 둘러싼 국가 간의 분쟁도 지적하고 있다.

이런 문제들은 △건강하고 안녕된 생활수준을 보유할 권리, △환경적 가치를 직접적으로 위협하고 있는 것들이다. 환경오염, 교통혼잡, 주택부족, 기아, 생활환경, 자원분쟁, 인류의 생존, 생태계 등은 인권과 관련하여 이들 단원에서 다루어질 내용이다.

■ 이해와 관용성·우의의 신장, 평화유지를 지향한 교육

단원 Ⅶ '세계화 시대에의 대응'은 다른 나라의 민족과 문화를 폭넓게 이해하게 하고, 인간의 존엄성과 평화의 이념을 심어주며, 전쟁의 억제와 세계평화 및 지구촌의 생존을 위해 협력하는 태도를 기르는 것을 목표로 하고 있다. 인류상호 간에 이해·관용·우의를 신장시키고, 평화유지를 지향하는 것은 인권교육의 중요한 내용이라 할 수 있다.

지구촌, 세계시민의식, 문화적 상대주의, 비정부간 기구(NGO)의 활동, 분단의 극복, 상호신뢰, 세계화, 세계공동체의식, 국제분쟁, 전쟁, 평화, 군비경쟁, 자원민족주의 등은 인권과 관련하여 이 단원에서 다루어질 내용이다.

(2) 인권의 개념범주를 틀로 한 인권교육(<표 2>와 관련)

■ 권리의 주체

사회화의 개념과 정체성 형성(5쪽), 사회적 상호작용과 역할(7-10쪽), 천부인권: 프랑스 인권선언(101-102쪽)

⇒ 권리주체로서 나는 누구인가?

· 상호작용과 인간관계의 형성은?

· 천부인권의 역사적 의미의 고찰

■ 인간의 존엄성

민주주의의 근본이념(32쪽), 행복추구권(제104쪽), 인권존중(108쪽), 기본권의 확립(104쪽), 사회보장법 시행(116쪽)

⇒ 인간의 존엄성을 공동체 속에서 실천해 나갈 방법의 인식

· 인간의 존엄성 논쟁: 복제인간

· 헌법에 보장된 사회권의 인식

· 사회적 약자의 권리보호 인식

■ 약자를 살리는 것
헌법소원심판(47, 109쪽), 사회보장법 시행(116쪽)
⇒ 헌법소원이 제기된 원인과 사례 분석
· 경제적 약자와 복지 인식

■ 사람답게 살 권리
기본권의 확립(104쪽), 사회보장법 시행(116쪽)
⇒ 헌법에 보장된 사회권 인식
· 사회적 약자의 권리보호 인식

■ 정의의 실현
법: 정의의 실현(94쪽), 경제: 분배의 정의 실현(65, 74, 114쪽)
⇒ 법·경제적 정의의 실현을 통한 사회적 정의 실현방법 인식

■ 생명의 존중, 자연권적 권리
천부인권사상(101쪽), 사법부의 실현(94쪽)
⇒ 천부인권사상을 통해 생명존중 인식
· 뇌사자의 장기이식 문제를 통한 생명권 인식

■ 표현의 자유와 권리
기본권으로서의 자유권: 표현의 자유(104쪽)
⇒ 표현의 자유 인식(만화가 이현세의 소환사건을 통해 본 표현의 자유 인식)

■ 소유권
기본권 중 자유권의 내용인 재산권의 행사(104쪽)
⇒ 재산권의 행사는 어떻게 해야 하는가?

■ 정당하고 타당한 요구, 절차의 공정성
기본권 침해의 구제 요구(104, 108, 110쪽), 절차의 남용(36-37쪽)
⇒ 공정한 절차를 통해 기본권 침해의 구제 요구
· 합리적 권위의 행사 방법

■ 자격(entitlement)
사법과 공법의 영역(96-98쪽)

⇒ 자연인의 권리와 자격 규정

■ 공정성과 배려
경제적 공정성의 추구(83쪽), 경제적 발전과 삶의 질 향상(86쪽)
⇒ 공정성이 확보되지 못한 경제성장의 현실인식 및 대안 모색

■ 권리와 의무의 관계
기본권의 제한(106쪽), 의무와 권리의 관계(107쪽)
⇒ 공공선의 추구를 통한 기본권의 제한
・재산권 행사를 중심으로 한 권리와 의무의 관계

■ 규칙의 체계(rule structure)
법치주의(102-103쪽)
⇒ 국민의 합의에 기초한 법의 실현을 통해 공동체의 규칙 확립 요구

■ 공동체적 맥락
기본권의 제한과 공공복리의 추구(106쪽)
⇒ 한민족 공동체의 특수성 인식(분단)

■ 저항권
영장, 기본권 침해 구제, 기본권 보장을 위한 행위(106-111쪽)
⇒ 기본권이 침해되었을 때 저항권의 행사방법 인식

■ 자연권
환경권(104쪽), 공업화 과정에서 파생된 환경문제(131쪽), 환경에 대한 다양한
접근(171-181쪽)
⇒ 환경에 대한 인식과 생태계 보전을 위한 실천방법 모색

③ 교과서를 통한 인권교육의 걸림돌

사회 교과서를 통해 인권교육을 실시할 수 있는 가능성에 비해 걸림돌이 존재하
는 것도 사실이다. 인권항목에 해당하는 개념・용어들이 교과서 여기저기에서 나
오지만, 그 기술된 수준이 인권에 뚜렷한 관심을 기울여 기술된 것은 아니다. 또
이론적・당위적으로 기술되어 있을 뿐이지 인권의 실태에 관한 접근은 거의 없다.

이러한 경향은 일차적으로 사회과의 교과 특성에서 비롯되는 면이 강하다고 생각되며, 실제적 측면의 기술을 회피하려 했던 측면도 강하게 느껴진다.

1) 인권의 관점에서 기술되어 있지 않은 점

사회과는 민주시민의 양성이라는 궁극적 목표를 갖고 있으며, 공민영역은 사회과의 그러한 목표를 직접적으로 담고 있는 영역이다. 그런데 공민영역의 실제내용을 살펴보면 민주주의·법치주의·시장경제의 원리를 이해시키고, 민주주의적 생활태도·준법성·합리적 경제행위를 익히고 내면화시키는 데에 큰 비중을 두고 있다. 아울러 국가지배 이데올로기로서의 민주주의·시장경제의 우월성을 신념체계 속에 굳히는 것을 의도하고 있다. 반면에 인권에 대한 관심을 제대로 기울이지 못하였다.

사회과가 학문중심의 영역으로 이루어져 있다는 사실은 인권에 대한 관심을 소홀히 하는 한 원인이 되는 것 같다. 공민영역만 보더라도 정치학·경제학·사회학·문화인류학·법학이 각 소영역을 이루고 있는 상황이다. 즉, 단원 I('인간과 사회·문화 생활')은 사회학과 문화인류학, 단원 II('민주정치와 시민생활')는 정치학과 헌법학, 단원 III('경제와 시민생활')은 경제학, 단원 IV('국민생활과 법')는 법학에 각각 해당한다. 교과서의 기술방식은 각 학문의 방법론과 관심이 그대로 반영되는 모습을 띤다. 민주주의의 원리로서 자유와 평등에 대해 기술하고 있지만 그것은 어디까지나 정치학적·헌법학적 관점에서 언급되는 이상으로 나아가지는 못하고 있다.

학문중심적 기술방식과 관련하여 중학교 교과서에서 특정개념에 접근하는 수준은 기초적인 수준에 머물고 있다는 점도 지적해야 한다. 평등이란 개념을 설명할 때 기회의 평등, 법률 앞의 평등 이상으로 평등의 의미를 탐색할 여지는 없게 되어 있다. 결과의 평등, 형평의 문제는 미처 언급할 여유가 없는데, 이러한 문제가 오히려 인권의 측면에서 보면 더 큰 비중을 차지하며, 아울러 평등의 개념을 폭넓게 접근하는 방법을 제공하는 것이다.

1993년에 채택된 「인권에 관한 빈 선언·행동강령」에서 새로이 강조된 여성·원주민·장애인·어린이·소수민족의 권리와 같은 중요한 인권항목이 사회 교과서에서 전혀 기술되어 있지 않다는 것은 학문중심적 지향에서 비롯된 당연한 귀결일는지도 모른다. 정치적·법률적 평등에 관해서 기술하고 있으면서도 여성의 성차별에 대해서는 일체 언급이 없으며, 근로자의 근로조건과 사회적 지위보호를 이야기하면서도 외국인 근로자의 권리에 대해서는 아무런 언급이 없다.

2) 현실·실제에 대한 기술이 부족한 점

교과서의 딱 한 부분에서 "아직도 수많은 사람들이 부당한 국가권력의 행사나 사회집단들의 편견, 옳지 못한 사회제도, 남을 무시하는 사람들의 태도 등으로 말미암아 폭력·억압·차별·빈곤·멸시를 당하면서 살아가고 있다"(108쪽)고 일부 인권침해·탄압이 존재함을 기술하고 있지만 구체적인 사례는 예시하고 있지 않다. "모든 국민은 법 앞에서 차별받지 아니 한다는 평등권을 보장하고 있다"(104쪽)고 기술하고 있지만, 형사재판과 관련하여 적법절차의 원리를 적용함에 있어 권력형 비리·중대 경제사범에 적용하는 기준과 힘 없는 서민이 저지른 단순사범에 적용하는 기준이 다른 경우가 있음을 기술하고 있지 않다. "국민이 일정한 범위 안에서 국가권력의 간섭을 받지 않고 자신의 의사에 따라 행동할 수 있는 자유권을 보장하고 있다"(104쪽)고 되어 있는데, 국가보안법·집시법·노동쟁의조정법 등으로 구속된 사람들이 있다는 사실을 말하고 있지 않다. 또 "인간다운 생활을 위해 국민이 국가에 대하여 요구할 수 있는 사회권을 보장하고 있다"(104쪽)고 기술하고 있는데, 철거민, 노점상, 무의탁 노인, 소년·소녀 가장이 존재한다는 사실을 기술하고 있지 않다.

당위성·이론만을 언급하고 실제·현실에 대해서는 언급을 하지 않는 이러한 기술방식은 사회의 여러 현상을 통합적 시각으로 이해하게 하고, 우리 사회의 문제점들을 합리적으로 해결하는 데 필요한 기능을 길러낸다든지, 정치·경제·사회·문화·법의 기본개념과 원리를 우리 나라 중심의 사례와 연결시켜 문제 해결력을 기르도록 한다는 사회과 본래의 목표와도 부합하지 않는다.

실제·현실, 다시 말해서 인권실태에 대한 접근이 없는 상태에서 인권항목의 의미와 그 당위성을 설명하는 것만으로는 인권 개념·의식이 올바로 형성되기를 기대할 수 없다. 지금 이 순간 인권을 천명하고 인권에 대해 이야기하는 것은 인권침해·탄압의 주체가 국가이든 개인이든 아니면 사회집단·세력이든 그런 것에 상관없이, 그러한 침해·탄압으로부터 자유로워지고자 싸워왔던 역사적 과정의 결실이며, 지금도 인권신장을 위한 노력은 계속되고 있다. 그러므로 인권실태에 대한 인식이 없는 인권교육은 그 의미가 퇴색될 수 있다.

6. 학교생활 속의 인권

한국의 어린이·청소년들은 대부분 청소년기를 학교에서 보낸다. 80여일 간의 방학과 일요일·법정 공휴일 등을 제외하고 급별·지역별로 다소의 차이는 있으나 대개 1년 중 220일 이상을 학교에 다니도록 되어 있다. 취학률이 급증하여 한국의 어린이·청소년 중 극히 일부의 학교 부적응아들을 빼면 거의 대부분이 학교를 다니고 있다. 따라서 학교교육의 성격과 학교에서 이루어지는 생활은 성장기 학생들의 인성과 가치관 형성에 큰 영향을 미친다. 학교에서 일상적으로 이루어는 교사와 학생, 학생 상호 간 의사소통의 내용과 방식은 학생들의 인간관과 대인관계에 대한 태도를 형성시키는 데 기초가 된다. 특히 교사의 교육관·학생관, 교장의 교육관·학교 경영관 등은 학교교육의 문화와 풍토에 영향을 미치며, 이러한 문화와 풍토 속에서 학생들이 자라게 된다. 그런데 교사와 교장의 교육관은 해당 사회의 교육제도와 교육에 대한 사회적 인습이나 태도와 무관하지 않다. 이러한 교육적·사회적 제도와 구조적 환경이 학교교육을 규정하고, 학교교육은 학생들의 삶을 지배한다. 따라서 학생의 인성과 인간관·가치관 형성은 해당 사회의 사람들의 삶에 영향을 미치며, 사람들의 철학적 가치와 교육적·문화적 전통 등과 밀접한 연관을 맺고 있다. 또한 학교교육은 교육을 둘러싼 사회·문화적 배경과 정치·경제 등의 이데올로기적 배경과 같은 구조적인 문제에까지 닿아 있다는 점을 인식하여야 한다. 따라서 제도권의 학교단위에서 이루어질 수 있는 새로운 교육에 대한 모색과 실천이 지닌 현실적 한계를 인정하여야 한다. 그러나 미래는 언제나 현실을 딛고 과거라는 뿌리 위에서 자라나는 것이다. 현실적 한계 안에서라도 가능한 인권교육의 실천적 대안을 찾고 반인권적 현실변화를 위한 집단적 운동을 전개시킬 때, 지금의 현실은 조금씩이라도 개선될 여지가 생길 것이다.

① 교육활동 속에서 인권을 어떻게 볼 것인가?

학교교육에서 인권의 문제가 다루어져야 하는 이유는 여러 가지가 있다. 우선

10대의 학생들은 지금 사회의 구성원이며, 미래에는 독립적인 시민이 되므로 그들에게 개인의 권리에 대한 지식과 이해가 필요하다. 그리고 자신의 권리에 대한 지식과 이해는 곧 타인의 권리를 생각하게 하며, 자신의 권리와 타인의 권리 간의 관계를 알게 된다. 그리하여 자신의 권리와 타인의 권리를 보호할 수 있다면, 이는 더 살기 좋은 사회를 만드는 데 기여하게 되는 것이다.

인권은 학생들이 지식과 정보 차원에서 학습하는 것인 동시에 권리를 보호하고 사회적 관계에서 갈등과 문제를 해결할 수 있는 기술을 익히는 것이다. 인권은 학습에서 출발해서 결국은 개인이 한 시민으로서 성숙하는 데 필요한 권리의식을 함양하게 하며, 사회적 인간관계에서의 갈등을 해결하고, 인권의 보호까지 나아가게 한다. 즉 인권은 지식과 기술로서 교육의 내용이기도 하면서 학생들 자신의 인권에 대한 직접적 또는 간접적 경험 역시 인권교육의 중요한 텍스트가 되는 것이다.

학생들의 경험은 학교·가족·사회의 상호관계 속에서 형성된다. 그러나 무엇보다도 교육현장에서 교사와 학생의 관계는 인권이 교육내용으로 이루어지기도 하지만 실제 인권의 체험현장이 되기도 한다. 그러므로 교사들의 태도와 행위는 학생들에게 실제 인권교육의 모델 역할을 한다는 면에서 교사는 살아 있는 인권 교과서라는 말이 실감난다. 학교교육에서 교사-학생 간의 인간적 권리의 실현을 방해하는 것은 교육의 구조적 모순, 행정적 문제, 관례와 관습 등 여러 차원이 있다.

여기서는 학교생활에서 직접 실천가능한 부분으로 한정해 문제의 초점을 좀더 일상적인 차원의 교사활동을 중심으로 보려고 한다. 교육현장에서 인권이 유지되는 교육적 상황을 구성해 가는 것이 교사의 몫이라고 한다면, 우선 인권교육이 이루어지기 위해서 교사들의 태도와 행위에서 빚어질 수 있는 여러 편견과 차별을 극복하는 과정이 전제가 되어야 한다고 보기 때문에 인권교육 프로그램을 실시하기 전에 교사들의 편견과 고정관념 등이 쉽게 드러날 수 있다고 보는 몇 가지 범주를 기준으로 살펴보려고 한다.

1) 모범생/문제아

학생들을 여러 가지 유형으로 분류할 수 있는데, 그 중에서 현재 학교에서 널리 통용되고 학생들 역시 수용하는 것으로 모범생/문제아(속칭 날라리) 구분이 있다. 학업성적은 입시중심의 교육현실에서 학생을 구분하는 근간이 된다. 성적이 우수한 모범생 그룹과 성적에는 관심이 없는 문제아 그룹이 있으며, 나머지 하나는 이 두 그룹 사이에 놓여 있는 중간 그룹으로 대다수 학생은 여기에 포함된다. 실제

학교생활에서 학업은 모범생을 중심으로, 생활지도는 문제아들에게 맞추어지는데, 중간 그룹은 소외된다는 것을 비추어서 이들을 소위 '들러리'라고 하기도 한다. 즉 교사들의 수업 지도는 성적이 우수한 학생들을 중심으로 진행된다. 입시중심의 교육현실에서 실력 있는 교사와 실력 있는 학교를 평가하는 것은 입시성적이며, 모범생들의 진학성적은 곧 교사와 학교의 명예를 결정하기 때문이다. 문제아들은 그와 정반대의 이유로 인해 관심의 대상이 된다. 문제아들은 학교의 면학 분위기를 해치고, 학교의 명예를 실추시키는 잠재성을 언제나 가지고 있다고 보기 때문에 그들은 생활지도에서 일차적인 통제의 대상이 된다.

학생들을 학업성적을 기준으로 구분하는 데는 의문의 여지가 없다. 그러나 날라리, 즉 문제아들을 차별적으로 분류하는 것은 잘못이다. 교사들이 학생생활 지도차원에서 학생들에 관한 정보를 상호교환하는 데 있어서도 문제아들이 주로 화제의 대상이 된다. 그런 이유로 소위 문제아들의 행동은 다른 학생들의 행동보다 더 쉽게 눈에 띄어 교사들이 가지고 있는 이들에 대한 편견은 쉽게 정당화된다.

그렇게 되면 교사들은 체벌을 자제한다고 할지라도 폭언이 이들 학생에게는 쉽게 퍼부어진다. 심지어 이들 중에 일부는 "왜 똑같은 복장을 하고 똑같은 잘못을 했는데 왜 나만 심하게 다루느냐"고 불평을 하는 학생도 있다. 이들은 교사들이 학생을 통제할 때 문제아를 다른 학생들과 구분해서 지도하고 있다는 사실을 간파한다.

교육현장에서 문제아로 분류되는 학생들이 가지는 문제성이 전혀 없는 것은 아니다. 이들의 문제성은 수업태만, 이성교제, 외모에 대한 지나친 관심, 시내 돌아다니기, 술, 담배, 폭력행사 등을 들 수 있다. 그러나 이들의 문제행위를 단지 통제차원의 금지로써 해결하려는 것은 더욱 상황을 어렵게 할 뿐이다. 소위 문제아들이 가질 수 있는 인간으로서의 권리를 저해하지 않으면서 이들의 문제되는 행위를 학생들에게 인식시키는 교육과정이 필요한 것이다. 즉 문제가 되는 행동이 무엇인가를 짚어 나가고 그 행동이 정의롭지 못하거나, 타인의 권리를 침해한다면 훈육과 교육의 대상이 되어야 한다. 문제아들에게 일방적 통제중심의 지도는 교사들이 가지는 문제아에 대한 편견을 학생들에게 그대로 심어주어 학생들끼리 다른 그룹의 학생들을 배타시하는 행동을 하게 만들 수 있다. 이는 서로에 대한 권리침해를 합리화하고 서로 반목하는 계기가 된다.

학생들은 다양한 그룹을 형성하고 있다. 그 중에서 성적이 가장 우선적인 순위가 되어서 학생들을 구분하는 것은 입시중심의 학교가 재생산하는 잘못된 편견이다. 학생들이 가지는 다양성을 인정해야 하며 학교문화에서 '성적'을 가장 우선시하는 획일적인 문화를 배제하여야 한다. 그리고 학교에서 들러리로 적당히 무시되는 중간 그룹은 이 모든 진행과정을 그들의 눈으로 꿰뚫어 보며, 실제로 이들은 가장 많은 잠재력을 가진 그룹이므로 이들 학생을 중심으로 보다 보편적인 교육이 이루어져야 할 것이다.

2) 남녀차별

사회는 남녀에게 알맞은 종류의 노동을 각기 다르게 설정하고 있으며, 남녀에게 각기 다른 능력과 인성을 요구한다. 시대가 변하여 여성들도 남성과 마찬가지로 거의 모든 영역에서 활동하고 있음에도 불구하고, 여전히 여자의 일은 따로 정해져 있다고 한다. 여교사들이 대부분 경험하는 바이지만, 근대에 와서나 가능하게 된 교사로서 직업활동과 전형적인 여성의 일인 집안일을 이중으로 감당해야 하는 것이 현실이다. 이것은 여성의 결혼 이후에 아주 극단적인 형태로 나타나지만, 사회 전반에서 여성의 삶은 이와 같은 이중의 부담이 잠재되어 있으며, 이로 인한 차별과 피해는 여성의 삶에 부정적인 영향을 미친다.

여성들에 대한 이중의 기대와 이로 인한 이중의 부담은 학교교육에서 역시 문제가 된다. 학교는 학생들의 능력을 개발하고 미래의 직업을 준비하는 교육을 하면서, 동시에 사회가 요구하고 기대하는 가치관과 태도를 지닌 인간을 육성하는 곳이다. 그렇다면 여학생들에게 미래의 직업을 준비하기 위한 교육을 하면서 동시에 전통적인 여성다움을 기대하지는 않는가? 흔히 가지는 통념 중의 하나인 '남자는 여자보다 더 나아야 한다', '남자는 유전적으로 여자보다 우수한 종이다'라는 말을 한번 뒤집어 생각해 본 적은 있는가? 교사들에게 그러한 뒤집어 생각하기의 경험이 없다면, 남녀 모두에게 똑같은 교과서와 교육과정을 가지고 교육을 실시한다고 하지만, 잠재적으로 이미 남녀학생에게는 다른 종류의 교육이 실시되고 있는 것과 다름없다. 남녀 학교의 교훈부터 다른 것이 우리의 현실이고 보면 여성교육에 대해 다시 생각해야 한다. 아직도 우리의 여성교육은 전통적 남녀유별의 연장으로서 남녀 분리학교가 우선적이며, 여학생들에게 전통적 현모양처 교육을 넘어서는 보다 적극적인 여성교육을 실시하고 있지 못한 현실이다. 여학생에 대한 이중적 기대는 다각도로 변하는 세상에 여성들이 대처할 수 있는 능력을 결여시키며, 여성의 갈등과 혼란을 크게 하는 데 기여한다. 이러한 문제를 교육적 효과로서 해결해 보겠다는 생각이 필요하다.

교사들은 '사내다워야지, 여자다워야지'라는 표현을 남녀학생들을 훈육할 때 종종 사용한다. 요즘 학생들은 교사들의 이러한 편견을 그대로 수용하지 않고 반발하기도 한다. 그러나 학생들이 언제나 반발하고 저항하기는 쉽지 않다. 일상적으로 이루어지는 무수한 언어의 소용돌이에서 학생의 태도·행위·정체성에 대한 통제는 다양하게 이루어지며, 사회가 복잡해질수록 이와같이 무심히 일상적으로 이루어지는 통제의 그물망을 통해서 인간의 삶이 구성된다. 좁은 교실에서 50명의 학생이 나란히 앞을 보고 있는 교실의 환경 자체가 이미 일상이라는 통제의 구도라고 할 수 있는데, 그 속에서 이루어지는 교사와 학생 간의 의사소통 과정은 학생들에게 하나의 주된 통제장치가 되는 것이다. 특히 사내다움은 의리·정의·용기 등 긍정적인 인격적 특성을 말하며 여자다움은 다소곳함·청결·외모 등에 치우쳐 사용되는 보편적 상황을 고려해 볼 때 교사들이 언어가 갖는 가치 지향성을 고려하지 않고 무분별하게 사용한다면 여학생들에게는 더욱 차별적인 말로 전해질 것이다.

여학생에 대한 편견이 단지 편견으로 그치는 것이 아니라 제도적인 차별로 발전할 수 있는 가능성이 언제나 있다. 교사들이 흔히 말하는 "요즈음 여학생들은 달라졌어, 거칠어지고 남자애들보다 더 대담해졌어"라고 할 때에도 그 기준은 남성성/여성성이란 전형적인 성별성(gender)에 근거를 두고 있어 이 기준에 의거해 여학생들의 행동을 평가하는데, 이것은 단지 말로서 그치는 것이 아니라 편견이 차별로 이어질 수 있는 실마리를 제공한다. 예를 들어서 똑같은 폭력을 사용한 남녀 학생이 있을 경우 여학생은 성별전형성에 위배된다는 이유로 남학생들보다 더 심한 처벌과 인격적 모욕을 받을 수 있다. 그리고 남녀공학에서 남녀가 같이 어울려 술을 마시고 담배를 피우고 혼숙을 했다고 가정하자. 그 중에 한 여자아이가 임신이라도 하게 되면, 실제 임신 또는 중절의 경험이 있다면 여학생은 더이상 학교를 다닐 수 없게 된다. 그리고 나머지 남학생들은 여학생의 부모가 고소하지 않는 이상 정학 정도의 처분을 받게 되는 것이 일반적이다. 이와 같은 상황은 중립적인 학교규칙이 실제 적용되는 과정에서 여학생에게 차별적일 수 있다는 것을 시사한다. 교육이 형식적으로는 남녀 모두에게 평등하게 실시되는 것 같이 보이지만, 사회에 만연한 남녀차별 가치관과 학교의 풍토, 교육자 개인의 태도 등으로 인해 형식상의 평등이 보장되지 못하고 실제적인 차별로 나타나게 된다.

3) 가정환경

학교가 위치한 지역에 따라 그리고 부모의 결혼상황, 경제적 수준, 그리고 학력 등에 의해 학생들의 가정환경에서도 차이가 많이 난다. 각각의 특성에 맞는 교육을 하여 개별 가정의 특수한 학생들의 경험이 소외되지 않기를 교사들은 바란다. 그러나 한 예를 들어서 부모의 보호를 받지 못하는 학생이 학교에서 남의 물건을 훔치고, 또래 학생들을 폭행한 사건이 있다고 가정하자. 이 경우 학교에서는 그 학생을 처벌하기 앞서 가정과 협력하여 학생의 문제를 해결할 것인지 검토하게 되는데, 이 학생은 부모로부터 전혀 보호를 받지 못하는 상태에 있다. 그러므로 교사들은 학생 지도가 불가능하다고 판단하며 감정적으로 무척 고통스러워한다. 이런 경우는 학교 관리자조차도 교사 개인의 헌신성으로 해결될 수 있는 문제가 아니라는 것을 안다. 그래서 교사들은 흔히 문제가정의 문제학생이라는 고정관념에 빠지면서 학교, 가정, 그리고 사회의 관계는 다시 복잡한 삼각관계로 접어든다. 학생의 문제는 가정·학교·사회가 얽혀 있는 것이어서 교사 개인이 어쩔 수 없는 경우가 많다. 그래서 학교는 가정과 사회로 책임을 전가하고 가정은 학교로 그리고 사회는 학교로 책임을 전가하면서 이들 가정에서 버림받은 학생들의 복지와 인권은 사실상 전혀 보장되고 있지 못하다.

문제가정을 정의하기는 모호하지만 일반적으로 생각하는 전형적 가족의 이미지와 일치하지 않는 경우에는 문제가정 내지는 문제의 소지가 있는 가족으로 말한다. 이러한 면은 산업사회 이후 전통적인 가족형태가 변하면서 부모의 이혼, 별거로 인한 편부모 가정, 주말가족, 부모가 재혼한 경우 등 다양한 형태의 가족이 등장하는 현실을 무시하는 것이며, 다양한 가족에서의 개인의 경험을 단지 소외된 소수의 경험으로 치부하므로 실제 다양한 형태의 가족에 살고 있는 학생들의 경험은 무시되고 만다.

교사들 역시 아버지는 생계부양자이고 어머니는 자녀를 보살피는 역할이 기능적으로 이루어지는 가족을 전형적인 것으로 생각하는 고정관념을 가지고 가정환경을 정상/비정상으로 구분하여 학생들을 지도한다. 학생이 쉽게 훈육되지 않거나 소위 문제성 있는 행동을 하는 학생들은 실제로 전형적인 가족과는 다른 가족의 경험을 가지고 있는 학생들이 많다. 학교에서마저 이들의 문제성의 원인을 가족의 탓으로 전가한다면 이들은 앞으로 어떻게 살아가야 할지 우리 사회 성인들의 숙제가 아닐 수 없다. 어린이들은 양육과 보호를 받을 권리가 있음에도 불구하고 흔히들 말하는 문제가정의 문제아의 권리는 외면당한 채 사회제도로부터 이들이 보호받을 수 있는 권리는 봉쇄 당한다. 그러므로 이들이 가지는 소외감과 고통은 사회적인 소외 즉 사회적 폭력의 한 결과이다. 인간적으로 존중받아 온 경험이 없거나 권리를 일상적·제도적 차원에서 무시당하고 사는 아이들에게 타인의 권리에 대한 존중을 가르칠 수는 없다. 그러면 사회는 폭력의 악순환에서 벗어날 수 없게 된다. 가정-학교-사회의 연속선에서 문제해결의 열쇠를 어디서 찾을 것인가 생각해야 하며, 가정의 보호를 받을 수 없는 경우에는 사회적 조처로서 해결해야 한다. 우선 작게나마 교실에서 실천할 수 있는 것은 가정환경에 대한 정상/비정상의 구분을 삼가야 하는 것이며, 인권의 사각지대에 놓여 있는 보호받지 못하는 학생들이 자신의 가족의 경험을 말할 수 있는 학급의 분위기를 만드는 것이 필요하다. 이 과정에서 학생들은 서로가 가지는 '차이'에 대해 이해하며, 차이가 보호되고 존중되어야 한다는 것을 배운다.

② 학교의 인권적 현실은 어떠한가?

교육은 잠재된 인간의 가능성을 계발하여 개인의 행복과 공공선을 보장해 주는 기능을 담당한다. 학교는 이러한 교육의 기능을 전개시키는 장이다. 학생들은 학교교육과정을 통해 이러한 목표에 도달하고자 한다. 그러나 현실의 교육은 낡은 지식의 전달과 지식경쟁을 통한 선발의 도구로 전락하여 위의 기능을 제대로 수행하지 못하고 있다. 학교교육의 결과가 개인의 행복과 사회정의를 보장해 주지 않는다. 학교교육의 과정 속에서도 유예된 학생들의 행복과 권리, 비판의식과 창의력 등이 보장되어 있지 못하다. 학생들은 통과의례로 학교를 다닐 뿐이다. 학생들은 학교에 다니는 것이 즐겁지 않다. 별로 보장받을 것 없는 미래에 대한 자격증(졸업장)을 따기 위해 초등학교에서 고등학교 졸업까지 12년의 긴 기간 동안 어린이·청소년기의 꿈과 사랑과 행복과 권리를 저당잡히는 것이다.

지식과 정보의 제공처로서 학교의 위상은 이미 많이 변화되었다. 시디(CD)롬 한 장에 고등학교까지 배워야 할 내용을 다 담을 수 있으며, 입시는 전문 입시학원에 자리를 내준 지 오래되었다. 교사에 대한 기대와 호기심도 해가 다르게 줄어들고 있다. 교사의 권위는 추락할 대로 추락하였다. 가정의 물질적 환경이 상당히 개선된 학생들은 낙후된 학교의 시설과 교실에 애정을 갖기가 어렵다. 탈의실도 제대로 갖추어진 학교도 많지 않아 체육시간에 편안히 옷 갈아입기조차 만만치 않다. 거대학교와 과밀학급은 한국 학교의 대명사처럼 되어버렸다. 숨가쁘게 돌아가는 빡빡한 하루 일정은 학교에서 학원으로 곧바로 이어진다. 친구들끼리, 담임교사와 만나 이야기 나눌 시간적 여유를 가질 수 없다. 입시위주로 편향된 교육체제는 교사와 학생을 비인간화하고 교사와 학생의 관계, 학생 간의 관계를 메마른 사막처럼 만들었다. 학생들은 청소년기의 건전한 문화를 형성하고 가꿀 여유도 없고 공간도 없다. 자치기능을 상실한 학생회는 형식화되어 교사·학생 모두에게 의미가 없어지고 어떻게 시간을 때울 것인지를 걱정해야 하는 현실에서 형식적 민주주의 기초조차 학습하고 경험할 수 없는 형편이다. 지식위주의 획일적인 교육과정 운영과 틀에 박힌 평가에 이르기까지 학생들의 다양한 소질과 개성이 살아나고 상상력과 창의력·비판력을 키울 수 있는 교육은 찾아보기 힘들다. 대화와 상호협조, 토론과 타협을 통해 자신들의 문제를 합리적으로 해결하는 방법을 배우지 못하고 교과서와 참고서와 씨름하면서 오직 대학 진학에만 목을 매거나, 진학을 포기한 학생들은 각종의 비행과 일탈행위를 통해 자신의 존재의미를 찾으려 한다. 인간에 대한 따뜻한 사랑과 사회정의에 대한 인식과 감수성이 가슴과 머리 속에 자리잡을 수 있는 교육을 학생들은 거의 받아보지 못하고 있다. 열린 교육은 구호가 되어 깃발만 나부끼고 있다.

■ 등교상황: 용의복장과 지각 단속

학생들이 신선한 아침 바람을 가르고 즐겁게 재잘거리며 등교하는 모습을 중등학교에서는 좀처럼 보기 힘든 풍경이다. '교문지도'라는 이름으로 행해지는 용의복장 단속과 지각 단속이 많은 학생들의 스트레스가 되었다. 넥타이나 리본, 이름표, 정해진 신발과 바지의 모양새, 치마길이 등의 복장에다 가방, 머리의 모양새 등 어느 한 가지라도 단속의 대상이 되고, 이것들을 제대로 갖추지 못한 경우는 '불량학생'이 되어 주의를 받거나 벌을 받게 된다. 규정대로 완벽한 용의복장을 갖추기란 그리 쉬운 일이 아니기 때문에 교사와 학생들이, 학생들끼리 밝고 상쾌한 웃음과 인사말을 나누는 바람직한 등교풍경을 기대하기란 어렵게 되었다. 용의복장 단속을 하는 교사들의 눈초리와 그것을 의식한 학생들의 하루 첫 만남이 이러한 것이다. 용의복장 단속이나 지각한 학생들에게 가해지는 체벌의 풍경까지 보탠다면 어떨까? 게다가 이러한 광경에 익숙해 재학생이나 교사 중 상당수가 문제의식을 갖지 않고 둔감해져 있다면 사태는 더욱 심각한 것이 아닐까? 사실은 문제의식을 갖고 있으면서도 오랜 기간을 존속해 온 제도와 관행에 쉽게 도전하고 바꿀 수 없는 현실이 더 슬프다. 단속과 통제로 시작되는 학교의 아침이 아이들의 일상과 내면에 어떠한 영향을 미칠지 상상하기 어렵지 않다. 학습에 적응하기 어려워 학교에 가기 싫어하는 학생들보다 학교의 억압적이고 통제적인 분위기와 인정받지 못하고 소외받는 상황이 싫어 등교거부를 하는 경우가 많은 것임을 곰곰이 생각해 볼 필요가 있다.

■ 수업상황

학생들은 매수업시간마다 공포 분위기(?)가 조성되지 않기를 기대한다. 어떤 시간은 수업 분위기 때문에 시간 내내 듣게 되는 선생님의 잔소리가 몸서리나게 싫다. 잘못이 있는 아이들에게 퍼부어져야 할 각종 훈계와 설교, 무시와 폭언, 공포 분위기… 이런 것들을 잘못이 없는 자신에게 반복한다는 것은 부당하다고 아이들은 느낀다. 그래서 차라리 문제를 자주 일으키는 몇몇 아이들을 교사가 빨리 제압해 주기를 기대하는 아이들도 있다. 그래서 무서운 선생님이 부드럽고 수용적인 교사들보다 원만한(?) 수업진행을 위해서는 더 나은 선생이 되는 것이다. 학생들은 수업 분위기로 바라보는 기본적인 생각과 태도에 따라 마음속으로 선택을 하게 되는데, 이 마음의 갈등은 집단 간의 갈등으로 발전하고 집단 간의 폭력사태를 부르기도 한다. 이른바 범생이들의 날라리들에 대한 거부와 무시, 날라리들의 범생이들에 대한 적개심이 충돌하는 것이다. 교사의 심한 체벌은 몇몇 학생 사안들 속에서 발생하는 것보다 수업시간과 관련해서 행해지는 경우가 훨씬 많다. 수업시간에 심하게 떠들거나 잠을 자거나 만화책을 보거나 다른 책을 보는 등 교사의 수업진행에 방해되는 학생들의 행동을 교사가 제지하는 과정에서 감정적인 상황으로 발전할 때 비인격적 체벌상황으로 비화되는 경우가 많다(이 과정에서 교사의 실수와 오해, 격앙된 감정 등으로 인하여 학생의 인권이 처참히 유린되는 경우가 있다). 날라리들의 범생이들에 대한 갈등은 교사의 주의나 체벌이 차별적이라는 데에도 한 원인이 있다. 수업을 소화할 수 있는 학생들이 절반도 되지 못하는 현실에서 나머지 절반도 채 안 되는 아이들을 위해서 결과적으로 수업에 적응하지 못하는 절반 이상의 아이들의 수군거리는 소리조차 '수업 분위기'라는 미명하에 묵살되고 있는 것이다. 중등학교 교실의 대부분의 수업이 강의식으로 교사의 일방적인 설명과 학생들의 수동적인 참여로 이루어지고 있으며, 그나마 수업을 이해하고 알아들을 수 있는 학생이 한 교실의 수업에서 절반을 훨씬 밑돈다는 현실을 감안한다면, 실제로 수업에서 소외되는 학생들의 학습권도 한편 문제가 되려니와, 소외된 이들에 대한 통제의 수단으로 가해지는 위압적인 교사의 표정과 눈빛, 폭언과 체벌 등의 위압적인 상황에 익숙해져 웬만한 인격모독적 발언이나 체벌쯤에는 둔감해져 간다면 이들이 성인이 되어서 아이들이 어떠한 모욕을 받고, 당하더라도 '조용한' 분위기 속에서 자신이 필요한 지식을 얻어가기만 하면 그만이라고 생각하는 아이들의 의식 속에 타인에 대한 존중과 공동체적 삶에 대한 의식이 어떻게 자리잡을 수 있겠는가?

단순히 아이들이 어리다는 이유와 어른들의 편견과 몰이해 속에 수업시간에 앉아 있는 무표정한 아이들이나 수업에 참여하지 않는 아이들에게 권리와 행복은 없어 보인다. 정해진 교재에 정해진 진도를 되풀이해야 하는 판에 박힌 지루한 일상의 연속에서 다수의 학생들이 삶에 대해 배우고 준비하는 것은 무엇일까? 학생들이 자신의 존엄함을 깨닫고 타인의 의미와 관계의 소중함, 공동체적 가치를 발견하는 데까지 나아갈 수 있는 잠재적 교육과정까지 고려하는 수업방식이나 모델도 없다. 교사는 정해진 수준의 수업내용을 전달하고 학생들은 시험을 위한 지식을 얻을 뿐이다. 하나의 인격체로서 수업을 잘 이해하지 못하고 교사의 수업을 방해한다는 이유만으로 무시되고 심한 모욕이나 체벌이 가해지는 것이 정당한가? 수업과 학습 부적응아의 학습권과 수업권은 어떻게 보장할 것인가? 수업시간의 질서와 규칙에 대한 합의는 제대로 이루어졌는가? 입시라는 지상목표와 과밀학급 속에서도 밝은 표정으로 학생들과 교사가 눈빛을 마주치면서 학생 개개인과 인격적으로 의사소통이 되기를 기대할 수 있는가?

개개인의 행복과 권리가 보장되지 않는 대량교육과, 지독한 경쟁구조 속에서 삶에 대한 짜증만 늘고 편의와 효율성이 본질과 가치를 대체하는 기능주의적이고 물질적인 사고와 사회구조, 교육제도가 인권의 싹을 죽이고 있는 것이다.

■ 용의복장 검사와 소지품 검사하는 날의 풍경

아침 조회시간 학생들이 운동장에 줄을 서 있고, 그 사이를 교사들이 누비고 있다. 1년에 최소 두 번은 행해지는 용의복장 검사의 날이다. 학생들에게 예고되는 경우도 있지만 불시에 하는 경우가 많다. 이때 교실에서는 학생들의 소지품에 대한 압수수색이 영장 없이 집행되고, 용의복장 검사에서 적발된 사항은 담임교사에게 넘겨지며, 심한 경우에는 학생부에 명단을 통보한다. 소지품 중에서 학교에서 일방적으로 정한 '소지 금지물'을 소지한 경우도 마찬가지이다. 압수된 물건들이 담임교사들의 책상 위에 수북이 쌓인다. 보기에 따라서는 별것 아닌 것들이 대부분이다. 그러나 실적이 없는 교사들은 눈총을 받게 되므로 많은 전리품을 챙겨 생활지도에 유능한 교사가 되려는 경쟁심을 발동시킨다. 빼앗은 물건을 돌려주지 않는 경우도 많다(소유권의 침해, 사생활의 침해가 학생 생활지도라는 차원에서 별 무리없이 행해진다).

용의복장을 규정하고 있는 교칙은 '입학선서'가 구성원들(교사와 학생, 학부모)의 동의를 대신하고 있다. 그러나 학생들은 특수한 경우를 제외하면 학교의 선택권도 없고, 사전에 교칙을 검토할 여유나 기회도 주어지지 않는다. 입학 후에도 교칙을 변경시킬 수 있는 민주적 절차도 마련되어 있지 않으며, 이러한 권리에 대해서도 교육받지 않는다. 교칙이 학교마다 거의 같고 시대에도 뒤떨어졌다. 겨울에 여학생에게 바지를 입히느냐 마느냐, 스타킹의 색깔과 두께는 무엇으로 하며, 폴라티를 입히는 데 무슨 색으로 할 것이냐? 등등의 사안들이 대개는 매우 보수적 결정을 내리게 되는 경우가 많다. 학생들의 의사는 굳이 들을 필요가 없다. 그들은 철부지이기 때문이다. 학생들의 입장에서 교칙운용의 융통성과 자율성을 주장하는 교사는 철부지 이상주의자가 된다. 학생들에게 '제복'을 입히는 것이 바람직한가? — 이에 대한 논란은 가치적 측면과 실용적 측면 등 다양한 측면에서 이루어져 왔다. 역사적 측면에서는 제복이 일제의 잔재, 혹은 군사문화를 상기시키는 점 때문에 정서적으로 제복을 거부하는 심리도 있다. 한편 단체생활에서 형식적 통일성이 구성원의 결속과 소속감을 높일 수 있다는 주장도 있다. 인권 교육의 측면에서는 어떻게 보아야 할 것인가? 제복이 주는 형식적 통일성이 의미는 있다 하더라도 구성원들에게 집단주의(집단 이기주의)적 혹은 전체주의적 심리와 인성을 심어줄 수도 있을 것이며, 실제로 평준화된 학교에서는 자부심의 상징이라기보다 교복은 '실용적' 측면에서 학생이나 학부모, 교사들에게 수용되는 경향이 강하다. 아무튼 어떠한 측면에서 교복을 바라보건 간에 학교 선택권이 없고 거의 대부분의 학교에서 교복을 입는 현실에서 학생들은 그 안에서도 최소한의 자유는 있어야 한다. 학생들의 다양성이나 개성은 획일적 통제 속에서는 자라날 수 없는 것이며, 은행에 들어섰을 때 은행원들이 똑같은 옷을 입고 있으면 왠지 답답하고 숨막히는 느낌이 들 것이다. 그 중에 한둘은 제복을 입지 않은 것이 자연스럽게 느껴질 수도 있다. 물론 이러한 자연스러움과 자유가 제복 자체를 파괴할 수도 있다. 그러나 그것은 다수가 원한다면 괜찮은 것이다.

인권이 상대적으로 신장되었다는 서구의 사례를 보아도 학생들의 등교시 소지 금지 목록들이 우리와 크게 다르지 않음을 알 수 있다. 그러나 다른 점은 이 문제를 어떻게 교육적으로 처리하는가 하는 점이다.

■ 제2교무실에서

학생부 교사들은 학생부실을 제2교무실이라 부르는 것을 선호한다. 이는 물론 학생부실의 이미지나 인식이 학생들에게 좋지 않다는 사실을 알기 때문이기도 하다. 학생부실에는 쉬는 시간이면 수업 중에 말썽을 일으켜 수업 담당교사가 감당하지 못하는 그밖의 사고를 친 학생들로 가득하다. 학생부실은 조용할 날이 없는 것이다. '초범'인 경우에는 순순히 자백을 하지만 재범, 삼범인 경우는 만만치가 않다. 쉽게 불지 않는 것이다. 이렇게 되면 큰소리가 나고, 몽둥이찜질이 시작된다.

닳고닳은 녀석들은 기선부터 제압하고 시작한다는 것이 학생부에서 잔뼈가 굵은 베테랑 교사들의 지론이다. 대화와 설득으로 일을 풀어가야 한다는 이론에 대해서는 그저 이론으로만 인정할 뿐이다. 수업에다 담임 업무와 각종 잡무, 그리고 자기 반 아이들의 생활지도 외에 부가되는 문제학생들에 대한 업무까지 감당하려면 초인적인 능력이 있어야 한다는 것이다.

우리의 학교교육의 현실에서 학급담임이나 학생부 교사의 입장에서 아이들이 일으키는 문제의 해결이 자신의 원칙대로 풀리지 않을 때가 많고, 교사 간의 시각차이와 그 학교의 분위기에 따라 자신의 원칙을 포기해야만 하는 경우가 많다. 교사들 속에서 학생들 편에 선다는 것은 많은 결단이 요구되는 것이 현실이다. 교사 간의 의리와 정의가 혼동되는 상황 속에서 교사는 교사들의 입장에 서기 쉽다. 교무실의 문화는 진보적인 교사가 과거의 틀에 박힌 고루한 인식과 권위주의, 군사문화의 잔재들을 새로운 가치와 문화로 바꾸어내기에는 과거의 벽의 두께가 너무 두껍다. 교사는 학생들에게 끊임없이 자극받고 학생들과의 상호작용을 통해 교육적 긴장을 유지하고, 교육의 내용과 방식을 발전시킬 수 있는데 교사들의 교육관과 학생관이 진보적이지 못하고 학생을 집단화하여 개별학생들을 인격체로 대하는데 익숙하지 못하기 때문에 학생과 교사와의 관계 속에서 발전시켜야 할 인격적 만남과 인간적 소통이 이루어지지 못한다. 이러한 문제의 원인은 역사적으로 교육이 수단화된 데서 비롯한다. 교육이 자기 자리를 찾아가는 과정에서 교사집단의 자성과, 학생관의 변화가 학생과 교사의 자존과 비인권적 현실을 개선하는 힘을 형성하는 기초로서 작용할 것이다. 교사들의 서로 다른 교육관과 학생관·인간관이 활발히 교류되면서 교무실은 평등하고 인간적인 분위기로 바뀔 것이다. 교무실은 학생들이 벌받고 야단맞는 장소가 아니라 교사와의 대화와 상담활동이 자유롭게 이루어질 수 있는 곳으로 바뀌어야 한다.

■ 학생징계

학칙(교칙) 중 학생징계와 처벌에 관한 규정에 의거하여 대상 학생들을 징계하는 과정이 학생징계이다. 교장이 지명하는 학생선도위원회(징계위원회)의 구성에 해당 학생의 담임교사는 진술권만을 가지고 있으며, 당사자인 학생이나 학부모의 진술권·소명권 등이 주어지지 않는 것이 대개의 경우인데 이는 학생들에게 매우 불리하게 작용할 수 있으며 인권유린의 소지가 많은 부분이다.

선도위원회에 넘겨지기 전 학생들의 교칙위반 사실을 조사하게 되는데 따로 조사실 등이 마련되어 있지 않고 교사들의 기본인식이 이들을 죄인 보듯 하기 때문에 학생부실이나 인원이 많은 경우는 복도 등에서 무릎을 꿇거나 엎드려서 경위서를 쓰기도 하고, 조사받을 때까지 기다려야 한다.

이 경우도 아직 사건의 경위가 명확히 밝혀지지 않은 상태에서 어린 학생들을 시멘트 바닥에 무릎꿇리고 쥐어박으며 위압적으로 대하는 것은 반인권적인 행위임에 틀림없다. 물론 격무에 지친 교사들로서는 감당해야 할 사건이 너무 많고 점차 아이들 다루기가 힘들어지는 것은 사실이다.

학생의 징계는 신중하게 이루어져야 하며 징계과정의 형평성과 민주적 절차의 보장이 이루어져야 한다. 학생에게 징계란 학생으로서의 권리와 자유의 제약을 의미한다. 더구나 성장기의 학생들에게 큰 상처를 남길 수 있기 때문에 처벌위주에서 선도위주로 되어야 한다. 문제를 일으키는 아이들이 다수의 아이들에게 피해를 입힌다는 이유로 모범생들의 부모나 교사들의 머리 속에는 문제아들을 학교에서 분리시키고 싶은 심정이 있을 것이다. 그러나 해당 학생들이 최고의 형벌로 학교에서 쫓겨나는 것은 성인이 직장에서 쫓겨나는 것과 마찬가지로 소속집단을 빼앗기는 일이며 미래의 생존권을 박탈당하는 일이 될 것이다. 물론 최근 퇴학제도는 없어졌지만, 문제아로 낙인찍혀 타 학교로 강제 전학을 시키는 경우 그 학교에서도 학생 받기를 꺼리기 때문에 다시 원래의 학교로 보내지는 경우가 한둘이 아니다. 이 경우 학생들의 갈 곳은 어디인가? 또 학교와 교육제도에 대한 배신감과 삶에 대한 좌절감은 어떠할 것인가?

■ 학생복지

학생들은 성장이 빠른 시기이기 때문에 식욕이 왕성하다. 아침식사를 거르고 오는 아이들은 아침부터 몹시 시장한 법이다. 그러면 아이들이 품위 있게 식사를 할 수 있는 시설의 식당은 고사하고 허기진 배를 채울 수 있는 제대로 된 매점시설이라도 갖추어져 있어야 할 텐데, 대부분의 학교의 현실은 그렇지 못하다. 무얼 좀 먹으려는 아이들은 수업 끝종이 나기가 무섭게 5층에서부터 달려내려와 줄을 서야 빵 한 조각이라도 먹을 수 있으니 이 또한 아이들로서는 먹기 위한 생존경쟁의 비애가 아닐 수 없다. 줄을 늦게 서면 수업 시작종이 쳐도 차례가 오지 않는다. 수업에 늦으면 혼날 걸 각오하고 음료수를 들고 빵을 씹으며 계단을 오른다. 도중에 수업에 들어가는 선생들로부터 한소리씩 듣고 쥐어박히는 것쯤은 배고픔의 욕구를 해결하는 만족감으로 대체된다. 매점의 문제만이 아니라, 1천 5백 이상 2천 명까지 수용하는 학교 운동장의 비좁음이며, 잔디는 고사하고 어디 엉덩이 붙이고 앉을 만한 그늘조차 변변치 않아 쉬는 시간이나 점심시간이 되면 운동장과 교사 주변은

발 디딜 틈이 없다. 교실이나 복도에서 모여 웅성거리는 것 역시 교사들의 감시의 대상이다. 쉬는 시간 1, 2분이 아쉬운 이들에게 복도를 뛰는 일 또한 금기사항이다. 그 외에도 체육시설이나 악기, 실험·실습 기구 등 교구들이 부족하고 낙후되었다. 학생 자치활동이 활성화된다 하더라도 실제로 학생들이 활용할 수 있는 공간들은 거의 없다. 학생들의 생활환경이 학생들의 정서와 태도에 미치는 영향은 크다. 기본적인 후생시설이 갖추어져 있지 못한 상태에서 학생들은 자신의 존엄함과 타인에 대해 배려할 수 있는 여유를 배우기 힘들고 질서와 공동체 의식, 애교심을 기를 수 없다. 학생들이 자신들의 생활의 장에 대한 애정과 구성원들 사이의 배려와 존중이 이루어지려면 학생들의 존엄성을 지킬 수 있는 최소한의 복지시설은 있어야 한다. 물론 극한 상황에서도 인간으로서의 기본적인 도덕과 예의를 지켜야 함을 교육하여야 하지만, 우리가 조금 더 학생들의 생활에 관심과 애정을 갖는다면 그들이 일반 성인들보다 못한 환경에서 생활한다는 것을 용납할 수는 없다.

■ 학생들 간의 갈등

어느 사회에서든 개인 간 혹은 집단 간 갈등은 상존하는 법이며, 이 갈등이 공개화되고 민주적 의사소통의 과정을 통해 조정된다면 잠재된 갈등은 오히려 적극적으로 드러내는 것이 더 바람직하다. 그러나 학생 간의 갈등이 잘 조정되지 않는 현실 속에서 학생 개인 간, 집단 간 혹은 개인과 집단 사이에서 발생한 갈등은 약자에 대한 해코지나 폭력으로 비화하기 쉽다. 폭력적 문화에 길들여진 학생들은 대화보다는 협박과 폭력을 이용하여 약자를 일방적으로 괴롭히는 일이 자주 발생한다. 당하는 학생들은 올바른 해결방식을 찾지 못하고 급기야 자살하는 사태로까지 이어지기도 한다. 힘이 센 학생들의 약자에 대한 괴롭힘 외에도 성적 차이 혹은 경제적·문화적 차이에서 오는 갈등과 따돌림 같은 것들도 당하는 입장은 괴롭다. 정의로운 집단의 힘과 민주적 절차에 의해서 평화적인 방법으로 문제를 해결하는 방식에 익숙하지 못한 학생들 간의 문화 속에서 구조적 요인에서 오는 압박감에 더하여 학생들 간의 갈등과 긴장은 점차로 고조된다. 더구나 점차로 개인주의화되어 가는 학생들의 성향은 이러한 분위기를 더욱 증폭시키는 요인이 된다.

집단폭행이나 따돌림, 약자에 대한 괴롭힘 같은 것들이 적어도 학교와 교실이 정의롭고 인권이 존중되는 상황이라면, 훨씬 줄어들 가능성이 있다. 정서발달상 민감한 시기인 청소년기에 학교와 교실의 문화는 학생들의 인격형성과 인간관계에 대한 규범과 가치관 형성에 중대한 영향을 미친다. 학교와 교실에서 발생하는 폭력과 정의에 대한 가치의 왜곡, 굴욕감과 패배감, 무기력 등의 정서는 성인이 되어서도 인생관과 삶의 태도에 악영향을 미치게 된다. 학생들은 친구들과의 관계에서 최소한의 양심과 정의가 승리하는 체험을 할 수 있어야 한다. 학과공부에만 치우쳐 가슴이 좁은 학생들을 키우고 있는 교육의 현실에서 우정의 진실과 진정한 만남의 가치가 왜곡되고 유보되는 아픔을 덜어주어야 한다. 이들의 정신적 성숙을 위해 요구되는 보편적인 갈등과 사회와 교육의 모순으로 인해 파생하는 구조적 갈등(성적 차이, 남녀 차이, 부모의 경제적 지위)은 구별되어야 하며, 이들이 자신들의 갈등요소를 제대로 발견하고 이해하여 스스로 수용하고 소화할 수 있는 조건이 형성되어야 할 것이다. 이 또한 인권교육의 과제이다.

■ 교사

교사의 인권에 대한 태도가 학생들에게 미치는 영향은 매우 크다. 교사의 인식이나 태도가 반인권적이고 교사들이 대체로 그런 편이면 비판력이 약한 학생들은 교사들의 이러한 태도에 자연스럽게 적응하게 된다. 그러나 인권적 태도를 일관성 있게 실천하는 교사들을 통하여 학생들은 인권에 대한 올바른 가치와 태도를 형성하게 될 것이다. 한편, 사회적으로도 인권에 대한 요구는 높아질 것이고 학생들의 인간적 삶에 대해서도 관심이 높아져 갈 것이다. 일선에서 교육을 담당하는 교사의 교과와 생활지도상의 전문성과 학생관 등에 대하여 교무실의 동료교사들과 토론할 여지도 생길 것이다.

학생들이 겪는 교사와의 갈등이 폭력적이고 반인권적인 형태를 띠는 경우를 많이 볼 수 있는데 그 원인은 교사의 어린이관이나 학생관에서 찾아질 수 있다. 물론 교사의 위치가 거대한 교육체제와 학생들 사이에서 체제를 유지하고 학생들을 관리하는 측면이 있으므로 구조적으로 교사의 자율적 교육행위가 보장될 수 없다는 측면이 있고, 교사의 인간적 권리 또한 사회적·제도적으로 보장받지 못한 딱한 현실임을 인정해야 한다. 그럼에도 현실의 학교에서 학생들은 상대적 약자이며 가치를 배우고 인격을 형성하는 시기이므로 단지 '어린애'라는 이유로 인격모독과 인권침해가 이루어져서는 안 된다. 또한 '보살펴야 할 학생들의 수가 너무 많고', '버릇없고 무절제하고', '말로 여러 번 주의를 주었는데도 교사의 말을 듣지 않는다'고 해서 어른들에게는 할 수 없는 폭언이나 폭력을 행사해서는 안 될 일이다. 기본적으로 학생들을 보는 시각이 학생을 교사와 같은 '인격체'로 보아야 한다. 성적 등 단순한 평가기준과 다수 속의 익명성에 가려진 '인간으로서의 권리를 지닌 존엄한 개인'으로 학생 개개인을 보아야 한다. 그러나 이는 머리 속으로는 인정할 수 있는 사실이나, 큰소리로 악을 쓰거나, 협박하고 매를 들지 않으면 통제 불가능한 현실 앞에 서면 '인권'이 설자리는 없다. 교사는 교사대로 격무에 시달리면서도 사회·경제적으로 대우받지 못하고 있다는 불만을 가지고 있다. '교육개혁'이라는 위로부터의 개혁이 교사들의 잡무만을 증가시킨 꼴이 되었고, 그나마 학생들과의 만남과 개별지도의 시간과 마음의 여유마저 줄어들게 되었다. 시민의 권리의식이 높아지면서 학부모의 학교교육에 대한 요구가 높아지고, 교사에 대한 사회적 압력과 직접적인 학부모로부터의 압력 등이 증가하고 있다. 학생들은 가정에서의 자유분방함과 과보호 속에서 자라나고 있고, 형제가 많지 않은 이들은 공동체적 삶에 익숙하지 않다. 교사의 권위는 땅에 떨어져 아이들을 교육하기가 점차 어려워지고 있다. 수업지도안을 검열받고, 교감으로부터 근무평가를 받으며, 학생 상담이나 학급행사에 대한 학교장의 간섭과 통제를 받는다. 자율성이 없는 교사는 학생들과 자율적인 생활과 가치를 배우고 가르칠 수 없다. 이러한 조건에 놓여 있는 교사들을 학생들은 얼마나 이해할 수 있을까? 교사는 만능이 아니다. 아이와 어른의 만남에서 필수적인 전제는 상호신뢰와 애정 그리고 대화 같은 방식들이다. 현실의 중등학교에서 교사와 학생 사이에는 가정에서 부모와 자식 간에 형성되는 기본적인 신뢰와 사랑이 싹트기 힘들다. 교사의 위치는 보호하고 기르는 역할과 동시에 학생들을 통제하고 간섭하는 사회적 역할을 동시에 가지고 있기 때문에 인권교육을 하는 데에 자기모순에 빠질 수밖에 없다. 이러한 교사의 딜레마가 인권교육의 한계이자 장애이다. 따라서 인권교육이 이루어지려면 교사와 학생이 이러한 한계를 극복하고 장애를 뛰어넘으려는 의지가 우선되어야 한다. 이러한 의지는 교사들의 역할을 통제와 간섭으로부터 학생들의 다양한 삶과 개성을 인정하고 자율적인 개체로 학생들을 보는 인식의 전환과 태도를 훈련하는 실천적 프로그램이 지속적이고 목적의식적으로 이루어지는 속에서 가능할 것이다. 뿐만 아니라 교사와 학생 간의 대화와 토론 등의 방식을 통하여 학생들의 자유, 복지와 권리 신장에 대한 인식을 높이고 현실적으로 가능한 실천들을 단계적이고 계획적으로 함께 모색하여야 한다.

■ 학생자치

학생들이 교사나 성인을 보는 태도가 많이 달라지고 있다. 대중매체의 발달 등으로 성인의 삶이 청소년들에게 적나라하게 노출되어 있음으로 해서 성인에 대한 불신, 성인문화에 대한 냉소가 학생들 사이에 퍼져 있고, 지식이나 정보 혹은 학교제도에 대한 권위가 시대변화에 따라 상당히 무너지고 교사의 사회적 신분하락 등으로 인하여 학생들의 교사에 대한 존경심이 거의 없어져 가고 있다. 학생들에 대한 교사의 교육적 역할이나 영향력이 현저히 줄어든 상태에서 학생들 자신도 개별화되고 스스로 자신들의 삶을 점검하고 발전시킬 수 있는 장치를 갖고 있지 못하다. 자신들이 처해 있는 여러 상황들을 주체적으로 인식하고, 집단적으로 상황에 대처하려는 집단문화가 형성되어 있지 않으며 교사들이나 어른들로부터 지원을 받기보다 오히려 방해받고 있는 현실에서 학생들은 개별화되고 입시위주의 경쟁구조 속에 편입되어 극도로 개인주의화되어 간다. 전통적인 두레공동체 속에서의 긍정적인 훈련과 역할 경험도 단절되었으며 현대사회의 보편적인 민주시민으로서 한국 청소년의 역할과 정체성도 형성되어 있지 못하다. 다만 소비사회의 구매자로서 자본과 매스미디어가 조장하는 감각적인 대중문화의 대상으로 몰개성적인 집단문화에 함몰되어 그들 또래의 특징적 속성인 순수성이나 정의감, 비판력이나 저항력을 상실하였다.

학교에서 충족되지 못하는 문화적 욕구와 감수성이 문화산업의 상업주의의 함정에 빠져 허우적거리고 있다. 이러한 비판에 대해 학생들은 대안이 없지 않냐고 항변한다. 학교제도나 교사가 이들에게 대안적 삶의 문화를 제공하고 있지 못하며 아무런 보장도 없고 조건도 마련되어 있지 않은 현실을 이야기한다. 결국 학생들의 인권이란 학생의 신분으로서 무한의 자유를 누리겠다는 것이 아니라 자신들이 지켜야 할 질서와 규칙에 대한 약속에 대해 일방적으로 주어지는 것이 아니라 학생들이 스스로 생각해 볼 수 있는 여유와 합의절차 같은 것을 필요로 하는 것이다. 자아에 눈뜨고 인격이 형성되는 시기에 자신들의 삶에 대한 기본적인 선택권을 이들은 사회와 교육제도에 요구하는 것이다. 자신의 인생에 대한 소중함과 타인의 삶에 대한 존중, 인간다운 삶에 대한 학습과 훈련을 실행할 수 없는 조건을 개선하려는 사회적 의지와 실질적 조치가 병행될 때, 학생들에게 미래에 희망을 가지고 너희들의 문제해결에 주체적으로 나서라고 하는 말이 설득력을 지닐 것이다.

현재 한국의 학교와 교실 속에서 학생 자치와 학교 자치는 없다고 해도 과언이 아니다. 입시위주·지식위주의 획일적이고 파행적인 교육과정 운영, 권위주의적·관료적인 교육행정의 형식성과 비민주적 관행, 교사와 학생, 학생 상호간 의사소통의 일방성, 타율적 수업, 학생자치기구의 형식화·무력화, 학생문화의 부재, 교사의 학생관·교육관, 학급운영관, 교사의 비자율적인 교육조건 등등. 이러한 조건 속에서 인격적 대화와 다양한 주제에 대한 자유토론 등 서로의 인간적 면모를 이해하고 서로 다른 생각과 의견을 교류하고, 인간에 대한 이해의 폭을 넓히며 사회의 정의와 가난하고 소외된 사람들의 삶을 올바르게 바라볼 수 있을까? 학생 간의 폭력이나 교사의 비이성적 체벌, 교칙의 비합리성 … 이러한 문제들을 개인적 혹은 집단적으로 학생들 스스로 문제의 본질을 이해하고 해결할 수 있는 힘을 기르도록 교육하는 것이야말로 인권교육의 시작이자 끝이라고 말할 수 있다. 자율적 판단력과 민주적 절차에 의한 합의를 경험하고 훈련하는 자치교육의 장인 학생자치활동을 통해 학생들의 인권의식과 실천력이 자라날 수 있다. 학생자치는 학생들의 문화와 가치관을 변화시키고 교사의 문화에도 영향을 주며, 학교와 교육을 바꾸는 원동력이며 인간교육 실현의 최후의 보루이다.

③ 어떻게 실천할 것인가?

학생들이 인간에 대한 존엄과 자긍심, 타인에 대한 존중을 배우려면 자신들의 생활경험 속에서 인권에 눈뜨고, 인권을 침해받기도 하면서 침해하기도 하는 자신들의 모습을 발견하게 하는 교육이 인권교육이다. 인권교육은 교과서를 통한 지식으로서가 아니라 구체적 사건과 경험을 통하여 학생들의 가슴과 머리 속에 각인되는 과정이 되어야 한다. 장애인들의 인권에 대한 교과서의 설명 몇 줄 가지고는 장애인들의 고통을 올바로 이해할 수 없다. 이들의 삶을 다룬 감동적인 소설이나 영화를 한 편 보고 그들에 대한 '느낌'을 갖도록 하는 것이 감수성 예민한 청소년기의 이들에게 더 교육적이다. 그들과 함께 음식도 먹고 잠도 자고 대화할 수만 있다면 교육의 효과는 더 클 것임은 말할 나위가 없다. 교실은 아이들이 구성하는 작은 사회이다. 교실 속의 인권교육의 실험은 인권적 상황과 조건이 더 낮거나 못한 사회의 다른 장에서의 인권적 현실과, 인간의 존엄과 인권이 구체적 생활 속에서 실현되는 미래사회에의 희망을 주는 것이어야 한다. 잘 보이지 않는 제도와 인습의 벽과, 성인이 아니기 때문에 유예된 권리의 한계 안에 갇혀 있기는 하지만 이들이 교실 안에서 형성하는 관계와 만남의 방식은 가능한 평화적이고 인권적이 되도록 교육하여야 한다. 인격 형성기의 청소년들이 학교와 교실에서 경험하는 인간관계의 방식과 사람을 보는 눈이 이들이 성인이 되었을 때의 그것이 될 것이기 때문이다. 그래서 실천적 조건의 열악함에도 불구하고 학교교육 속에서의 인권교육은 다른 어느 곳에서의 그것보다 중요하고 의미 있는 것이다. 이러한 이유에서 교실이나 학교 안의 반평화적이고 반인권적인 상황들에 대한 개인적 경험을 교류하고 최소한 '이해'할 수 있는 기본 실천 프로그램과 계획들이 요청되는 것이다. 교사는 수업시간이나 학급회의·특별활동·행사, 그밖의 학급운영과 생활지도·진로지도의 영역에서 이러한 프로그램과 계획을 실천할 수 있다. 물론 학칙의 제정이나 개정, 학생복지, 학생처벌이나 규제·단속 등 학생들의 인권과 관련된 학교의 제도나 관행을 개선하는 일도 병행되어야 한다. 나아가 인권교육의 장애가 되는 교육제도의 반인권적 부분들을 사회적으로 제기하고 개선을 요구하여야 한다. 제도의 개선과 인권에 반하는 교육운영을 그대로 두고 우리가 교실에서 거둘 수 있는 성과는 그리 많지 않으며 우리를 지치게 할 것이기 때문이다. 이러한 전제 위에서 인권교육의 프로그램과 계획들을 실천해야 할 것이다.

III. 인권교육의 수업모형들

7. 도덕과 교과서 수업지도안

① 현 교육과정을 활용한 수업지도안의 실제

1) 인권의 개념에서 본 도덕 교과서

도덕 교과서를 활용한 인권교육을 위해서는 우선 그 내용을 파악해야 한다. 학년별로 그 내용을 정리하면 다음과 같다.

(1) 3학년 도덕 교과서

순서	인권의 개념	교과서 내용	해결과제
1	인간존중	인간존중의 의미(148쪽)	인간존중의 의미: 소극적 의미는 자기 존중, 적극적 의미는 타인존중(인간존중), 낙태에 관한 비디오 시청
		인물학습: 헬렌켈러(63쪽)	헬렌켈러의 인생역정을 통해 본 장애학우의 문제: 장애학우의 정의, 실태, 고용현황, 편의시설, 장애학우에 대한 편견 정도 조사발표
2	정의의 실현	인물학습: 정약용(208쪽)	정의의 의미: 정약용의 『목민심서』에 나타난 정의와 오늘날의 정의 정도를 비교하고 해결 방안 모색
3	자유의 정신	자발적 참여(165쪽)	강제와 자발성의 차이 정의, 자발적 참여가 가능한 조건 설명하기 『우리들의 일그러진 영웅』을 읽고 독후감 발표하기

순서	인권의 개념	교과서 내용	해결과제
4	표현의 자유와 권리	올바른 의사결정(179쪽)	올바른 의사결정의 의미, 올바른 의사결정의 조건: 언론·출판의 자유, 언론이 지켜야 할 십계명 만들어서 발표하기, 비디오 '스미스 워싱턴에 가다'를 집에서 시청 후 내용정리하고 발표하기
5	생존권	복지사회의 의미(185쪽)	복지사회의 의미, 복지사회를 결정하는 조건 설명하기
6	권리와 덕	공정한 경쟁과 협력(172쪽)	우리 나라가 공적인 영역에서 공정성과 배려의 윤리가 뿌리내리지 못한 이유, 낯선 사람의 윤리의식과 친한 사람 사이에서 발생하는 윤리의식 비교분석, 갈등상황 제시(한번 눈감아 줄까?) 이웃과 함께 할 수 있는 놀이 계발
7	공동체의 정신	통일은 왜 이루어져야 하는가(239쪽)	분단상황이 갖고 온 한국의 특수한 인권상황
8	권리와 규칙	인물학습: 프랭클린(211쪽)	규범의 필요성, 프랭클린과 가상 인터뷰, 프랭클린과 같은 규범 카드 만들어 보기
9	관용	사랑과 관용(45쪽)	주위에서 찾아볼 수 있는 관용을 실천하는 사람의 사례를 조사하기
10	생명존중	자연과 조화로운 삶(55쪽)	환경의 의미, 우리 나라가 처한 환경실태 조사하기, 해결방안 모색하기, 시민단체 방문하고 느낌 발표하기
11	대화의 정신	올바른 의사결정(179쪽)	올바른 의사결정을 위한 조건 설명

(2) 2학년 도덕 교과서

순 서	인권의 개념	교과서 내용	해결과제
1	인간존중	인간의 궁극적 가치(15쪽)	궁극적 가치의 의미와 궁극적 가치는 인간의 생명임을 강조, 인간의 존엄성의 근거를 발견한다. 오늘날 인간의 존엄성이 지켜지지 않는 사회현상을 신문을 이용해서 발표하고 이의 극복방안을 모색한다.
		인간존중의 의미(148쪽)	인간 존중의 의미: 소극적 의미는 자기 존중, 적극적 의미는 타인존중(인간존중), 낙태에 관한 비디오 시청
		오늘날의 가정생활과 도덕문제(87쪽)	핵가족의 문제와 함께 노인문제: 노인문제의 실태, 편의시설, 노인문제를 해결할 방안 조사 발표, 노인정 방문하고 느낌 정리하기
2	정의의 실현	학교생활의 도덕문제(126쪽)	학교생활과 도덕문제와 관련해서 오늘날 중등학교에서 심각한 문제로 제기되는 학교폭력사태를 역할극으로 발표하고 학교 내에서 정의를 실현하는 방안 모색
3	자유의 정신	인물학습: 루소(135쪽)	루소의 생애와 관련해서 자유의 의미, 자유의 역사적 변화, 한국에서의 자유의 의미를 조사 발표
		청소년의 놀이문화(169쪽)	청소년의 모방심리, 유행에 민감한 의식주 생활은 표현의 자유인가, 아니면 감각적 소비생활의 만족인가에 대해 프로젝트 수업
4	생존권	오늘날의 가정생활과 도덕문제(87쪽)	가정 내에서 어린이의 권리는 어디까지인가? 어린이 학대죄에 대해 조사 발표
5	권리와 덕	청소년과 이성교제(174쪽)	남성과 여성의 차별의식을 극복하는 방안은? 여성과 남성이 조화롭게 사는 방안 모색
6	공동체 정신	도덕공동체와 공동선의 추구(195쪽)	우리 나라에서 도덕공동체가 실현되기 위한 조건에 대해 조사, 발표하기

순 서	인권의 개념	교과서 내용	해결과제
6	공동체 정신	통일은 왜 이루어져야 하는가 (239쪽)	분단상황이 갖고 온 한국의 특수한 인권상황
7	규범의 준수	오늘날의 이웃 간의 도덕문제	오늘날의 이웃생활의 실태조사, 이기주의 풍조, 개인주의의 풍조 조사 발표: 극복방안 제시
8	관용	사랑과 관용(45쪽)	주위에서 찾아볼 수 있는 관용을 실천하는 사람의 사례를 조사하기
9	생명의 존중	인간의 무관심과 환경문제 (152쪽)	우리 나라가 처한 환경실태 조사하기, 해결방안 모색하기, 시민단체 방문하고 느낌 발표하기

(3) 1학년 도덕 교과서

순 서	인권의 개념	교과서 내용	해결과제
1	인간존중	도덕적인 인간은 어떤 인간인가?(7쪽)	도덕적 인간의 의미, 주위에서 찾아볼 수 있는 도덕적 인간을 찾아보기 '사람과 사람' 비디오 시청
		인물학습: 석가모니(65쪽)	석가모니 삶을 조명, 역할극
2	정의의 실현	법과 도덕과 예절(11쪽)	프로젝트 수업: 법의 의미, 법의 목적, 법이 정의를 실현한 사례나 그렇지 못한 사례 조사 발표
3	자유의 정신	시민윤리의 모습(165쪽)	우리 사회에 필요한 시민윤리의 특징 조사 발표, MBC '이경규가 간다'를 발표, (둘리가 간다: 학교나, 학급에서 고쳐야 할 점은?)
4	표현의 자유와 권리	시민사회와 도덕(179쪽)	시민사회의 특징과 시민사회를 형성하기 위한 조건 조사발표
5	소유권	서로 돕고 위하는 사회 (185쪽)	서로 돕는 사회를 만들려면? 영상극 꾸며보기
6	권리와 덕	질서 있는 사회와 공중도덕 (172쪽)	질서와 관련된 표어 만들기, 질서와 관련된 광고문안 만들기

순 서	인권의 개념	교과서 내용	해결과제
7	공동체의 정신	서로 믿고 양보하는 사회 (239쪽)	서로 믿는 사회의 척도조사, 사회가 불안할 때 우리의 삶의 모습 조사발표: 양보와 관용의 필요성 조사
8	관용	선배와 후배 간의 도리 (45쪽)	주위에서 관용을 실천하는 사람의 사례를 조사하기
9	생명존중	자연과 조화로운 삶(55쪽)	환경의 의미, 우리 나라가 처한 환경 실태 조사하기, 해결방안 모색하기, 시민단체 방문하고 느낌발표하기

2) 교육과정을 이용한 교수-학습 지도안

(1) 인물학습: 헬렌켈러(중학교 3학년 도덕 교과서 63쪽)

• 인권과 관련된 덕목: 약자를 살리는 것
• 학습주제: 헬렌켈러의 생애와 그 삶의 의미 생각해 보기
• 학습목표: 1. 헬렌켈러의 생애에 대해 조사, 발표한다.
　　　　　　 2. 헬렌켈러의 생애와 장애학우의 문제를 관련해서 조사, 발표한다.
• 교수-학습 방법: 강의, 토의, 발표, 역할극
• 교수-학습 지도안

수업의 진행	학습형태	교수-학습활동	유의점	인권과 관련된 내용	시 간
도입	강의	·동기유발: 우리 주위에서 볼 수 있는 장애학우 가운데 훌륭한 사람의 예를 제시하면서 흥미를 유발		약자를 살리는 것	5
전개 1	역할극	<학습내용> ·헬렌켈러의 인생역정	·헬렌켈러의 생애를 연대별로 나누어 역할극으로 상연한다.		7

수업의 진행	학습형태	교수-학습활동	유의점	인권과 관련된 내용	시 간
전개 2	토의 발표	1. 내가 만약 헬렌켈러라면? (모둠별 토론을 한다.)	·삽화나 만화 등으로 표현 가능함을 제시		10
전개 3	토의 발표	1. 우리 나라 장애학우의 인권 실태에 대해 준비한 모둠에서 발표한다. ·장애학우의 의미 ·장애학우의 취업고용현황 ·장애학우에 대한 편견 ·장애학우의 결혼현황 ·장애학우의 편의시설 2. 우리 나라 현재의 상황에서 장애학우의 문제를 해결할 방 안에 대해 토의한다.	·준비한 모둠 은 OHP를 사 용해서 발표 ·토의된 내용 은 모둠 보고 서에 작성함	약자를 살리 는 것	20
정리 및 차시예고		1. 만약 각반에 장애학우가 있 다면 본인의 경험담을 간단히 발표하게 한다. 2. 수업내용의 정리 3. 차시예고	·발표자의 심 리적 부담을 줄이도록 노력 한다		3

※ 위의 내용은 1시간으로 부족하니 적절한 시간 안배가 필요하다.

 * 모둠별 보고서: ·모둠원은 4명으로 구성한다.

ㆍ모둠별 보고서는 각자가 기록한다.

ㆍ모둠별 보고서를 전 수업시간에 주어 수업효과를 높인다.

<모둠 보고서>

모둠원 1) 2) 3) 4)	모둠이름	일시: 1997. 9. 10. 4교시 학년/반:	
모둠과제	모둠과제 결과	과제의 준비 과정 및 반성	참고도서 및 참고내용
1조과제 장애학우의 취업고용현황			
본시학습과정	수업내용		
	평가문제 및 수업시 느낀 점		

⑵ 인간존중(중학교 3학년 도덕 교과서 148쪽)

· 인권과 관련된 내용: 인간의 존엄성
· 학습 주제: 인간존중의 의미 이해
· 학습 목표: 1. 인간존중의 의미를 이해한다.
　　　　　　 2. 비디오 상영을 통해 인간의 존엄성에 대해 깊이 인식한다.
· 교수-학습 방법: 비디오 '소리 없는 침묵'을 보고 토의
· 교수-학습 지도안

수업의 흐름	학습의 형태	교수-학습 활동	유의점	인권과 관련된 내용	시 간
도입		· 동기 유발: 오늘날 우리 사회에서 인간의 존엄성이 지켜지지 않는 사례를 통해 동기유발		인간의 존엄성	3
전개1	강의	<학습내용> 1. 비디오 제목 제시 2. 비디오 보고 메모하는 방법 제시	· 비디오 내용과 관련해서 설명이 필요한 부분을 지적해서 설명한다.		25
전개2	비디오 학습	· 각자는 편한 자리에 앉아서 비디오 감상한다.	· 감상문은 모둠별 보고서에 작성한다.		5
전개3	토의	· 비디오 내용에 대해 토의하기	각 모둠별로 토론후 다시 전체 토론에 들어간다.		10
정리 및 차시예고	정리	1. 본시 수업정리 2. 차시예고			2

※ 본 비디오 내용은 학생들의 성교육과 관련해서 유용하게 사용할 수 있다. 특히 인간 생명의 기원을 확인함으로써 인간존중의 근거를 밝힐 수 있는 좋은 자료로 사용될 수 있다. 그런데 이러한 미디어를 활용한 수업이 효과를 거두기 위해서는 모둠별 보고서 작성과 이에 대한 논의와 토의의 과정을 거치는 것이 중요하다.

<모둠별 비디오 감상문 보고서>

조원 이름 1.(작성자) 2. 3. 4.	단원명: 학습목표	감상의 단상 및 토의 결과
교수·학습 과정 (개별학습과제)		편안한 자세로 자신의 느낌과 생각을 쓴다.
1. 비디오를 보고 난 후 제일 먼저 떠오른 단어는?		
2. 내가 만약 태아가 된다면, 죽음의 순간 무엇이라고 말할 것 같은가?		
3. 우리 주위의 사람들은 왜 소중한가?		
모둠별 토의과제		각자 모둠에서 토의한 것을 자신의 생각과 더불어 정리해서 쓴다.
1. 우리 나라에서 낙태가 많이 발생한 원인은 무엇인가 ? 2. 낙태문제를 해결할 방안은 무엇인가? 3. 우리가 주위의 사람들을 존중할 수 있는 구체적인 방법들은 무엇일까?		

※ 전체 조원의 참여자세와 그 결과에 대한 평가를 적절하게 쓴다.

(3) 자발적 참여(중학교 3학년 도덕 교과서 165쪽)

- 인권과 관련된 덕목: 자유
- 학습목표: 자발적 참여의 의미를 설명할 수 있다.
- 교수-학습방법: 역할극, 토의
- 교수-학습 지도안

수업의 흐름	학습형태	교수-학습 활동	유의점	인권과 관련된 내용	시간
도입	강의	·동기유발: 학급행사 혹은 학교행사에 학생들이 참여가 저조한 현상을 들어 설명한다. 또는 학생들이 느끼는 비자발적 참여의 형태를 발표하게 한다.			5
전개 1	강의	1. 『우리들의 일그러진 영웅』의 내용을 각색해서 역할극 제시 2. 급우들이 연극을 준비한 과정과 그것의 관람태도 지도	OHP이용	자유	5
전개 2	역할극	1. 역할극: (한병태, 엄석대, 아이들, 선생님 1, 선생님 2)를 중심으로 학생들이 미리 준비한 것을 상연한다 2. 학생: 관람 및 감상(역할극이 끝난 후 느낌 정리)	연극의 모든 요소를 갖출 수 있도록 사전에 지도하고 기존의 내용이나 연기를 그대로 흉내내지 않도록 지도함.		20
전개 3	감상문 발표하기	·감상문뿐만 아니라 교사가 제시한 질문을 작성하고 발표, 토의함	감상문뿐 아니라 학습내용과 관련된 질문을 노트 감상란에 적도록 한다.		10
정리 및 차시예고		1. 연극을 보고 난 후 학생 전체의 평가 2. 연극을 상연한 학생의 평가 3. 교사의 총평: 평가는 다음의 작업을 위해 중요함을 인식시킨다. 4. 차시예고			5

※ 역할극 준비와 관람: 역할극을 준비하기 위해서는 최소한 한 달 전에 배역과

대본을 각색할 학생을 선정한다. 역할극은 각 모둠별로 한 번씩 돌아가면서 하도록 하여 발표의 기회를 공정하게 한다. 역할극의 내용에 따라 각 모둠은 선택할 수 있다. 교사는 역할극을 선택한 모둠의 활동상황을 수시로 확인·점검한다.

(4) 인물학습: 프랭클린(중학교 3학년 도덕 교과서 211쪽)

- 인권과 관련된 덕목: 규범의 준수
- 학습주제: 프랭클린의 규범을 준수한 일생을 이해
- 학습목표: 프랭클린의 일생을 이해하고 자신의 삶의 태도를 반성해 보자.
- 교수-학습 방법: 가상 인터뷰 작성하기, 생활카드 작성하기
- 교수-학습 지도안

수업의 진행	학습형태	교수-학습 활동	유의점	인권과 관련된 덕목	시간
도입	강의	·동기유발: 역사상 프랭클린하면 떠오르는 단어를 적어본다.	미국의 역사적 배경에 유의한다.		3
전개 1	발표	모둠별로 프랭클린과 함께한 인터뷰 내용을 발표한다.	다양한 질문과 대답이 가능할 수 있도록 지도한다.		10
전개 2	발표	1. 나도 프랭클린이 될 수 있다. 2. 학생들 각자 학교에서 방과후 집에서의 생활태도를 적어본다. 3. 반성의 토대를 근거로 해서 자신에게 맞는 생활카드를 작성한다.	·반성의 카드는 과제로 제출하며, 이것을 3개월 이상 지키고, 그 결과를 적도록 지도한다.	규범의 준수	25
전개 3	토의	·학급이나, 학교에서 지켜야 할 규범의 종류를 적어본다: 이것만은 지킵시다.	·모둠별 토의의 결과를 학급회의 시간에 반영할 수 있도록 지도한다.		5
정리 및 차시예고	강의	1. 규범의 준수의 필요성 정리 2. 차시예고			2

<가상 인터뷰하기>

지은: 반갑습니다. 우리 모둠은 오늘 프랭클린 아저씨와 인터뷰를 하게 되었습니다.

프랭클린: 그래 무척이나 반갑구나, 더구나 오랜 잠을 깨워주어 고맙기도 하구요.

지은: 오늘 아저씨께 말씀드리고 싶은 것은 먼저 아저씨가 인생에서 가장 중요하게 생각한 점이 무엇인가 하는 것입니다.

프랭클린: 가장 중요한 것은 도덕적인 삶을 사는 것이었지.
　　　　　지은이는 무엇을 중요하게 생각하지 ?

지은: 예, 저는 다른 사람을 사랑하고 사는 것입니다. 그래서 저는 지금도 고아원을 방문도 하며 다른 사람을 이해하고 사랑하려고 노력해요. 그래서 아저씨의 삶은 저에게 무척 존경스럽습니다.

한아: 그런데 저도 다른 사람을 사랑하려고 하지만 무척 힘이 듭니다. 아저씨는 어떻게 어려운 점을 극복하셨어요?

프랭클린: 우선 저는 제 자신에게 필요한 13가지 덕목을 가려내어 그것을 지키는 것을 인생에서 가장 의미있는 작업으로 생각했습니다. 제가 선택한 덕목은 절제·침묵·규율·검약·근면·진실·정의·중용·청결·순결·겸양·결단·침착 이렇게 13가지입니다. 그리고 나서 저는 우선 조그만한 수첩을 만들었습니다. 그리고 언제나 저녁이 되면 일기 쓰기 전에 생각하듯이 하루 동안의 저의 생활에 대해서 엄격하게 평가를 하고 만약 13가지 덕목에 하나라도 어긋나는 일을 했다면 반성을 하고 수첩에 표시를 했죠. 그렇게 하루하루 나 자신을 단련시킨다는 생각으로 조심스럽게 생활하다 보니 어느새 수첩에 표시가 없는 날도 많아졌습니다.

빈아: 정말 대단하십니다. 그러면 저도 그렇게 하면 될까요?

프랭클린: 누구나 도덕적 의지가 있으면 할 수 있습니다. 용기를 갖고 한번 노력해 보세요. 실천하고 난 뒤의 기쁨은 대단합니다.

지은, 한아, 빈아, 수정: 용기를 주셔서 감사합니다. 오늘 인터뷰를 토대로 하여 우리 각자의 삶의 태도를 반성하고 각자가 규범 카드를 만들어 실천하려고 합니다. 지켜봐 주세요.

\<나도 플랭클린이 될 수 있다─계획표\>

목 표			주간별 계획목표			
작성자 :	학년/반:	번호:	5월 1주	5월 2주	5월 3주	5월 4주
1) 근면						
2) 용기						
3) 진실						
4) 정의						
5) 친절						
6) 효행						
7) 정직						
8) 순결성						
9) 책임감						
10) 겸손함						
11) 예절바른 사람						
12) 사랑						
13) 생명존중						
14) 질서						
15) 인간존중						
* 월간 계획, 주간 계획은 본인이 스스로 작성하여 도덕선생님께 확인한다. * 덕목은 자신이 필요한 것을 작성한다.						

<나도 플랭클린이 될 수 있다 — 자기점검표>

목 표			주간별 자기점검표			
내 용	실현정도	장애요인	5월1주	5월 2주	5월 3주	5월 4주
1) 근면						
2) 용기						
3) 진실						
4) 정의						
5) 친절						
6) 효행						
7) 정직						
8) 순결성						
9) 책임감						
10) 겸손함						
11) 예절바른 사람						
12) 사랑						
13) 생명존중						
14) 질서						
15) 인간존중						
* 자기 점검표를 작성하고, 월별로 도덕선생님이 검점한다.						

(5) 인간의 궁극적 가치(중학교 2학년 도덕 교과서 15쪽)

• 인권과 관련된 덕목: 인간의 존엄성

• 학습주제: 인간의 궁극적 가치의 의미 생각해 보기

• 학습목표: 1. 인간의 궁극적 가치의 의미를 생각해 본다.

　　　　　 2. 인간의 존엄성의 근거와 의미를 설명할 수 있다.

• 교수-학습 방법: 강의, 토의, 발표

• 교수-학습 지도안 1

수업의 진행	학습형태	교수-학습 활동	유의점	인권과 관련된 내용	시 간
도입	강의	·동기유발: 공기가 소중하여 그 존재가치를 모르고 살 듯이 인간으로 살아가면서 반드시 가지고 있어야만 하는 인간으로서의 권리가 무엇인지 알게 하기 위해서 교사는 대화식으로 수업을 풀어나간다.			5
전개 1	질문, 응답	1. 인간은 존중받아야 하는가? 　그렇다. 2. 존중받아야 한다면 왜 그런가? ·이성을 가지고 있다(이성이란 무엇인가?-판단력·분별력을 의미한다. 그렇다면 식물인간이나 뇌사자는 존중할 필요가 없는가?). ·만물의 영장이다(그것은 우리끼리 생각하는 것 아닌가?). ·인간은 그 어떤 것보다 우위에 있는 존재이다. ·같은 인간으로서 존중해야만 한다. ·인간은 인간이라는 사실 자체만으로 존중할 수 있다. 3. 그렇다면 도대체 인간이란 무엇인가? (인간의 특징을 말하게 한다)		인간의 존엄성	7
		1. 교사는 칠판에 큰 원을 하나 그리고 나서, 학생들 2명 정도를 앞으로 불러내어 자신들이 생각하는 인간의 특징을 상징할 수 있는 그림을 그려보게 한다. 나머지 학생들 역시 공책에다 자신이 생각하는 특징들을 그려보도록 한다. 2. 앞에 나온 학생들에게 그런 인간의 특징을 살려 인간답게 살기 위해서 반드시 필요한 것들은 무엇인지 말하게 하고 교사는 미리 만들어둔 표에 적어둔다. 3. 학생들로부터 대답이 나오면 그것이 바로 인간이 인간답게 살기 위해서 자연적으로 갖게 되는 욕구이며, 그 욕구를 실현하는 데 반드시 필요한 것이 인간의	학생들이 다 그린 다음에 왜 그런 그림을 그렸는지 설명하게 한다. 미처 나오지 않은 그림들은 나머지 학생들이 말해 보도록 한다		

수업의 진행	학습 형태	교수-학습 활동	유의점	인권과 관련된 내용	시 간
전개 2	토의 발표	권리라는 것을 이야기한다. 인간의 욕구를 실현할 수 있는 권리는 인간이면 누구나 갖고 있다고 믿는지 또는 우리 모두 그것을 인정할 수 있는지 묻는다. 4. 칠판에 나열된 것을 모두 종합하여 인간의 정의를 내려보게 한다. 5. 인간이 인간으로서의 특징을 살려 인간답게 살 수 있는 상태를 말로 표현한다면 무엇이라고 말할지 묻는다. - 인간으로서의 완전한 삶, 인간다운 삶이라고 말할 수 있다. 6. 학생들로부터 나온 인간의 특징과 인권, 인간에 대한 정의를 표로 완성하여 보여준다.	주의: 아이들은 대부분 거의 추상적이고 관념적인 삶의 태도에 대해 이야기하는 경향이 있다. 솔직하게 자신을 들여다보면서 이야기하게 해야 한다. 의식주 문제, 자아실현 문제 등등		25
전개 3	발표	인권과 인간의 존엄성에 대해 발표한다.			5
정리 및 차시예고		1. 수업내용의 정리 2. 차시예고			3

• 교수-학습지도안 2

수업의 진행	학습 형태	교수-학습 활동	유의점	인권과 관련된 내용	시 간
도입	강의	·동기유발: 본 수업에 관계되어 인간의 존엄성을 느낄 수 있는 예를 주위에서 들어 설명한다.			5
전개 1	질문, 응답	교실 양옆으로 책상을 붙여 가운데를 비게 한다. 1. 비어 있는 교실 가운데에 금을 그어 놓고 아이들 서너 명을 나오게 한다.		인간의 존엄성	7

수업의 진행	학습 형태	교수–학습 활동	유의점	인권과 관련된 내용	시 간
전개 1	질문, 응답	2. 나온 아이들에게 태어날 때, 부모님들이 바라거나 본인들이 자라면서 어떤 삶을 살 겠다고 이야기하게 한다(너무 추상적이거나 관념적인 것이 아니라 사회 경제적인 조건을 말하라고 한다). 3. 나온 아이들에게 미리 그어놓은 금은 태어날 때의 위치라고 이야기하면서 자신의 완성된 삶의 선을 그어보게 한다. 아이들 각자의 선이 조금씩 다를 때, 평균을 내어 금을 다시 그어 놓는다. 4. 아이들을 출발선 위에 일렬로 세워놓고 다음과 같은 주문을 한다. ·집이 두 채 이상 있는 사람은 4발짝 앞으로 가시오(부모님들이). ·생활보호대상자는 7발짝 뒤로 가시오. ·건강에 도움이 되는 좋은 주거환경에서 사는 사람은 4발짝 앞으로 가시오. ·여성인 사람은 10발짝 뒤로 가시오. ·부모님이 충분한 수입을 가지고 있는 사람은 8발짝 앞으로 가시오. ·부유한 사람은 8발짝 앞으로 가시오. ·가난한 사람은 8발짝 뒤로 가시오.		인간의 존엄성	7
전개 2	토의 발표	5. 제자리에 학생들을 세워놓은 다음 학생들에게 여러 가지를 묻는다. ·지금 기분이 어떠냐? — 나쁘다 / 아무렇지도 않다. ·이런 결과가 나온 것이 인간적인 일이라고 생각하는가? — 아니다. ·왜 그렇다고 생각하는가? — 지금 이야기한 조건들은 거의 다 부모의 물질적인 조건만을 가지고 이야기하기 때문에 비인간적이라고 생각한다. 또 남녀는 평등한 존재인데 단지 여자라는 이유만으로 10발짝 뒤로 간 것은 도무지 이해가 가지 않는다.	학생들은 자신의 위치를 받아들이기 싫어서 장난으로 생각하며 웃거나 아무 느낌도 없다고 이야기하기 쉽다.		

수업의 진행	학습 형태	교수-학습 활동	유의점	인권과 관련된 내용	시 간
전개 2	토의 발표	·지금 자리에 만족하는가? — 아니다 / 대체로 만족한다. ·왜 지금 그 자리에 서 있게 되었다고 생각하는가? — 부모님들이 가지고 있는 물질적인 조건만 따지기 때문이다 / 여자 또는 남자라는 이유 때문이다. ·아까 처음에 금 그어놓았던 자신의 위치와의 간격은 얼마나 벌어졌으며, 쉽게 따라갈 수 있다고 생각하나? — 아니다 / 혹은 그렇다. ·그렇다면 어떻게 따라갈 수 있는가? — 개인의 노력으로 가능하다. ·처음의 출발선과 지금의 위치와의 거리는 무엇을 의미하는가? — 빼앗긴 인권을 의미한다. ·우리가 빼앗긴 인권을 되찾기 위해서 꼭 가져야만 하는 것은 무엇인가? — 자신의 인권이 무엇인지 안다 / 인권 의식을 갖거나, 인권에 민감해진다. ·지금 학생으로서 제일 민감하게 느껴지는 인권은 무엇인가? — 입시 때문에 자신의 재능을 마음껏 발휘할 수 있는 시간적 여유가 없다 / 필요로 하는 것들을 획득할 수 있는 권리			20
전개 3	토의 발표	위의 내용을 종합할 수 있는 질문지를 작성하여 발표한다.			5
정리 및 차시예고		1. 수업내용의 정리 2. 차시예고			3

<나와 인권에 대한 질문지>

반   번   이름

인간이란 무엇인가?	현사회의 특징	자신의 잠재력을 개발해 주는 사회의 모습 상상해 보기	자신의 존엄성에 상처를 입히는 상황과 조건	인간이 자신의 존엄성을 보호·증진하기 위해서 누려야 할 권리	이 권리를 실현하기 위해서 내가 사회적으로 할 수 있는 일

(6) 오늘날의 가정생활과 도덕문제(중학교 2학년 도덕 교과서 87쪽)
• 인권과 관련한 덕목: 가정에서의 청소년의 권리
• 학습목표: 1. 최소한의 인간다운 삶을 사는 데 필요한 인간의 기본권을 안다.
　　　　　 2. 어린이들의 빼앗긴 권리에 대한 이해를 높인다.
　　　　　 3. 어린이들의 인권을 존중할 수 있는 사회는 어떤 사회인지 안다.
　　　　　 4. 어린이들이 행복하게 살아가는 데 도움을 줄 수 있는 제도와 정책을 안다.
　　　　　 5. 이웃으로서 우리가 어떻게 도와줄 수 있는지 알아본다.
• 교수-학습 방법
• 동화를 이용한 교수방법
• 영상매체를 이용한 교수방법

가. 동화를 이용한 수업지도안

최소한 사람은 생존해야 한다. 이것이 요구하는 것은 살 권리(「세계인권선언」, 제3조, "모든 인간은 생명권과 신체의 자유와 안전을 누릴 권리가 있다")와 식량에 대한 권리(제22조, "모든 인간은 사회의 일원으로서 사회보장제도에 대한 권리를 가지며, 국가적 노력과 국제적 협력을 통해서 그리고 각국의 구조와 자원에 따라서 자신의 존엄성과 인격의 자유로운 발전을 위해 불가결한 경제, 사회, 문화적 권리들을 실현할 권리를 갖는다")와 같은 생존권이다. 그리고 만약 이 생존이 야만적인 것보다 더 나은 것이라면, 의료 활동과 사회 보장에 대한 권리(제25조)와 같은 경제적이고 사회적인 권리가 요구된다.

위와 같은 선언이 나오게 된 역사적 배경들을 학생들이 쉽게 이해하게 하기 위해, 학생들이 어릴 때 무심코 보아 넘겼던 동화를 소재로 그 동화가 나왔던 사회적 배경을 다시 살펴보도록 한다. 『성냥팔이 소녀』, 『장발장』, 『올리버 트위스트』 등의 이야기에서 공통점을 찾아보게 함으로써 그 당시의 어린이들이 어떤 상태에 처해 있었는가를 알고, 그렇게 된 이유에 대해서도 생각해 보게 한다. 그리고 그것이 얼마나 인간을 비참한 상태에 놓이게 하며 인간의 존엄성을 파괴했는지 공감할 수 있는 기회를 준다. 또 그와 같은 문제들을 해결하기 위해 사람들은 어떤 노력을 했는지, 또 국가는 어떤 노력을 했는지 역사적으로 한번 짚어보면서, 오늘날 우리 주변에서 아직까지 존재하고 있는 가난한 어린이들의 문제를 어떻게 해결해야 할지 구체적으로 모색해 보게 한다.

■ 수업 준비물
- 동화(『장발장』, 『성냥팔이 소녀』, 『올리버 트위스트』)를 준비하여, 주인공을 쉽게 알아볼 수 있는 그림 각 1장씩
- OHP 기계
- 학생수만큼의 청원서 작성을 위한 빈 종이
- 소년소녀 가장에 관한 자료(통계, 생활수준, 그들의 삶의 모습 등)
- 「세계인권선언」, 「청소년 권리조약」, 우리 나라 헌법의 기본권 부분을 복사한 유인물(학생수만큼)
- 비디오 영화('길버트 그레이프'), 복지사회에 관한 영상자료(역할극 대본)
- 설문지, 모둠 토의록
- 신문자료 모음

단계/분	수업 진행과정/교수 학습활동	관련 자료
도입/5	인사, 수업 분위기 조성, 전시 수업 확인, 본시수업 목표 설명 1. 아이들에게 동화책에 나오는 그림을 보여준다. 2. 무슨 그림인지 알아맞추게 한다. 3. 동화 이름과 주인공을 다 알아맞추면 이 동화의 공통점을 묻는다(동화가 나온 시기, 장소, 등장인물, 가정 환경 등등). • 공통점: 19세기에 나온 동화이다. 산업혁명기의 유럽이 무대다. 가난한 가정이거나 가정이 없다. 어린이들이 일을 한다. 늘 배가 고프다. 죽거나 감옥에 가거나 아프다. 아이들의 동화에까지 그 시대의 궁핍이 잘 드러나 있다.	『장발장』, 『올리버 트위스트』, 『성냥팔이 소녀』의 동화 그림을 준비한다. (OHP자료 사용) 당시 어린이들의 평균 생존율, 어른들의 평균수명 통계자료 제시
전개/35	4. 아이들이 그 지경에 처해 있었는데 어른들은 무엇을 하고 있나? • 동화 주인공의 부모들 중 성냥팔이 아버지는 술주정뱅이고, 장발장의 부모는 일찍 죽었으며, 누이마저 죽어 어린 조카를 장발장이 돌보아야 했다. 또한 올리버 트위스트 엄마는 빈민원에서 아이를 낳다 죽고, 어른들도 모두 비참한 삶을 살았다. 5. 이 아이들은 인간으로서 어떤 권리를 갖지 못했나? 6. 아이들의 가난이나 질병은 해결할 수 없는 문제인가? 7. 그 당시에 국가(정부·국민·지식인)는 무엇을 했나? • 자유방임주의시대의 국가(국민)는 국민들의 생존권을 무시함-'가난은 나라도 구제못한다.'는 사상이 지배적임. 8. 오늘날엔 그런 아이들이 없을까? • 있다. 저개발 국가의 아이들이나 동구유럽이나 북한의 아이들, 그리고 우리 이웃의 소년소녀 가장도 있을 수 있다. 9. 우리 나라의 소녀소년 가장에 대한 실태조사 보고서를 소개한다(숫자, 생활형편, 그들이 바라는 것 등등). 10. 그렇다면 오늘날의 국가는 어떻게 하고 있을까? • 알고 있는 정책이나 제도를 발표한다(모두 칠판에 적는다.: 공적 부조, 사회보험(연금제도·의료보험), 복지 서비스(시설 만들기)	청소년 인권선언 자료 제시한 후 찾게 함 산업혁명, 자유방임주의에 대한 개념 설명 자료 제시
정리 및 차시예고 /5	11. 국가의 이런 제도나 정책만으로 문제가 해결될 것이라고 믿는가? 좀더 필요한 것이나 더 보완되어야 할 것이 없는가? 이런 문제가 있을 때 우리는 국가에 무엇인가를 요구할 수 있을까? 있다면 그 근거는? 12. 어떤 요구를 할 수 있는지 국가에 대해 청원서나 호소문을 써보도록 한다(「청소년 권리조약」이나 「헌법」의 기본권을 인용하도록 한다). 13. 잘된 것은 뽑아서 신문사나 정당에 보낸다. 14. 차시예고/영상매체 보고 토론하기-'길버트 그레이프'	

나. 영상매체 토론수업 지도안

아이들이 즐겨보는 영상매체(비디오 영화)를 이용하여, 전통적으로 가정의 문제는 개개인이 해결해야 한다는 사회의 인식 속에서 개인의 책임은 어디까지인지를 진지하게 모색해 보는 계기를 마련한다. 그리고 그것이 하나의 인간답게 살 권리를 돕지 못한다면 이를 얻어낼 수 있는 구체적 방법을 실천해 본다.

① 주제: 소년 가장의 책임 한계

② 영화제목: 길버트 그레이프

③ 영화내용: 아버지는 자살하고, 어머니는 그 충격을 탐식으로 이기려 하다가 그 자신의 힘으로는 한 걸음도 떼기 힘들 만큼 뚱뚱해져 버렸으며, 동생 어니는 정신 지체아인데다가 자꾸만 높은 곳으로 올라가려 해 길버트는 항상 조마조마하다. 여동생도 그리 만만한 상대가 아니다. 길버트는 이런 가족을 부양하고 돌보아야 하는 가장이다. 그는 가족을 돌보고 그들과 실랑이하면서 하루하루를 보낸다. 어느 날 어머니가 숨을 거두자 아이들은 슬픔보다 더 큰 걱정에 빠져든다. 거구인 어머니의 시신을 끌어내리려면 기중기가 동원되어야 하는데 그러려면 어머니는 사람들의 구경거리이자 놀림감이 되지 않겠는가. 그래서 가구를 끄집어내고 어머니가 잠들어 있는 집을 불태워 버린다. 그리고 그 형제들은 그 마을을 떠난다.

④ 수업내용

• 가족이라는 신성한 이름으로 한 소년에게 가해진 무자비한 짐을 덜어줄 수 있는 방법은 없는 것일까? 우리 주변의 이웃들 중에서 이와 같은 처지에 놓여 있는 사람이 없는지 살펴본다.

• 그 아이가 처해 있는 상황이 어린이 청소년 권리조약의 어느 부분에 위배되는지 찾아본다.

• 이웃으로서 그 아이의 처지를 개선하기 위해서 우리가 할 수 있는 구체적인 일들을 찾아본다.

⑤ 수업활동 순서

• 수업활동 소개: 주제 및 내용, 학습목표 소개, 과제 제시, 자료배부

• 영화보기: 시간관계상 숙제로 미리 보고 오게 하거나 시간에 관계가 없다면 같이 보도록 한다.

• 모둠별 과제 해결을 위한 토의 및 발표

• 유인물 양식 — 모둠 토의록

모둠 활동 보고서			
모둠이름	학년 반 모둠	모둠원 이름	
제목	길버트 그레이프	학습방법	비디오를 활용한 토론 수업
학습 목표	• 자신의 힘으로는 해결하기 어려운 일에 직면해 있는 청소년들의 책임의 한계에 대해 논의한다. • 우리 주변에서 소년소녀 가장의 사례를 살펴보고 우리가 할 수 있는 일을 찾아본다.		
구분	토의 주제	토의 내용	
자신의 문제로 환원해서 생각하기	내가 만약 길버트와 같은 처지에 있다면 어떤 느낌일까?		
	길버트와 같은 처지에 있다면 나는 어떻게 할 것인가?		
이웃과 사회에 대한 관심	우리 주변에 길버트와 같은 이웃들의 사례를 제시해 보자.		
	길버트가 가지고 있는 문제에 있어서 길버트의 책임은 어디까지인가?		
장애인과 청소년의 권리 알기	청소년인 길버트가 누리지 못한 권리는 무엇인가?		
	동생(어니)과 길버트의 상황은 어린이 청소년 권리조약의 어느 것과 위배되는지 그 조항을 있는대로 써보자.		
심신 장애인인 엄마의 삶에 대한 이해	엄마의 삶을 도울 수 있는 방법은 무엇이었을까?		
구체적 해결 방법 모색 단계	길버트의 이웃이 되어 우리가 할 수 있는 일은 무엇인지 찾아보고, 구체적으로 실천할 수 있는 일을 생각해 보자.		

(7) 복지사회의 실현(중학교 3학년 도덕 교과서 190쪽)

• 인권과 관련된 덕목: 생존권

• 학습주제: 복지사회의 실현

• 학습목표:

① 다른 나라(미국과 스웨덴)의 사회복지 모델을 비교하면서 우리 나라가 앞으로 선택해야 할 복지 모델이 무엇인지 알아본다.

② 복지국가의 개념을 알고, 진정한 복지국가가 되기 위해서는 국가의 역할도 중요하지만 국민의 역할도 중요하다는 사실, 즉 개개인의 '인간애'를 바탕으로 한 자발적 봉사도 중요한 일임을 안다.

③ 진정한 복지국가가 되기 위해서 국민 개개인의 인권이 어떻게 존중되어야 하는지 안다.

• 교수-학습 방법: 비디오 시청(제목: 21세기의 선택 — 복지사회로 나가는 길) 토의, 발표

• 교수-학습 지도안

수업의 흐름	학습의 형태	교수-학습 활동	유의점	인권과 관련된 내용	시간
도입		• 동기유발: 우리 나라의 복지수준의 수치를 신문을 이용해서 설명		생존권	3
전개 1	비디오 시청 안내 비디오 보기	 1. 비디오 제목 제시 2. 비디오 보고 메모하는 방법 제시	• 비디오를 더 잘 볼 수 있도록 유의해서 볼 부분들을 설문 형식으로 만들어 기록하면서 보도록 한다. • 비디오가 전체 50분 가량되지만 다 볼 필요는 없고 다른 나라의 사회복지 수준과 우리 나라를 비교한 부분까지만 보여준다.		20

수업의 흐름	학습의 형태	교수-학습 활동	유의점	인권과 관련된 내용	시간
전개 2	설문 작성	감상내용은 설문지에 작성한다.	비디오상 내용은 평가 문항에 반영한다.		10
전개 3	토의	비디오 내용에 대해 토의하기	설문지를 바탕으로 간단히 토의한다.		10
정리 및 차시예고	정리	1. 본시수업 정리-비디오 매체의 의미 및 정리 2. 차시예고			2

<비디오 시청 설문지>

학년   반   번호   이름:

제목: 복지국가로 나가는 길—MBC 21세기의 선택

① 미국의 사회복지 현황

도움을 요하는 사람들의 유형은?		
도움의 형태		
미국의 변화	정부	
	일반국민	
	중산층	
미국의 사회복지 현황		

② 스웨덴의 사회복지

스웨덴의 소년원의 모습	
우리와 비교하여 느낀 점	

③ 미국과 스웨덴의 사회복지 실태가 근본적으로 다른 이유는 무엇인가?

④ 우리 나라의 사회복지 수준과 앞으로의 중점 사항

우리 나라의 사회복지 수준	
중점 사항	
나의 생각	

⑤ 스웨덴과 우리 나라에서 장애자를 보는 시각 비교

스웨덴	
우리 나라	

⑥ 미국의 사회복지 방향과 스웨덴의 사회복지 방향

	미국	스웨덴
사회복지 원리		
정부의 역할		
국민의 역할		
기금 마련		

⑦ 우리 나라가 나가야 할 방향—모둠 토론 및 전체 토론 주제

분배정의를 위하여	정부가 노력해야 할 부분	
	국민이 노력해야 할 부분	
비디오 시청 후의 나의 생각		

(8) 학교생활과 도덕문제(중학교 2학년 도덕 교과서 126쪽)

• 인권과 관련된 덕목: 평화, 자아실현
• 학습주제: 학교생활과 도덕문제 가운데 심화되고 있는 학내 폭력문제, 일탈행위
• 학습목표:
　① 학교내외에서 선배들로부터 지속적으로 폭력을 당하는 학생의 고통을 인식하고, 이를 해결할 수 있는 방법을 찾아보고, 이런 문제들이 단순히 당한 사람들만의 문제가 아니라 우리 모두가 함께 해결해야 할 문제라는 사실을 인식하도록 한다.
　② 자신의 꿈을 이루기 위해 거리를 헤매다 유혹에 빠져 가출을 한 아이들 이야기를 다룬 연극을 보고 함께 토론하며, 바람직한 생활자세를 갖도록 한다.
• 교수-학습 방법: 연극(제목: 정은이의 하루)을 보고 토론하기
• 교수-학습 지도안

수업의 흐름	학습형태	교수-학습 활동	유의점	인권과 관련된 내용	시간
도입		• 동기 유발: 학교폭력에 대한 실태나 경험조사			5
전개 1		학습방법: '정은이의 하루' 연극을 중심으로			5
전개 2	연극	1. 연극제목: 정은이의 하루생활 2. 학생: 관람(연극공연을 한 학생들은 대본을 제출하도록 함)	연극의 모든 준비는 수업 전에 이미 완성	평화	25
토론 및 평가		1. 연극을 보고난 후 연극을 공연한 학생들과 토론하거나 합리적 의사 결정표를 이용하여 자신의 의견을 정리해본다. 2. 교사의 총평: 연극, 토론 평가 3. 차시예고			5

■ 토론거리

1. 교사나 학생들이 상황극을 한 학생들에게 묻는 질문거리
· 상황극을 하게 된 동기는 무엇인가?
· 상황극을 하면서 자신이 맡은 역할을 잘 이해했는가?
· 지금 이런 문제를 이렇게 여러 사람들에게 보여주고 난 소감이 어떤가?
· 상황극 중에서 잘 이해가 안 되는 부분이 있는데, 다시 한번 설명을 해달라.

2. 교사가 상황극을 본 학생들에게 묻는 질문거리
· 주인공 학생의 지금 당면문제는 무엇인가?
· 내가 주인공 학생이라면 지금 마음이 어떨까?
· 자신도 비슷한 일을 당해 본 적이 있는가?
· 주변사람들은 정은이의 문제를 보고 어떻게 대했나?(친구·교사·부모·동네 아줌마)
· 정은이의 문제는 정은이 혼자만의 문제인가?
· 정은이의 문제를 해결할 수 있는 방법은 무엇인가?

3. 합리적 의사결정표를 이용하여 방법을 찾아본다.

<합리적 의사결정표>

학년 반 번 이름:

문제내용 파악			
대안찾기	1		
	2		
	3		
	4		
각각의 대안이 갖는 결과 생각하기	대안	예상되는 긍정적 결과	예상되는 부정적 결과
	1		
	2		
	3		
	4		

대안의 선택 및 결정	
선택 이유	
선택에 대한 점검 새로운 방안의 가능성 열어두기	

■ 연극대본: 정은이의 하루

정은이는 즐거운 마음으로 학교에 왔다.

장면 1 교문 앞(경찰이 서성거린다)
교문 앞에 다다른 정은이는 선배 한 명을 만났다.
선배1 : 야, 거기 스톰 가방, 너 이리로 와봐.
정은 : (고개를 푹 수그리며 선배에게 간다.) 예, 저요?
선배2 : 야, 내가 리본이 없거든. 좀 있으면 내놔 봐.
정은 : (말 없이 얼굴을 찡그리며 리본을 꺼내준다.)
선배1 : 꼽냐?
정은이는 고개를 수그리며 교문 앞으로 간다.
선도부 : 거기 리본이요.(정은이의 이름을 적는다.)
정은 : (말 없이 이름을 적히고 교실로 들어온다.)

장면 2 교실로 들어온 정은이는 친구들에게 이야기한다.
친구들 정은이를 둘러싸고 있다.
친구들 : 장난 아니다. 재수없어.
친구들 : 울지마.
날라리 친구1 : 아 재수없어. 그딴 것 가지고. 눈물이나 질질 짜고 있냐? 아이,
　　　　　　　짜증 나. 진짜.
날라리 친구2 : 아이 좀 꺼졌으면 좋겠어.
　　　　　　　역겨워. 꼴불견. 지가 공준 줄 알어.(책상을 치고 침을 뱉는다.)

장면 3 수업시간
정은이는 선생님께 질문을 한다.

정은 : 선생님, 문제 3번 어떻게 풀어요?

날라리 친구1 : 아이, 정말 저만 잘난 줄 알아. 정말.

종치는 소리들린다. 점심시간이다.

정은이는 혼자 밥을 먹는다.

날라리2 : 쟤, 밥 처먹는 것. 역겨워. 드럽게 많이 처먹네. 생긴 것만큼 드럽게
　　　　처먹는다.

날라리3 : 야, 이것 맛있는 반찬이다. 다 집어가. 집어가.(그러면서 하나 집어먹는
　　　　다.)

날라리1 : 야, 드러워. 먹지마. 뱉어버려. 원래 왕따 것 먹는 것 아니야. (도시락
　　　　을 뒤집어 엎는다.)

정은이는 울면서 밖으로 나간다.

장면 4　공중전화 앞

정은이는 전화를 걸기 위해서 줄을 선다.

정은이 차례가 되어서 전화기에 백 원을 넣는다.

정은이 : 엄마, 나 정은이. 책상 위에 놓여져 있는 보고서 좀 가져다 줘.

엄마 : 안 돼. 엄마 시간없어.

정은이 : 아이, 엄마 그것 좀 가져다 줘. 혼나, 혼난단 말야.

엄마 : 너 왜그러니? 무슨 일 있었니?

정은이 : 아이, 됐어. 그냥.

　　　　(전화를 끊고 혼잣말을 한다.)

　　　　돈이 남았네. 삐삐 음성이나 듣자.

선배1 : 야, 깡세다. 장난 아니다. 전화 전세냈나?

선배2 : 우리 1, 2학년 때는 선배 무서워서 내려오지도 못했는데, 얘네들 장난
　　　　아니다. 대가리 좆나 컸다. 야, 빨리 끊어.(머리를 툭툭 친다.)

정은 : 아이, 잠깐만요. 이것만 들어보고요.

선배1 : 선배가 선배같지 않나 보구나. 2학년 무서워서 학교 못 다니겠네. 아이,
　　　　학교 자퇴쓰자. 자퇴써. 아이, 무서워. 머리에 피도 안 마른 게.

선배2 : 빨리 좀 끊어. 짜증나.

정은 : 아. 예(듣다가 끊는다.)

정은이는 뒤에 가서 선다.

선배1, 2가 전화통에 가서 들러붙는다.

선배1 : (동전을 6개 정도 계속 넣는다.)

줄서 있는 아이들은 소리도 못내고 놀란 표정을 짓는다.

선배1 : 오빠야? 나.(간드러지는 소리를 낸다.) 있잖아. 그러니까
　　　오늘 학교에서 ……

선배2 : 그만해. 미치겠다. 종쳐. 종쳐. 빨리 가자.

선배1 : 잠깐만.(돈을 더 집어넣는다.)
　　　어쩌구. 어쩌구 ……
　　　오빠. 있다 다시 전화할 게. 좀 있으면 종칠 것 같애. 오빠, ˙사랑해. 안녕.
　　　(전화기를 내려놓자마자. 종이 친다.)

(정은이는 기다리다 지친 표정으로 교실로 올라간다.)

장면 교실

담임 선생님 : 정은아. 너 얼굴이 왜 그러니?

정은이 : 아니예요.

담임 : 아니, 너 울었니?
　　　교무실로 내려와라.

정은이 : 네.

담임과 정은이가 마주 앉는다.

담임 : 너 무슨 일 있었니?

정은 : 아니에요.(할까말까 망설인다.)

담임 : 그럼 나중에 이야기해라. 내일 늦지 말고 일찍 와라.

장면 교문

정은이는 친구와 교문을 나선다.

선배1 : 야, 너 아까 깡센 애. 너 좀 이리 와봐.

정은:(쭈뼛거리며 선배 쪽으로 걸어간다.)

선배2 : 야, 돈 있냐? 있으면 좀 꿔주라.

정은 : 저 차비밖에 없는데요.

선배1 : 너, 뒤져서 나오면 10원에 한 대씩이다.

정은 : 아이 이것 엄마 돈인데요. 이것 쓰면 엄마한테 혼나요.

선배2 : 너 엄마한테 맞는 게 무서워. 우리한테 맞는 게 더 무서워.

정은이 : (쭈뼛거리며 돈을 내민다.)

선배1 : 너 몇 학년 몇 반이냐? 나중에 갖다줄게. 고맙다.

정은이는 친구와 투덜거리며 걸어내려간다.

정은이 친구 : 너, 기분 안 좋은 것 같은데, 나 돈 있어. 뭐 좀 사줄게.

정은이와 친구는 롯데리아로 간다.

날라리 1, 2, 3들이 롯데리아 바깥에서 기웃거린다.

날라리1 : 야, 저기 왕따 있다. 왕따도 이런 데 오냐?

날라리2 : 여기 망하겠다. 아이 여기. 더러워서 안 와.

날라리3 : 아이, 여기 신경쓰지 말고 가자.

정은이와 친구는 고개 숙이고 있다.

장면 집

엄마 : 너 어디 갔다 이제 오니?

정은 : ……

엄마 : 학교에서 너 오늘 무슨 일 있었지?
　　　　빨리 말해 봐.

정은 : (훌쩍 거린다.) 엄마, 애들이 나 자꾸 따돌려.

엄마 : 누가 그러니? 도대체

정은 : 저기 ……

엄마 : 아이 괜찮을 거야. 네가 공부만 잘하면 누가 뭐라 그러겠니? 다 네 탓이
　　　　야. 아이구, 벌써 학원 갈 시간이네, 이따 학원 갔다와서 이야기하자.(엄마
　　　　방으로 들어간다.)

장면 거리

정은이 가방을 메고 학원을 향해 공원을 가로질러 가다가 선배 1, 2를 만난다.
정은이는 외면을 한다.

선배1 : 야, 거기 너, 인사도 안하냐?

정은 : (놀라며) 네? 안녕하세요. (짜증을 내며)

선배2 : 야, 뜷냐? 열받아 죽겠는데, 이년이 내 속을 긁네. 너 이리와 봐.(정은이
　　　　의 머리를 잡고 놀이터 화장실로 들어간다.)

선배1 : 죽고 싶냐? 선배가 선배같지 않냐? 이게 아주 맞으려고 작정을 했구만.
　　　　(꽉 팬다. 때리기 시작함)

정은 : 으으윽, 엄마.

선배1 : 소리 안 낮춰. 죽고 싶지 않으면 가만 있어.

아주머니 : 학생들, 거기 뭐하는 거야?

선배2 : 친구예요. 아줌마가 알아서 뭐할려구요. 요즘은 지나가는 아줌마도 경찰
　　　　인가봐.

아주머니 : 쯧쯧쯧(혀를 차며 사라진다.)

정은이는 맞다가 힘이 없어 쓰러진다.

선배1, 2: 당장 꺼져. 너 내 눈에 한 번만 띄면 죽을 줄 알아. 머리 똑바로 하고
　　　　가. 너 눈깔 똑바로 뜨고 다녀. 친구들도 눈깔 똑바로 뜨고 다녀.

정은이는 전화통으로 간다.

정은이 : 이러구는 못살아. (전화를 건다.)

　　　　여보세요. 거기 경찰서죠.

　　　　여기, 학원 폭력 너무 심해서 전화했거든요.

경찰 : 저기, 학생 그런 것 전화해 봤자, 아무 소용없어요. 대면해 보아야 알거든.
　　　　때린 사람 거기 있지요. 잡아두세요. 대면해 보기 전까지는 잡아떼면 그
　　　　만이니까……

정은이 : 꼭 그런 방법밖에 없어요?

경찰 : 아, 그러면 그 주변의 파출소 전화번호를 알려드릴 테니까 거기로 전화해
　　　　보세요.

정은이 : 아, 됐어요.

　　　　(정은이 주저앉는다.)

■ 역할극 대본 2 : 은밀한 유혹

때 : 토요일 오후

곳 : △△공원, 화장실

○○여중 5공주파가 학교수업이 끝나고 공원 화장실에서 옷을 갈아입고 있다.

(화장실 장면: 목소리만)

〈1〉

(화장실에서 나와서 공원 거리를 걸어가면서)

초　희 : 와! 날씨 좋다. 그치! 이런 날은 헌팅이나 들어왔으면 좋겠다.

지　선 : 무슨 헌팅이냐! 야, 야, 야,(친구를 때리며) 쟤, 괜찮지 않니?

미　선 : 와! 괜찮다. 꼬옥 강타 닮지 않았냐?

초　희 : 누구? (앞에 앉은 남학생을 가리키며) 쟤, 쟤, 쟤 말하는 거지?

지　현 : (화제를 바꾸기 위해 큰 소리로) 야, 그건 그렇고, 너, 모델한다더니 어떻게 됐냐?

인　희 : 나야 뭐 열심히 하고 있지.

미　선 : 어 그래? 얼마나 잘하나 한번 보자.

인　희 : (워킹을 선보인다)나 잘하지?

지　현 : 어~잘하는데 … 어~~~얼.

인　희 : 나야 뭐. 원래 잘해
　　　　그러는 너는 탤런트 한다더니 연습 좀 했냐?

초　희 : 그럼. 지현이가 누군데 ….
　　　　별은 내가슴인지 털은 내가슴인지 보면서 연희 흉내내는 것 같던데 …

지　선 : 그래 … 그럼 연희 흉내 좀 내봐!

지　현 : 좋아(연희 흉내를 낸다.) 그런데 강민이 있어야지. 누가 강민할래?

인　희 : 내가 할게.(음악 나온다. 둘은 끌어안고 포옹을 한다.)

미　선 : 그걸 연기라고 했냐?

지　현 : 그럼, 너는 얼마나 잘한다고 ….

미　선 : 나야, 뭐 노래라면 자신 있지.

지　현 : 그럼 뿌른대파. 대파의 사랑 좀 불러봐.

초　희 : 야, 노래만 부르면 재미없으니깐 지선이의 무용도 함께 보자. 으잉~

지　선 : 나 못하는데.

초　희 : 못하긴 뭐 못하냐!
　　　　하면 되는 거지. 나와 ….
　　　　나와서 빨리 해봐 …(아이들은 지선이의 팔을 잡아당긴다.).

지　선 : 못하지만 해 볼게!

아이들 : 와~ 워~~~
　　　　(미선이는 노래를 부르고 지선이는 춤을 춘다.)

초　희 : 너희들만 하니깐 기분 나쁘다. 너희들 미워~~~.

아이들 : 미안해.

미　선 : 미안. 초희는 잘 하니깐 분위기 한번 띄워주자.

초　희 : 이 자식들~~ 나의 실력을 이제야 알았구나.
　　　　(초희가 노래에 맞추어 춤을 춘다.)

〈2〉

(멀리서 그 광경을 쳐다보던 아저씨들, 아이들에게 다가가며 ….)

건달1 : 멀리서 보니까 니네 좀 하던데 같이 놀래?

초 희 : 오빠 돈 많아?

건달2 : 있는 게 돈밖에 없지.(돈을 흔들며 보여준다.)

인 희 : 아저씨 몇 살이에요?

건달3 : 아저씨라니, 오빠지.

지 현 : 오빠긴 무슨 오빠.

건달5 : 그런데 너희들 여기서 뭐하는 거냐!

미 선 : 보다시피.

건달1 : 그래? 너희들 TV 나가고 싶지?

인 희 : 어머, 아저씨 어떻게 아셨어요?

건달2 : (분위기를 잡으며)얘들아, 내가 그쪽에 아는 형이 있는데 소개시켜 줄까?

지 선 : 진짜요?(귀가 솔깃한다.)

초 희 : 에이 뻥이지? 나도 그쪽에 아는 사람 있어.

건달3 : 진짜야, 애(건달5)가 그 형한테 신세 좀 졌어.

인 희 : 오빠, 그러면 우리 좀 소개시켜 줘. 잉(애교떨며)

건달4 : 알았어. 내가 연락해 줄게. 호출번호 좀 가르쳐줘.

건달1 : 야, 이왕 노는 김에 물 좋은 데로 가자.

아이들 : 와, 가자. 가자.

건달들 : 뮤직 큐!

　　　　(건달들이 춤춘다)

〈3〉

다음날

미 선 : 어제, 그 오빠가 TV 나가려면 돈이 필요하다고 하는데 우린 어떻게
　　　　하지?

지 현 : 맞어. 옷도 사야 하고, 화장품도 사고, 돈 바를 때가 한두 군데가 아닐
　　　　텐데.
　　　　(노래를 부르며)
　　　　꿈을 위해선 돈이 필요해. 돈이 필요한 이유는 여러 가지 … 옷도 사야
　　　　하고, 화장품도 사야지. 돈 쓸 데가 너무 많아 ….

　　　　돈, 돈, 돈.

인　회 : 맞어. 어떻게 하지?

지　선 : 부모님한테 돈 달라고 하면 맞아 죽을 텐데 ….

초　회 : 그럼, 우리 아르바이트할래 ?

지　선 : 근데, 우리가 할 만한 아르바이트 있나?

미　선 : 있지.

아이들 : 뭔데? (달려든다.)

〈4〉

지　현 : 아이, 힘들어 못 살겠다. 애들이 옷 다 흐트러놓고 바닥에 떨어뜨리면
　　　　나는 그걸 졸졸 따라다니면서 다 정리해야 돼. 아이 지겨워.

초　회 : 야, 네가 힘들면 난 죽으라는 소리냐? 나는 기름냄새 맡아 가면서 짧은
　　　　치마입고 미소지어야 돼. 그것도 하루이틀이지. 하루종일 서서.

인　회 : 야, 말도 마라, 니네만 힘드냐? 한 시간에 잘나빠진 1,500원 받으면서
　　　　설탕이다, 재떨이다 해서 온갖 잔심부름은 다 시켜. 이러다가 나도 모
　　　　르게 영자 다리가 되겠다니까. 이 다리론 모델이고 뭐고, 모델 문 앞에
　　　　도 못가겠다.

미　선 : 웃기는 소리 마라. 니네가 지금 번데기 앞에서 주름잡냐? 나는 노래방
　　　　에서 일하면 노래 연습 많이 할 줄 알았는데, 막상 일해 보니까, 이상
　　　　한 일만 생긴다.

아이들 : 무슨 일?

미　선 : 주인이 자꾸 손님방에 들어가라고 하잖아.

아이들 : 으~~
　　　　(다들 심란해 하며 생각에 잠긴다.)

지　현 : 그래도 우린 꿈을 포기할 수는 없잖아. 좀더 쉽고 돈 많이 버는 아르바
　　　　이트 없을까?

미　선 : 그런 아르바이트가 어딨냐?

인　회 : (침묵 … 생각)그때 그 오빠들한테 물어보자.

〈5〉

건달, 마담언니, 5공주 만남

건　달 : 내 깔따구(민경이 가르키며) 인사해.

5공주: 안녕하세요.

마담언니: 어 … 안녕 … 너희 얘기 들었어.

미 선: 언니 부탁있는데요 …

마담언니: 뭔데? 말해 봐 …

지 선: 저기요. 돈 많이 버는 아르바이트 없을까요?

마담언니: 돈 많이 버는데?(웃음)있긴 있지 …

지 현: 뭔데요?

건 달: (민경이 보며)너 다니는 데 말하려고 하지?

마담언니: (미소짓는다.) …

초 희: 언니 말해 주세요 …

마담언니: 수입이 짭짤하기는 한데 …

집에 있으면서 하기는 좀 그렇다.

방두 주니깐 나올래? 나도 거기서 생활하거든.

인 희: 그럼 학교는 어떻게 하구요?

마담언니: 학교다니면서 할 수도 있구. 정, 그러면 집에서 출퇴근할 수도 있어.

지 선: 꼭 집을 나가야 돼요?

건 달: 니네 연예계 쪽으로 가고 싶다며?

그렇다면 … 몇 번만 뛰면 되는데 … (은밀한 목소리로)

초 희: 그렇긴한데 ……

아이들: (서로 쳐다본다.)

인 희: 그래. 눈딱감고 한 번만 해보자.

마담언니: 그래. 잘 생각했어. 걱정하지 말고 나만 믿어. 니네 잘 할 거야. 있잖니,
요즘 잘 나가는 애, 개도 예전에 나랑 같이 일했어.

지 선: (겁내는 목소리로)가도 되는 걸까?.

인희와 지현이는 따라가고 초희와 미선이 지선이들은 주춤거리고 있다.

⟨6⟩

인희 엄마와 지현이 엄마가 전화를 걸고 있다.

따르릉 따르릉 …

인희 엄마: 여보슈~

지현이 엄마: 거기 인희네 집이죠?

인희 엄마: 와요?

지현이 엄마 : 아니 우리 지현이가 나가서 며칠째 집에 안 들어와서 …

인희 엄마 : 지현이도 나갔어?

　　　　　　아이고 이 가시나들, 바람 났나?

　　　　　　우리 인희 그 가시나도 모델인가 뭔가 한다고 집 나간 지 오래됐어예.

　　　　　　이노무 가시나 들어오기만 해봐라. 확 직여뿔라.

지현이 엄마 : 아유~ 우리 지현이 어디서 뭐하는지. 밥은 잘 먹는지 …

인희 엄마 : 신경끄이소. 자식들이 다 그런 기지. 암튼 인희 가시나 들어오기만

　　　　　　해봐라.

지현이 엄마 : 아유, 인희 엄마. 그래도 그렇지. 걱정 안 되세요?

인희 엄마 : 걱정은 무신 걱정? 지 발로 기나갔으면 지 발로 기들어오겠지. 배아

　　　　　　제가 불러 놓은께 뭐가 귀한지도 모르고.

　　　　　　아이, 지현 엄마 전화 끄이소. 인희 그 가시나 생각하면 스트레이튼

　　　　　　가 스트레스 받아 미치겠으예.

지현이 엄마 : 아이, 인희 어머님. 딸이 집에 안들어오는데 어쩜 그런 말씀을 하

　　　　　　실 수 있으세요?

인희 엄마 : 아지메, 남 딸 걱정하지 말고 아지메나 잘 하이소. 전화 끊어예!!!

지현이 엄마 : 아니, 잠깐 인희 어머님.

인희 엄마 : 와요?

지현이 엄마 : 우리 이럴 게 아니라 발 벗고 나서예.

인희 엄마 : 딸하나 없는 셈 치면 되지 고마. 우리가 그 가시나들 … 이보소. 지

　　　　　　현 엄마, 잡아봤자 또 기나갈 텐데! 뭘.

지현 엄마 : 인희 어머니. 부탁이에요. 한 번만 같이 찾아봐요.

인희 엄마 : 참 희한한 아지메 다봤네. 어디서 만나예?

지현이 엄마 : 그럼 3시까지 신사동 5거리 둥글레 찻집에서 만나요.

인희 엄마 : 알아, 알았으예.

(전화를 끊는다.)

〈7〉

유흥업소에서 아르바이트하는 10대들

마담언니 : 오빠 왔어? 오랜만이야, 자주 좀 오지!

아저씨 : 물좋다는 소문 듣고 왔는데 …

마담언니 : 비싸게 주고 수입해 온 애들이 있어.

아저씨 : 어디 데려와 봐.

마담언니 : 애들아! 손님받아라.

아이들 : 안녕하세요. 잘 부탁합니다.

아저씨 : 응, 그래. 너희들 몇 살이니?

인　희 : 나, 영계야, 영계 보면 몰라? 오늘 나 팁 많이 줄거지?

아저씨 : 니네 하는 것 봐서.

(노래하면서 춤추고, 탬버린을 흔들며 술마시는 흥겨운 분위기 속에서 아저씨가
아이 가슴을 만지려고 한다.)

인　희 : 아저씨, 왜 이래 … 이따가 2차 가서 하자. 응?

아저씨 : 그래, 그래, 귀여운 것들. 우리 딸도 니네 만한데, 흠흠 …

지현이와 인희가 아저씨 몰래 서로 눈짓을 나누다가 밖으로 나온다.

지　현 : 너, 진짜 2차 뛸래?(인희에게 속삭인다.)

인　희 : 그럼, 어떡하냐? 그동안 빚진 돈도 많은데 … 방세도 밀리고. 이러다간
　　　　곧 쫓겨나게 생겼다니까?

지　현 : 그래두. 그러다가 무슨 일이라도 생기면 어떻게 해?

인　희 : 아이고, 넌 왜 그리 머리가 나쁘냐?
　　　　일단 갔다가 슬쩍 도망나오면 되지 뭘.

다시 아저씨들에게 간다.

아저씨들 : 야, 왜 이리 늦게 들어오냐? 나가자.

인희와 지현이 아저씨들과 함께 서로 부축하며 걸어 나간다.

〈8〉

신사동 5거리

(인희 엄마와 지현이 엄마가 걸어나오며 무대 저편으로 걸어나가는 인희네를 가
리키며)

인희 엄마 : 지현 엄마, 아이고 저기 저것 우리 인희 아이가?

지현 엄마 : 아니, 우리 지현이도 있네.

인희 엄마 : 인희야.

지현 엄마 : 지현아.

부르며 뛰어간다.(슬로모션)

조명 꺼진다. 끝.

■ **토론거리**

1. 연극을 한 학생들과의 토론
- 이 연극을 하게 된 동기는 무엇입니까?.
- 이 연극에서 일어난 일들에 대한 자신의 느낌은?
- 이 연극을 하고 난 소감은?

2. 연극을 본 사람들과의 질문거리
- 이런 일들이 우리 주변에 많다고 생각하는가?
- 아이들이 이렇게 되는 요인이 무엇이라고 생각하는가?
- 이런 일들이 아이들의 삶에 도움이 된다고 생각하는가?
- 연극 속의 아이들이 잃어버리게 되는 인권은 무엇이라고 생각되는가?
- 위 업소는 청소년 권리조약의 어떤 것과 위배되는지 말해 보자.
- 이런 문제들을 해결하기 위해서 우리 사회가 노력해야 할 점은 무엇인가?

(9) **자연과 조화로운 삶**(중학교 1학년 도덕 교과서 55쪽)
- 인권과 관련된 내용: 생명의 존중
- 학습주제: 자연과 조화로운 삶, 생명존중
- 학습목표: 1. 자연과의 조화로운 삶의 형태를 이해한다.
  2. 자연을 보호하는 방법을 모색한다.
- 학습방법: 발표·토의·강의
- 교수-학습 지도안

수업의 진행	학습형태	교수-학습 활동	유의점	인권과 관련된 내용	시간
도입		동기유발: 신문에서 본 자연과 조화로운 삶 소개, 권정생 선생님의 일대기 소개	권정생 선생님의 소담스러운 삶을 소개	생명의 존중	3
전개 1	발표	• 모둠별 조사과제 발표 1. 인간의 삶의 의미 2. 자연과 조화로운 삶을 사는 사람의 특징 조사	모둠별로 조사, 발표준비를 한다 OHP 활용 및 전지나 괘도 준비		15

수업의 진행	학습형태	교수-학습 활동	유의점	인권과 관련된 내용	시간
전개 2	발표	1. 자신이 살고 있는 지역의 환경실태 조사 2. 주변의 환경단체 방문조사 3. 환경을 살리는 일에 적극적인 사람의 삶의 모습을 면담조사	• 구체적인 조사가 되도록 탐방일지를 적도록 한다.	생명의 존중	15
전개 3	토의 및 발표	1. 중학생으로서 자연과 조화로운 삶을 살기 필요한 것은 무엇인가? 2. 자연과 조화로운 삶을 살기 위해 노력하는 사람들의 특징과 비교해서 나는 어떤 삶을 살고 있는가? 3. 나의 삶을 반성하면서, 차후에 나는 어떻게 살려고 하겠는가?	* 토의내용을 노트에 모둠별로 정리한 후 발표할 수 있도록 한다.	생명의 존중	10
정리 및 차시예고		발표내용 정리 및 차시예고			2

<모둠조사과제>

주제	조사할 내용	조사할 장소
부산지역의 환경실태 조사	수질·대기·토양·해양 오염의 정도 조사	• 부산지방 기상청 • 부산지방 국토관리청 • 시청, 구청
부산지역 환경단체조사	1. 부산지역의 환경단체의 활동조사 2. 부산지역에서 환경을 살리는 일에 적극적인 사람들 탐방하기	• 낙동강보존회 (동구 초량 3동 1169-11 아키빌딩 603호) • 한살림공동체 (금정구 서동 430-2 2/2)

주제	조사할 내용	조사할 장소
부산지역 환경단체조사	1. 부산지역의 환경단체의 활동조사 2. 부산지역에서 환경을 살리는 일에 적극적인 사람들 탐방하기	• 부산환경운동연합 (중구 중앙동 3가 14-1 한성빌딩 2층) • 환경실천가들 면담
2000년대 부산의 환경 미래상	1. 2000년대 부산의 환경 미래 모습 설계해보기 2. 낙동강 살리기 실태 알아보기	• 시청 • 시청의 공공 기관(소방서, 경찰서, 도서관 등) • 부산 환경청

<조사활동을 위한 사전계획서(조사계획수립)>

① 현지조사를 나가기 전에 교실에서 실시한다.

② 집에서 가져온 참고문헌을 통하여 실내조사를 한다.

③ 조사계획서를 작성하여 스케치북에 적는다.

④ 조사 나갈 지역의 위치를 파악한다.

조사계획서

1. 조사목적: 조사를 하고자 하는 이유를 밝힌다.
2. 조사내용: 조사할 내용을 구체적으로 적어본다.
3. 조사대상: 조사대상의 특징을 적어본다.
4. 보고서 작성: 현지조사에서 이루어진 조사를 토대로 보고서에 들어갈 내용을 작성한다.
5. 조사지역 탐방일정을 적는다.

* 모둠별로 조사를 실시할 경우 조사계획서를 작성한 후에 하도록 유도한다.

<모둠별 조사활동 계획서>

1학년 ( )반 모둠이름 (   ) 모둠원 (   )

구 분	내 용
조사목적	
조사 내용 작성	
조사대상	
보고서 내용 선정	
조사지역 탐방일정	

(10) 시민윤리의 내용과 특징(중학교 1학년 도덕 교과서 166쪽)

• 인권과 관련된 덕목: 인간의 존엄성, 자유, 평등, 공정성

• 학습주제: 시민윤리의 내용과 특징알기

• 학습목표:

① 시민윤리의 내용과 특징을 이해한다.

② 사회나 학교에서 시민윤리가 잘 형성되지 못한 이유와 그 구체적인 사례에 대해 발표한다.

③ 중학생으로 지켜야 할 시민윤리의 내용을 설명할 수 있다.

• 교수 · 학습 방법: 강의 · 토의 · 발표 · 광고작성하기

• 교수-학습 지도안

수업의 진행	학습형태	교수-학습 활동	유의점	인권과 관련된 내용	시간
도입		동기유발: 시민윤리의 특징 우리 나라 사회에서 시민윤리가 잘 형성되지 못한 사례 제시하기	• 윤리의 지표는 그 사회제도의 수준을 말함	인간의 존엄성, 자유, 평등, 공정성, 책임의식	5
전개 1	발표	우리 사회에서 지켜지지 않는 시민윤리의 사례조사 발표하기	모둠별로 구체적으로 조사발표. OHP자료		10
전개 2	발표	1. 우리 사회에서 잘 지켜지지 않는 시민윤리의 내용을 선택하기 2. 시민윤리의 정착을 위한 광고문안 작성하기 3. 중학생으로서 시민윤리를 생활 속에서 실천하려면?	• 다양한 형태의 광고작성. • 전시회도 겸함 • OHP이용	인간의 존엄성, 자유, 평등, 공정성, 책임의식	25
정리 및 차시예고		내용정리 및 차시예고			5

<광고 만들기>

제목	
광고 제작의 배경	
광고의 주안점	
광고	

광고	
평가	
제작모둠이름	

② 잠재적 교육과정을 활용한 도덕과 수업의 실제

1) 주제: 인간존중 실천방법 연습

• 학습목표

① 인간존중의 의미알기

② 말로만 되풀이되는 인간존중을 실천해 보게 함으로써 평상시에 우리가 얼마

나 인간존중을 구호로만 외쳤는지 느낄 수 있게 한다.

③ 인간존중의 시작은 타인에 대한 이해로부터 시작됨을 안다.

• 수업방법 — 인간존중 실천 프로그램을 통한 인간존중 연습

(1) 교수-학습 지도안 1

가. 주제

나의 인권이 타인들에게 무시당하거나 내가 타인의 인권을 무시한 예를 찾아보면서 자신이 피해자로서 자기가 경험한 인권침해에 대해 알 수 있고, 자기도 모르는 사이에 가해자로서 타인에게 피해를 주지 않았나 반성한다.

나. 방법

① 교사는 노란색·분홍색·연두색·색도화지를 8등분으로 나누어 학생들에게 각각 한 장씩 나누어 준다.

② 가정에서 자신을 무시하는 듣기 싫었던 말은 노란색 종이에, 선생님께 들었던 말은 분홍색 종이에, 친구들에게 들었던 말은 연두색 종이에 적어보게 한다.

③ 종이에 적는 말들은 들었던 그대로 적도록 하고, 그 말을 들었을 때의 기분도 솔직하게 적도록 한다. 가능하면 익명으로 쓰게 한다.

④ 종이들을 같은 색깔별로 앞으로 모으고 난 후, 종이를 하나씩 열어본다. 여기에 쓰여진 말들을 칠판에 적어본다. 분홍색 종이는 교사가 참조하도록 하고 노란색 종이는 통계를 내어 학부모 통신에 보낸다. 연두색 종이를 펼칠 때에는 학생 자신이 자주 썼던 말들이 포함되어 있는지 세어본다.

⑤ 종이들을 그대로 교실 뒷면에 붙여놓거나 학급신문이나 학교신문에 게재한다.

⑥ 교사·부모·친구로부터 들었던 듣기 싫은 말 목록

번호	교사	부모	친구
1	• 야, 이것들아 좀 조용히 해라.	• 너는 앞으로 뭐가 되려고 그러니?	• 네가 의사가 될 꺼라고 생각하니?
2	• 너희들이 인간이니?	• 남의 집 애들은 안 그런데 너는 왜 그러니?	• 네까짓 주제에 …
3			
4			

번호	교사	부모	친구
5			
6			
7			
8			
9			
10			

(2) 교수-학습 지도안 2

가. 주제

인간관계의 폭을 넓히자.

나. 방법

① 학생들에게 '가족이나 연예인을 제외하고 자신에게 가장 소중한 사람이나 자신과 잘 어울리는 사람' 10명의 이름을 백지 위에 적어보게 한다. 학생들이 모두 이름을 적고 난 후, 교사는 그 이름들 속에 다음의 질문항목에 해당하는 사람이 있으면 손을 들어보게 한다. 이때 손을 든 학생들의 수를 칠판에 적는다.

② 질문항목

• 자신과 다른 성별을 가진 사람이 있는가?

• 자신과 다른 종교를 가진 사람이 있는가?

• 자신과 다른 국적을 가진 사람이 있는가?

• 10세 이상 나이가 많은 사람 혹은 10세 이상 나이가 적은 사람이 있는가?

• 자신이 거주하고 있는 지역 외의 다른 지역에 있는 사람이 있는가?

• 자신과 다른 학교의 계통에 다니고 있는 사람이 있는가?

• 자신보다 공부를 못하는 사람이 있는가? 낮은 학력을 가진 사람이 있는가?

• 신체에 장애를 가진 사람이 있는가?

• 자신과 다른 직업에 종사하고 있는 사람이 있는가?

• 자신보다 경제적 형편이 나쁜 사람이 있는가?

• 소년소녀 가장이 있는가?

③ 교사는 학생들에게 나와 다른 위치에 있는 사람들의 숫자가 적은 것에 대해

이야기를 해보게 한다(왜 이렇게 적은가? ─ 사람을 사귈 기회가 없다. 있다 하더라도 지금 꼭 필요한 사람인가 아닌가 하는 생각을 갖게 된다. 나와 비슷한 위치에 있지 않으면 말이 안 통한다. ─ 인간관계를 맺을 만한 여유가 없다. 상대방이 나를 어떻게 생각하는지 잘 모른다).

④ 아이들이 느낀 것을 말하게 한다.

• 내게 과연 가족 외에 소중한 사람이 얼마나 있는가? 정말 적다. 타인과 깊은 인간관계를 맺지 못했음을 알 수 있다.

• 끼리끼리 모인다는 말이 실감난다. 내 친구들은 모두 다 나와 비슷한 사람들이다.

• 내 친구들을 나는 너무 모른다는 것을 알았다. 그러고도 '내게 소중한 사람이라고 말할 수 있을까' 하는 반성하는 마음이 생긴다.

⑤ 정리: 교사는 학생들에게 혹시 자신도 모르는 사이에 인간관계의 폭을 '나와 비슷한 위치의 사람들로 제한하지 않았는지, 그래서 비슷한 처지의 사람들의 입장만을 가지고 있지는 않은지 생각해 보게 한다.

(3) 교수─학습 지도안3
가. 주제: 고정관념을 버리자

■ 편견·선입견·고정관념의 차이(사전적 정의)

* 고정관념: 한 그룹(나이·인종·성 등이 같은 사람들) 모든 구성원들이 개인적인 차이 없이 매우 비슷할 것이라는 기대 혹은 생각.

* 편견: 공정하지 못하고 한쪽으로 치우친 생각, 깊고 확실한 정보를 갖지 못하거나 충분한 지식 없이 형성된 생각, 특정집단이나 집단에 속한 사람들에 대한 부정적인 태도. 편견은 주로 모르는 사람에 대해 갖는 것으로 그가 어떤 특정 외양을 가질 수 있다고 믿는다. 편견은 "증언도 듣지 않고 판결하다"는 뜻을 갖는 라틴어에서 온 말이다. 우리가 다른 사람들을 인종, 종교, 나이, 성, 신체 크기, 외양, 직업, 사회계급, 성적 성향 때문에 판단할 때마다 편견이 개입될 수 있다. 우리가 그들을 알기 전에 그들에 대해 어떻게 느껴야 하는지 결정한다.

* 선입견: 어떤 일에 앞서 마음 속에 미리 정해진 생각.

나. 수업진행 방법

① 학생들에게 흔하게 우리가 생각하는 고정관념이 무엇인지, 그리고 그 대상이 누구인지 말해 보게 한다 ─ 정신박약자, 신체장애인, 성별, 사상, 피부, 종교, 피부색, 말, 신체조건, 학벌, 나이, 경제적 지위, 공부 못하는 사람, 잘하는 사람, 예쁜

여자, 미운 여자, 잘생긴 남자, 못생긴 남자, 연예인, 교사, 동성애자, 에이즈 환자, 가출학생, 전과자 등.

② 위에서 말한 사람들의 부류를 하나 뽑아서 각각 가지고 있는 생각들을 말해 보게 한다.

- 동성애자: ┌ 문란한 성관계를 하고 있다.
　　　　　 │ 변태다.
　　　　　 │ 정신병자다.
　　　　　 └ 징그럽다.
- 가출학생: ┌ 문제아다.
　　　　　 │ 사회일탈자다.
　　　　　 └ 앞날이 뻔하다.

③ 사실이 아닐 수도 있는 것에는 밑줄을 치게 한다.

④ 칠판에 고정관념의 정의를 써주고 학생들이 아마도 그러할 것이라고 미루어 생각하는 것이 바로 고정관념이라고 이야기해 준다. 즉 어떤 집단에 대한 묘사들은 그 집단에 속한 모든 사람들을 함께 묶어버리고 그들이 모두 같은 것처럼 생각하여 자신도 모르는 사이에 사람들을 차별하는 태도로 나타나게 된다. 다음에 할 몇 가지 프로그램이 고정관념과 그것이 유발시키는 문제에 초점이 맞춰져 있음을 학생들에게 설명한다.

⑤ 고정관념과 성 역할 프로그램을 연계하여 할 수도 있다.

⑥ 수업 준비물: 고정관념에 대한 연습 유인물 자료

<'고정관념을 버리자' — 연습 유인물>

반　　번　　이름:

① 내가 어떤 집단에게 갖는 고정관념과 그 결과

대상	
내가 가지고 있는 고정관념(stereotype)	
내가 그들에게 보이고 있는 태도(attitude)	
내가 하고 있는 차별적 행동(behavior)	
나의 행동에 대한 결과들(consequences)	

② 어떤 사람이 내가 속한 집단에게 갖는 고정관념과 그 결과

내가 속한 집단	
그가(그들이) 갖고 있는 고정관념	
그가 나에게 보이고 있는 태도	
그가 나에게 하는 차별적 행동	
그의 행동에 따르는 결과	

③ 질문
- 고정관념의 정의를 내린다면?
- 위와 같은 집단들에 대한 고정관념을 어디서 배웠는가?
- 사람들은 어떤 집단들에 대한 고정관념을 쉽게 버릴 수 있는가?
- 내가 만약 고정관념이 사실이라고 믿는다면 그 믿음은 나의 행동에 어떤 영향을 미칠까?
- 자신이 속한 어떤 집단의 고정관념을 믿는가?
- 어떤 집단에 대한 고정관념을 버리기 위해 우선적으로 가져야 할 생각은?
- 고정관념을 갖는다는 것은 나와 타인에게 도움이 되는가?

④ 고정관념과 성역할
사례 1

> 영희는 졸업 후에 배관공 최고 기술자 밑에서 수업을 받을 수 있는 자격을 얻었다. 영희는 너무나 기뻐서 철수에게 말했다. 그들은 가을에 결혼할 계획을 가지고 있었다. 그리고 그녀는 이 일로 좋은 수입을 얻을 수 있게 된 것이다. 철수는 그녀의 이야기를 들은 후 매우 침울해 하며 잠시 후 이야기를 했다. "난 배관공 영희와 결혼을 할 수 있다고 생각지 않아. 내가 선택해야 할 문제야." 내가 영희라면 어떻게 할까?

사례 2

> 민희는 그녀의 남자 친구와 섹스를 하기로 결심을 했다. 그녀는 그들이 서로 진심으로 사랑한다고 말했다. 그녀는 콘돔을 사기 위해 약국 앞에서 멈춰섰다. 그러나 그녀의 친구 선희는 "여자는 콘돔을 살 수가 없어. 그건 남자가 해야 할 일이야"라고 말했다. 내가 만약 민희라면 어떻게 해야 할까?

2) 주제: 우리가 알고 있는 인권목록 알기

(1) 수업목표
우리의 일상생활 속에 잠재되어 있는 인간존중사상은 무엇이고 그것이 오늘날 어떻게 실현되고 있는지 알아본다.

(2) 수업방법
① 각 모둠에게 「세계인권선언문」이나 우리 나라 「헌법」의 기본권 부분을 복사한 것을 나누어준다.

② 모둠별로 인간존중사상을 함축하고 있는 격언이나 속담(우리 나라의 전통사상이나 서양의 고사성어 등)을 찾아서 커다란 전지에 적고, 그 옆에다 나누어준 우리 나라 헌법이나 「세계인권선언」의 내용과 같은 것을 찾아 적는다.

③ 교실 여백에 모둠별로 작업한 전지를 붙이도록 한다.

④ 각 모둠은 그 앞에서 전지의 내용에 대해 설명하도록 한다.

⑤ 설명할 때는 자신들이 찾은 속담이나 격언이 인권의 어느 부분에 해당되는지 발표한다.

⑥ 학생들의 발표내용이 부족할 때를 대비하여 교사가 미리 준비해두었다가 보충설명을 한다.

⑦ 준비물: 모둠별 전지 1매, 매직펜

우리 나라 「헌법」(기본권)이나 「세계인권선언」

⑧ 교사용 보충자료
- 널리 인간을 이롭게 한다(단군의 건국 이념).
- 사람이 곧 하늘이다(최제우).
- 내 몸이 귀하다 하여 남을 천시해서는 안 된다.
- 남을 대할 때는 항상 공경하라.
- 자기를 귀하게 여기고 남을 천하게 여기지 말라.
- 자기가 싫은 일은 남에게 시키지 말라(己所不慾 勿施於人)(공자).
- 자비(사람을 가엾게 여겨 크게 사랑하자)(석가).
- 나라는 백성이 근본이다.
- 민심이 천심이다.
- 백성을 하늘과 같이 여겨야 한다(以民爲天).
- 天下는 天下의 天下이다.

- 바닷물은 막아도 사람의 입은 못 막는다.
- 남 못하게 하고 잘되는 놈 못 봤다.
- 남의 눈에 눈물을 내면 내 눈에서는 피가 난다.
  ⋮

3) 주제: 우리 사회의 인권상황 알기

- 수업주제: 인권과 관계있는 법 알기
- 수업목표: 우리 생활 주변에서 흔히 일어나는 일들이 인권과 어떤 관계에 있는지 알고 우리의 기본권이 명시된 헌법과 「세계인권선언」, 「청소년 권리조약」에는 어떻게 명시되어 있는지 알아 적절하게 대처할 수 있는 힘을 기른다.

(1) 교수-학습 지도안 1
가. 방법
① 신문을 한 사람당 1부씩 가져오게 한다.

② 미처 준비하지 못한 학생이 있을 것을 대비하여 교사가 인권에 관련된 신문내용을 복사하여 나누어준다.

③ 신문에서 인권 관련부분 기사를 찾게 한 다음, 신문 기사내용과 어떤 권리에 대한 것인지 나누어준 유인물 양식에 기록하게 한다.

④ 학생들의 작업이 끝난 후, 몇몇 학생에게 발표해 보도록 한다. 왜 그런 권리라고 생각했는지 다시 묻는다. 적절한 대답이 나오면 칭찬해 준다.

⑤ 우리 나라 「헌법」에서 기본권 부분만을 발췌하여 복사한 것을 다시 나누어주고 어떤 권리에 대한 것인지 확인해 보고 자신의 생각과 비교해 보게 한다.

⑥ 여러 가지의 권리가 내포되어 있는 경우가 있음을 인정한다.

⑦ 구체적인 것보다는 우리 나라의 헌법에 이 정도의 기본권이 있다는 것을 다시 한번 인식하는 선에서 마무리짓는다.

⑧ 학생들이 알고 싶어하는 권리가 무엇인지 묻는다. 여성, 청소년 인권, 장애자 인권 등등.

⑨ 다음 시간에는 청소년 인권에 관계된 것만을 따로 묶어 한 번 더 해본다.

나. 수업지도시 유의점
학생들이 어려워하는 부분은 실제로 「헌법」에는 이렇게 멋있는 기본권이 명시되어 있지만 전혀 지켜지지 않거나 거의 유명무실하거나 한 경우가 많아서 잘 찾지 못한다는 점이다. 우리 나라의 기본권 상황이 미흡한 사실을 다 같이 인정하고 앞으로 인권에 더 많은 관심을 기울이도록 한다.

반 번 이름 :

	영역	사례내용 요약	어떤 권리인가	의견 및 느낌	의의 및 해결책 제시
인 간 의 존 엄 성 이 존 중 된 사 례	국가(사회) 가 존중한 사례				• 의의:
	개인사이에 서 서로 존중한 사례				• 의의:
인 권 침 해 사 례	국가(사회) 가 침해한 사례				• 해결책
	개인이 침해한 사례				• 해결책

(2) 교수-학습 지도안 2

가. 주제

인권을 그림으로 표현하기

나. 방법

① 청소년 권리조약(쉬운 말로 풀어쓴 것)을 유인물로 만들어 나누어주고, 우리 나라가 1991년에 「청소년 권리조약」에 가입했고, 국가는 이를 홍보할 의무가 있다 는 것을 알려준다.

② 「권리조약」을 다함께 읽어본다.

③ 어려운 낱말이나 잘 모르는 내용이 무엇인지 물어본다.

④ 제일 마음에 드는 조약이 무엇인지 묻는다.

⑤ OHP 필름에 그 법을 가장 잘 나타낼 수 있는 그림을 모둠별로 그리게 한다. 자신이 그리고 싶은 법, 홍보하고 싶은 법을 정하게 한다. 중복되지 않도록 한다.

⑥ 학생들이 법의 내용을 구체적으로 형상화하기 어려울 경우를 대비하여 청소 년 인권과 관련된 신문기사를 모았다가 제공해준다.

⑦ 다 그린 다음, 모둠별로 들고 나와 어떤 권리에 대한 그림인지, 왜 그렇게 그 렸는지 설명한다.

⑧ 아이들이 그려놓은 것을 가지고 어떤 권리에 대한 것인지 알아맞추기 게임을 한다. 간단한 시상품을 준비해서 주어도 좋다.

⑨ 준비물: OHP 필름, 펜, 청소년 권리조약, 사례(모둠당 1매씩)

⑩ 홍보할 권리목록

- 생명과 생존에 관한 권리: 생명의 존중, 생존과 발달을 확보할 권리(제6조), 장애아의 권리(제23조), 건강과 의료에 대한 권리(제24조), 정기적인 의료 진 료를 받을 권리(제25조), 사회보장에 대한 권리(제26조), 생존 발달에 필요한 생활조건을 확보할 권리(제27조).

- 양육과 보호를 받을 권리: 부모에 의한 양육과 국가의 원조(제18조), 부모에 의한 학대, 방임, 착취로부터의 보호(제19조), 가족이 없는 어린이의 양호와 원조(제20조), 입양(제21조), 난민인 어린이의 보호와 원조(제22조), 경제적 착 취와 유해 노동으로부터의 보호(제32조), 마약, 향정신성 약품으로부터의 보호 (제33조), 성적 착취 및 성적 학대로부터의 보호(제34조), 어린이의 유괴·매 매·거래의 방지(제35조), 기타의 모든 형태의 착취로부터의 보호(제36조), 무 력 분쟁에 있어서의 어린이의 보호(제38조), 희생당한 어린이의 심신의 회복 과 사회 복귀(제39조).

- 학습과 문화에 관한 권리: 교육에 관한 권리(제28조), 교육의 목적(제29조), 소 수자·원주민 어린이의 언어 등의 문화에 관한 권리(제30조), 휴식 및 여가, 놀이, 문화적·예술적 생활에의 참가(제31조).

- 시민적 권리와 자유에 관한 권리: 이름과 국적을 가질 권리, 부모를 알고 양육 받을 권리(제7조), 주체성의 보전(제8조), 부모로부터의 분리 금지와 분리된 경우의 어린이에 관한 권리(제9조), 가족과의 재회를 위한 출입국의 자유(제10조), 국외 불법 이송 및 불반환의 금지(제11조), 의견 표명권(제12조), 표현·정보의 자유(제13조), 사상·양심·종교의 자유(제14조), 집회·결사의 자유(제15조), 사생활의 명예의 보호(제16조), 매스 미디어에 대한 접근의 권리(제17조), 사형·고문 등의 금지(제37조), 어린이의 사법절차에 관한 권리(제10조).
- 신체의 자유에 관한 권리: 어린이는 고문, 잔혹하거나 비인간적인 굴욕적인 대우나 처벌을 받지 아니한다. 18세 미만의 어린이에게는 사형이나 종신형이 가해져서는 안 된다. 구금은 마지막 수단이며 가능한한 최단기간 사용되어야 한다(제37조).

<참고문헌>

이용교 외(1997),『청소년인권보고서』, 인간과 복지.
국제사면위원회(1997),『인권교육의 기법』, 인간과 복지.
고병헌(외)(1995),『새로운 학교 큰 교육 이야기』, 내일을 여는 책.
서울여성사회교육(편역), *Life education planning*(미출간).

8. 사회과 교과서 수업지도안

① 단원 I 인간과 사회·문화생활

1) 인간의 사회성(교과서 4-7쪽)[1]

(1) 인권교육의 의미

사람은 태어난 순간부터 자연인으로서 한사람 한사람이 모두 소중한 권리의 주체가 된다. 이 인간의 타고난 권리(natural right)는 사회화 과정을 거쳐 사회 속에서 사회적 존재로 성장해 나가면서 공동체의 질서를 확립해 가는 전제조건이다. 권리의 주체인 너와 나, 우리가 모여 이루어지는 공동체 속에서 내가 중요한 존재로서 존중받으려면 타인을 존중하지 않으면 안 된다. 누구나 태어나면 사람답게 살아야 한다. 사람답게 살려면 모두 자기 나름의 존엄성이 있음을 자각하고 서로를 존중해야 한다. 서로에 대한 존중은 인권에 대한 자각으로부터 시작된다. 따라서 나의 권리를 인정해 가듯이 남의 존재도 인정해 가면서 사람다운 삶을 보장해 가는 공동체를 구성해야 한다. 따라서 이 단원에서는 권리의 주체로서 인간의 존엄성을 인식하고 사회화 과정을 거쳐 권리의 주체로서 '나'의 존재를 완성시켜 나갈 수 있도록 가치부여를 해야 한다. 그리하여 본단원에서는 '나는 누구인가?'의 글쓰기를 통하여 천부인권의 주체인 '나'의 존재를 인식하고 나와 똑같이 소중한 타인에 대한 존중감을 키워주고자 한다.

(2) 학습목표

공동체 속에서 사회화의 의미와 권리주체로서의 나의 정체성을 인식할 수 있다.

(3) 교수-학습방법

Q and A 학습, 예화를 통한 사례학습

(4) 교수-학습 지도과정

---

1) 1)과 2)는 수업지도안을 생략한다.

■Q and A 학습의 진행으로 교사가 수업을 다음의 순서로 진행한다.

Q1 : 태초에 인간은 어떻게 태어났을까?

A1 : 교사는 여러 가지 가능한 답변들을 받아 보고, 그 중에서 학생 자신의 입장을 답으로 정리하게 한다. 대개는 진화론과 창조론의 두 가지 입장으로 정리가 된다.

Q2 : 그러면 원숭이에서 어떻게 인간으로 진화되어 왔을까?/ 또는 어떻게 하느님께서 인간을 창조하셨을까?

A2 : 자신의 상상이나, 이제까지 배운 지식을 동원하여 자유롭게 생각을 정리하게 한다.

Q3 : 인간이 태어난 순간에는 어떤 상태일까?

A3 : 인간은 태어난 순간부터 하나의 권리주체로서 인간의 권리를 소유한다.

Q4 : 인간이 태어난 순간부터 권리를 갖는다는 의미는?

A4 : 자신의 생각을 정리한다.

Q5 : 그렇다면 인간은 어떻게 타고난 권리를 사회 속에서 실현시켜 나가면서 사회적 존재로 커가는가?

A5 : 사회적 존재로서 인간의 권리형성의 사회화 과정을 인식케 한다.

Q6 : 태어난 인간은 주변의 환경과 상호작용을 통해 사회적 존재로 커가는데 여기서 사회화란? 사회화 과정 속에서 권리주체인 '나'를 어떻게 인식할 것인가?

A6 : 의미해석에서 특히 개인의 자아정체감의 형성에 초점을 맞추어 설명한다. 그리고 자아정체감을 형성하는 권리주체로서 자신의 존재에 대한 질문을 던진다.

Q7 : 사회화 과정을 통해서 권리주체로서 나의 정체성을 획득해 간다면 지금의 나는 태어난 이래 어떤 사회화 과정을 거쳐 커왔으며 앞으로의 나의 모습은 ?

A7 : 자신의 정체성을 생각해 보게 한 후 계속 질문을 한다. 공동체 속에서 자신의 정체성을 획득해 가는 방법을 생각한다.

Q8 : 그럼 나는 누구인가? 과거의 나는 어떠했으며 앞으로의 주권자로서의 나의 삶은 ?

A8 : 그 내용은 탄생의 배경과 성장과정 현재의 자신의 모습, 그리고 미래의 꿈을 중심으로 A4용지 1-2장을 작성하게 하고, 이를 실기평가에 반영한다(과제로 제시해도 좋다).

┌ Q9: 작성된 내용의 발표를 통해 사회화 기관과 그곳에서의 사회화 기능을
│   찾는다면?
└ A9: 자신의 이야기에서 사회화 기관을 표시하고 그로부터 배운 영향을 찾아본다.

2) 사회적 상호작용과 역할(교과서 7-12쪽)

(1) 인간의 상호작용과 인권교육의 의미

인간은 로빈슨 크루소처럼 무인도에서 혼자 살아갈 수 없는 존재이다. 인간은
공동체 속에서 타인과의 상호작용을 통해서 여러 유형의 행위를 주고받으면서 살
아간다. 그런데 상호작용을 통해서 바람직한 공동체를 형성하기도 하지만 때에 따
라서는 불합리한 사회구조를 형성하기도 하여 그 속에서 살아가는 시민들 개인의
삶에 대해 비합리적이고 비인권적인 불평등구조를 형성하기도 한다. 그럴 경우에
는 사람과 사람의 관계를 개선하여 바람직하지 못한 상호작용을 개선해 나갈 필요
가 있다. 예를 들어 남녀간 불평등한 관계가 형성되었을 때 그 관계를 개선하여
평등하고 인간적인 관계로 승화시키려는 노력을 통하여 여성의 권리를 회복시켜
인권를 찾아나가는 과정이 필요하다. 따라서 여기서는 상호작용의 유형을 살펴보
고 바람직한 인간관계를 통하여 권리를 회복해 가기 위한 노력으로 남녀 역할극을
꾸며보고자 한다.

(2) 학습목표
- 인간은 사회 속에서 상호작용을 하면서 살아가는 존재임을 인식하고 비인권적
  인 사항을 극복하려고 노력한다.
- 지위와 역할의 의미를 이해하고 여성의 차별에 대해서 토의할 수 있다.

(3) 교수-학습 방법
Q and A 학습, 역할극(남자와 여자의 역할을 바꾸기)

■ 다음의 순서로 ‘1차시’와 ‘2차시’로 구성하여 Q and A 학습과 개별학습을
진행한다.

┌─────────────────────────────────┐
│ 1차시: 사회적 상호작용(교과서 7-9쪽) │
└─────────────────────────────────┘

┌ Q1: 인간은 혼자서 살 수 있다고 생각하는가?

└ A1 : 각자의 생각을 말해 본다.

┌ Q2 : 내가 만약 로빈슨 크루소처럼 무인도에서 산다면? 상상의 날개를 펴고
│   생각에 잠겨 보자.
└ A2 : 각자는 생각에 잠겨 본다.

┌ Q3 : 각자의 생각을 글이나 만화, 그림으로 표현해 보자.
└ A3 : 각자가 생각한 내용을 자기 노트에 표현한다.

※ 내용은 지금 16세의 소녀가 무인도에 살게 된 배경과 무인도에서의 생활을
  A4용지에 한 면 정도를 적게 한다. 그 내용은 지금까지 배운 지식을 동원하
  여 어떻게 그 지식을 적용시키면서 살아갈 것인가를 중심으로 표현하게 한
  다(미리 과제로 내어주거나 다음시간의 과제로 내어주어도 좋다).

┌ Q4 : 자신이 표현 한 내용을 발표해 볼 사람은?
└ A4 : 2명 정도 발표를 한다.

┌ Q5 : 여러분의 발표에서 우리가 알 수 있는 사실을 유추해 본다면?
└ A5 : 다양한 생각을 할 수 있게 유도한다.

┌ Q6 : 여러분의 발표내용을 토대로 하여 정리하면 인간은 결국 누구나 혼자
│   살기는 어렵고 사회를 구성하여 살게 마련이다. 그럼 인간은 어떤 형태
│   의 집단생활을 할까? 우리 학급에서의 생활을 바탕으로 하여 행동양식을
│   생각해 보자.
└ A6 : 학급 내의 생활 유형에 대하여 말한다.

┌ Q7 : 이상의 내용을 종합해 보면 인간은 결국 공동체생활을 하게 되고, 그
│   속에서 사회적 상호작용을 하며 살아가는데, 그 유형은 다음 표와 같다.
│   표를 작성해 보자.
└ A7 : <표>처럼 상호작용의 유형과 적절한 예의 내용을 작성해 본다.

<표> 상호작용의 유형과 사례

상호작용의 유형	적절한 예를 찾아보자 (조별토의 과제)	자기가 경험했던 구체적인 사례를 제시해 보자(개별학습 과제)
협 동		
경 쟁		
갈 등		

앞의 <표>에서 '적절한 예'의 경우는 조별토의로 진행하여 3가지 정도의 예를 찾아보고, '구체적 사례'의 경우는 자신의 경험을 인권의 차원에서 구체적으로 서술해 본다.

Q8 : 각자가 정리한 내용을 발표해 보자.
A8 : 내용을 발표한 후 교사는 각 유형에 대해서 정리한다.
Q9 : 각 사례에서 인권의 차원에서 긍정적인 것은 #표시를 부정적인 것은 *표시를 자신이 작성한 노트에 표해 보자.
A9 : 각 사례에 표시한다.
Q10 : 인권적·긍정적인 #표시가 많은 유형은 ?
A10 : 협동이 가장 많으며 협동이 가장 긍정적인 상호작용임을 안다.
A11 : 비인권적인 부정적인 *사례가 많은 것은?
A11 : 갈등이 많으며 갈등은 부정적인 상호작용임을 유추한다.

※ 소결론: 소결론은 각 모둠에서 정리하게 한다. 예를 들면 인간은 협동·경쟁·갈등 등의 상호작용을 통해서 공동체생활을 영위하는 데 지극히 인간적인 행위도 있지만 비인권적인 행위도 있다. 이런 내용은 상호노력을 통하여 고쳐 나가도록 하자.

2차시: 사회적 지위와 역할(교과서 10-11쪽)

Q1 : 인간은 누구나 사회를 형성하고 그 집단에서 일정한 위치를 갖는다. 그럼 여러분이 속한 집단의 종류에는 어떤 것이 있나?
A1 : 학생들이 속해 있는 집단을 이야기해 본다.
Q2 : 자신이 속한 집단 속에서 자신은 어떤 위치에 있나?
A2 : 자신의 위치를 말한다.
Q3 : 여러분의 이야기에서처럼 인간은 자신이 속한 집단 내에서 어떤 위치를 갖는 것을 지위라 하고, 한 조직 내에는 그 구성원들 사이에 지위가 정해진다. 자신은 어떤 지위를 갖고 어떤 일을 하는가?
A3 : 반장이 일어서서 대표로 자신의 반에서의 지위와 하는 일에 대해서 이야기한다.
Q4 : 우리는 반에서 반장이 어떤 일을 할 것이라고 기대하고 있는데 이와같이 지위에 합당한 어떤 일을 기대하는 바를 역할이라고 한다. 그럼 내

　　　가 속한 가정에서의 지위와 역할에 대해 말해 보자.
　A4 : 다음 <표>를 완성해 보자.

<표> 가족공동체 내의 지위와 역할

지위와 역할 구성원	지　위	역　할
아버지		
어머니		
나		

　Q5 : 이 표의 완성을 통해 가족공동체에서의 지위와 역할을 알아보고 그 의
　　　미를 해석해 보면? 자신의 지위를 이용하여 남의 인권을 침해한 적이
　　　없었는가?
　A5 : 남녀 역할의 차이에 따른 지위가 있는데 그것이 때로는 비인간적인 경
　　　우도 있었음을 알게 한다.
　Q6 : 그럼, 우리 집에서 남녀의 역할에 비인간적인 차이가 있다면 그것은 타
　　　고난 것인가? 아니면 사회적으로 학습된 것인가?
　A6 : 생물학적인 차이가 있지만 불평등한 사회구조로 인한 비인권적인 상황
　　　의 산물인 경우도 있음을 이해한다.
　Q7 : 이처럼 남녀의 역할이 사회적으로 학습된 불평등한 문화의 결과라는 측면
　　　이 있다면 우리 사회에서 불평등하고 비인권적인 여성 차별의 사례를 찾
　　　아보자.
　A7 : 주변에서 발생했던 사례를 제시한다.
　Q8 : 이상의 사례에서처럼 성차별이 있다면 그것을 극복하고 여권을 신장시
　　　킬 수 있는 방법은?
　A8 : 적절한 방법이 없다면 다음 <자료 1>의 내용을 제시하고, 그것이 여권
　　　을 신장시킬 수 있는 방법이 될 수 있는가에 대해서 모둠별 토의를 한다.
　Q9 : 내가 남자가 된다면? 엄마가 아빠가 되고, 아빠가 엄마가 된다면? 그러
　　　면 각 가정에서는 어떤 현상이 일어날까?
　A9 : 여러 가지 발생 가능한 현상에 대해서 이야기한다.
　Q10 : 그럼 남녀의 역할을 바꿔서 역할극을 꾸며보자. 남녀의 상호인권을 이

　　해하는 차원에서 역할 바꾸기를 해본다.
└ A10 : '이야기 하나'의 줄거리를 제시해 주고 난 후, 그 다음의 이야기를 역
　　할극으로 꾸며보자.

<자료 1>

뉴스제공시각 : 03/03 17 : 06　　　　　　　　　　　　출처 : 조선일보

제목 : '생활' / "엄마 성도 물려주자"

　김박지수, 최하은희, 이고영수…. 앞으로 부모 성을 함께 딴 이름이 나오게 될지도 모른다.

　3월 9일 연세대 백주년 기념관에서 거행될 세계 여성의 날 기념 한국여성대회를 준비 중인 한국여성단체연합(이하 '여연'·지은이 공동대표 등)은 이날 '획기적'인 행사 한 가지를 계획하고 있다. 이효재 한국정신대문제대책협의회 공동대표, 이미경 민주당 의원 등 여성계 인사를 중심으로 호주제 폐지를 촉구하면서 '부모성 같이 쓰기' 1백인 선언을 채택할 예정인 것.

　여연측은 아버지 성을 이어받는 남계혈통위주 호주승계제도가 남아선호사상을 부추겨 심각한 남여아 성비불균형을 초래했다고 주장하고 있다.

　성감별에 따른 태아 살해나 20-30년 후 끔찍한 재앙을 초래할지 모르는 남초현상을 방지하기 위해서라도 아버지 성을 따르는 현행 호주제는 폐지돼야 한다는 것이다. 호주제 폐지를 위한 사회적 여론을 조성하기 위해 과도적으로 부모성을 함께 쓰는 선언 문채택을 계획했다는 설명이다.

　이미경 의원은 "'이박미경'으로 적은 명함도 만들고 기명칼럼에도 같은 이름을 사용하면서 취지를 설명할 생각"이라며 적극적이다.

　'부모성 같이 쓰기'는 이번이 처음은 아니다. 95년 여성신문과 정무2장관실이 공동제정한 제1회 '평등부부상' 특별상을 받은 정영훈(37·당곡초등 교사)-김정미(33·신림초등 교사) 부부의 일곱살난 딸은 정세해김, 네살박이 아들은 정김한얼이다. 김씨는 남편이 먼저 성을 함께 붙이자는 제안을 했다고 말한다. "출산과정에서 고생은 여자가 하고 아이에 관한 기득권은 남자만 갖는 것이 마음에 걸렸다고 하더군요."

　젊은이들 사이에는 PC 통신에 도발적인 여성해방 칼럼을 게재, 논란을 빚은 신정모라 씨를 통해 '부모성 함께 쓰기'가 화제를 모으기도 했다. 신정모라는 아버지의 성인 신과 어머니의 성인 정을 함께 붙여 만든 이름이다.

※ 이야기의 앞부분을 제시해 주고 그 다음의 내용을 완성하여 대본을 쓴 후 한 시간을 내어 공연하게 한다(대본의 모델을 교사가 제시해 주면 학생들이 대본쓰는 데 수월하다).

이야기 하나의 줄거리

　　배용준과 석희는 결혼한다. 석희는 배꼽과 배추 두 아이를 낳는다. 석희는 직업인 기자를 그만두게 된다. 배추가 초등학교 1학년이 되고 배꼽이 유치원에 다니게 된다. 그러자 석희는 자신의 자아실현을 위해 다시 직장에 나가려 한다. 용준과 의논 끝에 6개월간 시험공부를 하기로 하고 대신 용준은 모든 집안일을 책임지기로 약속한다. 용준은 요리를 할 줄 몰라 외식, 시켜먹기하는 것이 일주일이 계속되자 이에 싫증난 아이들이 밥을 해달라고 해서, 라면·스파게티를 또 일주일간 만들어 주자 이에 아이들의 불만은 더욱 커지게 되었다.

　그후 …… 어떻게 되었을까요 …… 대본을 완성한다.

　　역할극의 전제조건 : 1. 전체 이야기의 예는 교사가 제시하기도 하나 모둠의 희망에 따라 정한다. 2. 이야기는 자기 모둠에서 원하는 내용을 선택한다. 3. 남자와 여자의 생활을 완전히 바꾼다. 4. 남녀의 역할을 바꿈으로써 생활의 변화가 어떻게 야기될 것인가를 인권보호 차원에 초점을 맞춘다.

---

3) 청소년기의 사회·문화 현상과 과제(교과서 24-26쪽)

(1) 청소년 문화와 인권교육의 의미

　오늘날 발생빈도가 높아지고 있는 청소년의 범죄를 자주 접할 때마다 우리 학교교육은 그들에게 무엇을 해주어야 하는지 고민을 하게 된다. 개별화되고 단편적인 지식을 주입해서는 더이상 학생들이 이 사회를 안고 살아 가기에는 역부족인 것 같다. 사회적 삶을 헤쳐나가는 데 도움이 되고 힘이 될 수 있는 진정한 교육적인 변화가 와야 할 때인 것이다. 그런 변화를 교사 개인의 힘으로는 한계가 있기는 하지만 교과교육을 통하여 인성교육을 시켜야 한다는 필요성을 인식한다. 이제까지의 IQ 중심의 지성교육에서 벗어나 감성교육과 덕성교육을 통해 EQ와 MQ의 지수를 높여야 할 것 같다. 그리고 유해한 사회환경과 폭력으로부터 청소년의 인권을 보호하고 청소년이 누구도 가해자가 되어서도 피해자가 되어서도 안 된다는 의식을 심어주어야 한다. 그리하여 미래의 우리 사회공동체를 책임질 청소년들에게 가치판단력을 키워주어 합리적이고 인간적인 시민이 될 자질을 형성시켜 인권의 침해나 유린당하지 않음이 중요하다는 가치교육을 해야 한다. 이 단원을 통하여 청소년의 문화와 고민을 이야기해 보고 성윤리를 비롯하여 옳고 그름의 가치판단을 통해 바람직한 인성을 육성해 나가기 위한 방법을 모색하고자 한다.

(2) 학습목표

• 현재의 청소년의 문화를 이해한다.
• 패널토의를 통하여 청소년의 고민과 그 대안에 대해 인식한다.

(3) 교수-학습 방법

프로젝트, 패널토의 혹은 토론학습, 설문조사

(4) 교수-학습 지도안

<1차시>

수업의 흐름	수업과정	교수-학습 활동	유의점	시간
도입	도입과정	1. 인사 및 본시수업 목표 제시 2. 최근에 제기된 학원폭력의 사례를 신문에 나온 기사를 중심으로 보여주기	·청소년 문제에 대해 공통의 인식제기	5
전개	기본학습 과정	<학습내용> 1. 청소년의 문화 2. 청소년의 고민 3. 올바른 청소년 문화형성	·청소년의 고민에 대해 공감대 형성을 유도	10
	보충학습 과정	<탐구학습주제 1> 1. 청소년들이 쓰는 은어·속어 등을 찾아보자. 그 의미는? 2. 청소년의 고민은 무엇인지를 토의해보자.	·자신의 고민은 무엇인지에 대해 발표해 보도록 한다.	10
발전	심화학습 과정	<탐구학습주제 2> 1. 청소년 문화의 현주소에 대해 토의해보자. 최근에 증가하는 폭력, 문란한 성윤리, 이성교제, 유해한 사회환경 등의 문제점들을 중심으로 살펴보자. 이를 위하여 설문조사와 청소년 쉼터의 방문 등의 방법을 모색한다.	·과제해결을 위해 여러 방법으로 접근하여 청소년 문화의 특징을 파악하고 대안을 모색한다.	15
정리	정리 및 차시 예고	<탐구학습주제 2>는 프로젝트 학습의 과제로 제시된 내용을 다음 시간에 발표할 수 있게 준비한다.		5

※ 청소년의 문화와 문제에 대해서 진지하게 토의해 보고 현재의 청소년들이 당면하는 문

화적 특징과 고민을 해결하기 위한 방법을 모색해 보자. 이 문제해결을 위해 몇 시간 전부터 프로젝트를 제시해 주고 그 과제해결을 위해 패널토의, 설문조사법, 토론학습 등을 시도해 본다. 다음은 프로젝트 학습으로 제시된 과제를 해결하기 위한 수업이다. 물론 수업준비를 위해 소요되는 시간은 교사가 필요한 만큼을 교사와 학생이 정한다.

(5) 패널토의 진행

<2차시>

패널토의 진행과정	교수-학습 활동	유의점	시간
도입단계	1. 인사 및 본시수업 목표 제시(교사) 2. 패널토의의 방법 제시		5
패널토의의 안건 및 진행방법 제시	패널토의 진행: 모둠장은 토의진행 원칙 제시 및 준비과정 보고	·패널토의 방법안내	5
패널토의 진행	1. 모둠장: 패널토의의 진행 2. 토의과정에서 설문조사 발표 3. 청소년 쉼터 방문기 소개	·설문조사의 의미와 한계 인식	25
패널토의 결론 이끌기	토의 결론내기: 전체 토의와 준비 모둠의 내용을 종합하여 토의함으로써 올바른 청소년 문화의 대안을 모색하여 청소년의 인권이 지켜질 수 있는 사회를 위해 노력한다.		5
평가 및 차시예고	토의결과에 대한 평가 및 정리		5

(6) 프로젝트 안내자료

다음의 안내자료에 따라 학생은 수업을 준비한다. 준비하는 내용의 주요관점은 청소년 인권침해의 실태를 분석하고 올바른 인권의식을 확립해 가기 위한 것에 목적을 두고 있다.

■ 프로젝트 학습주제: 청소년 문화의 현주소와 청소년의 고민
Ⅰ. 관련교과 단원Ⅰ의 주제 3 '문화와 인간생활'
Ⅱ. 학습방법: 패널토의, 설문조사, 현장학습

Ⅲ. 주제: 청소년 문화의 현주소

Ⅳ. 소주제

1. 한국 사회에서 나탄난 청소년 문화의 특징은?
   - 언어와 가치관
   - 생활양식
   - 학교문화와 학교 밖의 문화
   - 인권의식

2. 청소년의 문제와 고민은?
   - 과중한 학업문제
   - 이성문제
   - 가출문제
   - 음주·흡연 문제
   - 매스컴과 비디오의 중독증
   - 청소년의 인권침해 실태(폭력 등)

3. 바람직한 청소년 문화의 형성 방향은?
   - 대안학교
   - 청소년의 문화시설
   - 매스컴과 유해환경으로부터 인권보호

■ 패널토의 방법

1. 사회자와 토론자가 미리 내용을 준비한다. 준비과정에서 자료를 충분히 활용할 수 있도록 한다.

2. 토의를 위한 내용과 구성을 짜서 보고서 형식으로 제출한다.

3. 토의의 순서는 다음의 과정으로 진행한다.

- 토론과정의 안내: 사회자는 토의할 내용을 전체에게 주지시키고 토론의 중요성을 부각시킨다.

- 토론규칙의 설정: 원만한 토의를 위해 규칙을 정한다. 예를 들면 개인 발표는 3분 이내로 한다는 등을 정한다.

- 제1발표: 각자의 입장을 발표하고 거기에 대한 질문과 응답을 통해 논지를 분명히 한다.

- 촌평: 사회자는 1차 토의의 내용에 대한 정리를 한다.

- 난상토론: 1차 토의의 내용에서 쟁점이 되는 것을 지지, 반대의 입장에서 토

의를 진행한다.
- 정리: 사회자는 마무리 정리를 한다.

■ 청소년 고민을 조사한 설문문항의 예

〈청소년의 가출에 대한 설문조사〉
- 취지: 이 설문조사는 청소년 가출의 실태를 파악하고, 문제점을 찾아 해결하기 위해서이다(기타란에는 자세히 적어주십시오).
- 대상: 부산시 남녀 중·고등학생 100명

1. 당신은 가출하고 싶다는 충동을 느꼈던 적이 있는가?
   (1) 있다   (2) 없다
2. 가출하고 싶다고 느낀 적은 어떤 때인가?
   (1) 학교생활문제   (2) 성적문제   (3) 부모님과의 싸움(가정문제)
   (4) 친구의 권유   (5) 기타(   )
3. 가출한다면 어디로 가겠는가?
   (1) 아무도 모르는 곳(타 지방)   (2) 친구집   (3) 친척집
   (4) 그냥 돌아다닌다   (5)기타(   )
4. 가출한다면 며칠 정도 있겠는가?
   (1) 1-2일   (2) 3-4일   (3) 5-7일   (4) 15일   (5) 1달
   (6) 영원히   (7) 기타(   )
5. 가출하였을 때 비용은 어떻게 충당하겠는가?
   (1) 친구에게 빌린다   (2) 금품갈취   (3) 직접 번다(아르바이트…)
   (4) 기타(   )
6. 위 질문에서 (3)번을 택한 경우 일을 한다면 어디서 하겠는가?
   (1) 노래방   (2) 보통 회사   (3) 단란주점   (4) 커피숍
   (5) 기타(   )
7. 가출한 후의 느낌은 어떤가?
   (1) 쓸쓸하다   (2) 집이 그립다   (3) 홀가분하다   (4) 무덤덤하다
   (5) 기타(   )
8. 성관계를 가져본 적이 있는가?   (1) 있다   (2) 없다
   이것이 가출에 영향을 미친다고 생각하는가?

(1) 미친다   (2) 미치지 않는다

9. 술, 담배가 가출에 영향을 줄 수 있다고 생각하는가?

(1) 있다   (2) 없다

10. 가출했을 경우 집으로 돌아갈 의향이 있는가?

(1) 있다   (2) 없다

(2)번을 택한 경우 무엇 때문인가?(   )

11. TV나 라디오 등 대중매체를 통해 청소년가출에 관한 내용을 접하게 된
다면 이 문제에 대해 도움이 된다고 생각하는가?

(1) 그렇다   (2) 아니다   (3) 기타(   )

***** 설문조사에 응해 주셔서 감사합니다. *****

〈청소년 이성교제에 대한 설문조사〉

• 취지: 청소년 이성교제의 실태를 파악하기 위해 기타란에는 자세하게 써주십
시오(절대 비밀이 보장됩니다).

• 대상: ○○ 시내 남녀 중·고등학생

1. 이성친구가 있는가?

1) 있다   2) 없다

2. 어떻게 만나게 되었는가?

1) 친구 소개   2) 학교   3) 오락공간   4) 기타(   )

3. 나이 차는 어느 정도?

1) 동갑   2) 1-2   3) 3-4   4) 5 이상

4. 이성친구가 다니는 학교는?

1) 중학교   2) 실업계 고등학교   3) 인문계 고등학교   4) 기타(   )

5. 자주 만나는 곳은?

1) 음식점   2) 집   3) 오락실, 당구장   4) 도서관

5) 노래방   6) 공원, 산   7) 극장, 공연장   8) 기타(   )

6. 부모님께서 아시는가?

1) 안다   2) 모른다

7. 아신다면 그에 대한 반응은?

1) 반대   2) 그저 그렇다   3) 찬성

8. 모르신다면 왜 밝히지 않는가?

     1) 부끄러워서 2) 반대하실까 봐   3) 간섭하실까 봐 4) 기타(   )

9. 사귀고 있는 이성친구는 몇 명 정도?

     1) 한 명   2) 2-3   3) 4-5   4) 6명 이상

10. 주로 무엇에 대해 이야기하는가?

     1) 학교   2) 친구   3) 오락   4) 기타(   )

11. 교제비용은 주로 누가 내는가?

     1) 남자   2) 여자   3) 같이

12. 이성교제 후 성적은?

     1) 떨어짐   2) 올라감   3) 비슷함

② 단원 Ⅱ 민주정치와 시민생활

1) 민주주의와 인권교육

    민주주의의 근본이념은 인간의 존엄성이다. 인간의 존엄성은 인권개념의 가장 중심축을 이루고 있는 개념이다. 민주주의의 발전과 더불어 시민의 권리는 향상되어 왔으며 그것은 곧 인간의 존엄성을 실현하고자 하는 인간의지의 노력의역사이기도 하다. 인간의 존엄성을 공동체 속에서 실현시켜 나가기 위해서는 내가 존중받아야 하고 이는 나아가 타인의 존중을 통해서만 가능하다. 인간은 누구나 태어나면서부터 누구도 침해할 수 없는 천부인권을 지니고 태어나기에 어느 누구에 의해서도 인권의 침해가 있어서도 안 된다. 이것은 개인과 개인의 인간관계뿐만 아니라 사회구조로부터, 권력구조로부터 개인에게 가해지는 어떠한 인권침해도 용납되어서는 안 된다. 이를 위해서는 인권을 가장 합리적으로 보호해 나갈 수 있는 법적·제도적 장치를 시민의 합의에 따라 합리적으로 구조화시키는 노력이 필요하다.

    따라서 본단원에서는 민주주의의 이념을 통하여 인간의 존엄성을 실현시켜 나갈 수 있는 방법을 모색하고 학생들에게 올바른 인권의식을 교육함에 목적을 둔다. 이를 해결하기 위해 민주주의의 원리를 잘 이해하고 민주시민이 되기 위한 소양을 키우기 위해 여러 가지 방법을 구사하여 수업을 시행해 나간다. 특히 여기서는 3단계의 협력학습을 통해 모둠별 협력으로 문제해결을 꾀하고 협력하는 공동체의식을 형성하고자 한다.

2) 3단계 협력학습의 주제

과제해결을 위해 중요한 것은 아이디어의 창출과 자료수집임을 주지시킨다. 본교 3학년을 대상으로 실시할 수 있는 주제들을 뽑아서 그 내용의 해결방법을 <표 1>에서 제시해 본다. 다음의 <표 1>은 3단계 협력학습을 위한 주제를 교과서에서 뽑아서 모둠별로 제시해 줄 내용으로 단계별 내용을 일괄적으로 내어줄 계획이다. 이를 학생들은 과제학습 후 보고서를 제출하고 발표수업을 갖는다.

<표 1> 3단계 협력학습의 주제 및 해결방법

협동학습 주제	교과서관련 단원	단계별 해결방법 예시	학습자료	기초자료
인간의 존엄성에 대한 논쟁	(1) 민주주의의 뜻과 이념 (32쪽)	•1단계: 복제인간의 탄생은 과연 인간의 존엄성을 무시한 행위인가? •2단계: 복제인간에 대한 신문자료 제시 •3단계: 찬반토론	복제인간에 대한 신문 및 잡지기사 내용 스크랩	스크랩 노트(1) 기초자료①
어떤 후보를 선택할 것인가?	(2) 민주주의 제도와 선거 (34쪽)	•1단계: '97 대통령 선거에서 선택하고 싶은 후보자의 최근 동향은? •2단계: 후보자 1명을 선정하여 1달 동안 후보자의 동향을 스크랩하기 •3단계: 사건 따라잡기	한 후보자에 대한 사건따라 잡기 스크랩 노트	스크랩 노트(2) 기초자료②
모의 대통령 선거	(2) 민주주의 제도와 선거 (34쪽)	•1단계: 우리 학급에서 모의대통령 선거를 실시해 보자. •2단계: 중앙선거관리위원회, 선거법, 대통령선거연설문, 대통령선고 공고문, 담화문 •3단계: 모의대통령선거	스크랩 및 조사활동 후 모은 자료	스크랩 노트(3) 기초자료③
공청회	(3) 민주적 절차와 참여 (43쪽)	•1단계: 시민이 정치에 참여하는 방법은 어떤 것이 있나? •2단계: 공청회에 대한 신문 스크랩 •3단계: 공청회 개최	공청회의 스크랩 노트 및 최근의 쟁점이 되는 자료(예: 과외 공청회 등)	스크랩 노트(4) 기초자료④

<표 1> 계속

협동학습 주제	교과서관련 단원	단계별 해결방법 예시	학습자료	기초자료
모의국회 구성 및 법 률안 통과 과정 재현 역할극	(2) 정부의 형태와 구조	• 1단계: 국회의 구성과 법률안 통 과는 어떻게 이루어지고 있는가? • 2단계: 국회구성의 기초자료, 법 률안 통과과정 • 3단계: 모의국회	국회의 구조 법률안 통과 자료	기초자료⑤
청문회	(3) 민주적 절차와 참여 (36쪽) (2) 국회의 구 조와 기능 (44쪽) (3) 정책의 결정과 집행 (47쪽)	• 1단계: 국회에서의 청문회는 어 떻게 이루어지는가? • 2단계: 청문회의 의미 조사와 한보 청문회의 자료 수집 • 3단계 : 모의청문회	청문회에 대 한 조사자료 와 신문 스 크랩	청문회 스크 랩 노트(5) 기초자료⑥
헌법소원 의 사례와 절차	(4) 법원의 구조와 기능 (47쪽)	• 1단계: 헌법소원의 사례와 그과 정과 절차는? • 2단계: 헌법소원의 사례 및 판례 • 3단계: 헌법 재판	헌법소원의 사례집	헌법소원 스 크랩 노트(6) 기초자료⑦

3) 단원 수업계획

앞의 <표 1>에서 제시한 내용을 구체적으로 시행해 나간다. 시행의 초점은 인간의 존엄성의 중요성과 인권을 민주주의의 제도적 틀 속에서 어떻게 지켜나갈 것인가를 중심으로 한다.

이 내용들을 수업에 다 적용하기보다는 필요한 부분을 부분적으로 몇 가지 선택하여 적용하는 게 좋고, 반에 따라서도 그 반의 특성에 맞는 내용을 선정하여 적절하게 진행을 해보는 게 좋다.

4) 3단계 협력학습의 교수-학습 지도계획

(1) 민주주의의 이념(교과서 32-33쪽)
가. 인권교육의 의의
　민주주의의 근본이념인 인간의 존엄성을 이해하고 지켜나가는 것이 중요함을 인식하는 데 단원의 의의가 있다. 그리하여 인간의 존엄성을 확보하기 위한 여러 방안을 모색해 보고자 한다. 이에는 인간의 존엄성의 문제를 성문제, 여성문제, 폭력문제 등의 차원에서도 접근할 수 있는데 여기에서는 최근에 문제가 된 복제인간의 탄생을 인간의 존엄성과 결부시켜 토의주제로 삼았다. 복제인간의 탄생은 인류 과학문명발달의 승리이기도 하지만 그것의 탄생으로 인한 생명존엄의 가치에 혼란을 초래할 가능성에 대해 이 세계가 우려하는 바가 크다. 그래서 토의주제로 삼아 인간의 존엄성의 의미를 되새기고자 한다.

나. 학습목표
• 인간의 존엄성의 의미를 안다.
• 복제인간의 탄생을 인간의 존엄성 논쟁과 결부시켜 토의할 수 있다.

다. 주요 해결과제
복제인간의 탄생은 과연 인간의 존엄성을 무시한 행위인가?

라. 교수-학습 방법
복제인간에 대한 찬반토의

마. 교수-학습 지도안

<1차시>

수업의 흐름	수업과정	교수-학습 활동	유의점
도입	도입과정	1. 인사 및 본시수업 목표 제시 2. 흥미유발	• 흥미를 유발할 수 있는 사례는 학생들의 생활주변에서 찾기
전개	기본학습 과정	<학습내용 1> * 민주주의의 뜻과 이념 　　　　　　 * 인간의 존엄성 <학습내용 2> * 민주정치 발전과정	
	보충학습 과정	<탐구학습 주제 1> 1. 인간의 존엄성의 의미와 이해 2. 인간의 존엄성이 가장 잘 지켜지고 있는 사례를 TV드라마에서 찾아보기	• 교사가 보조자료 제시 • 사례찾기를 통해서 좀 더 깊은 이해 돕기

수업의 흐름	수업과정	교수-학습 활동	유의점
발전	심화학습 과정	<탐구학습 주제 2> 찬반 토의하기 ※ 복제인간의 탄생은 과연 인간의 존엄성을 무시한 행위인가?	• 교사는 스크랩으로 준비된 자료를 복사하여 학생들의 토의자료로 제시한다 • 협력학습으로 이미 주어진 경우는 발표시간을 갖는다.
정리	정리 및 차시예고	<탐구학습 주제 1>의 내용을 정리하고 <탐구학습 주제 2>는 다음 시간까지 마무리하여 준비하기	

※ 1차시에서 3단계 협력학습의 과제로 준비되었으나 시간이 부족하거나 토의할 시간이 없을 때 2차시에서 시간을 25분 정도 할애하여 진행한다. 토의를 마치고 평가가 이루어지고 시간이 남으면 교사의 수업을 진행한다.

<2차시> 3단계 협력학습 — 인간의 존엄성 논쟁: 찬반토의

토의진행과정	교수-학습 활동	유의점
토의안건 제시 및 진행 방향 제시	1. 사회자의 인사 및 모둠원 인사 2. 토의의 원칙 및 내용 간단하게 소개(그 동안의 준비과정도 소개)	• 토의 모둠은 칠판에 제목 및 주요안건을 미리 적는다. • 모둠원은 칠판 앞에 자리 잡고 토의 준비
토의과정	사회자는 진행을 하면서 준비된 내용으로 토의를 한다.	• 이 때 이미 모둠에서 보고서를 쓰기 위해서 짜여진 내용을 전달만 하면 다소 융통성이 없기 때문에 주요 안건은 전체 토의로 넘겨 즉석 토의가 되도록 유도한다.
토의결론	준비된 결론과 반 전체 토의의 결론을 같이 종합하여 사회자는 결론을 낸다.	
정리 및 평가	교사의 정리-본토의의 장단점을 정리해 주고 반 전체의 구성원들이 지켜본 토의 진행과 내용에 대해 평가해 본다.	토의의 평가작업은 다음의 진행을 위해서 아주 중요하다.

※ 토의의 진행과 평가: 다음의 수업을 위해서 토의진행의 방법과 순서를 나름대로 틀을 유

지할 수 있도록 제시해 준다. 그리고 토의는 준비된 모둠의 내용으로만 결론까지 이끌면 미리 짜여진 시나리오의 보고에 불과하기 때문에 토의의 의미가 약해질 수 있어서, 사회자는 전체 토의로 넘길 수 있는 적절한 토의거리를 이미 준비하고 있어야 한다.

토의수업 후의 평가를 통해 무엇이 부족하고 무엇을 보완해야 하는가를 같이 이야기할 수 있어야 한다. 매번 그럴 수는 없지만 교사의 판단에 비추어 보아 비교적 잘된 토의모둠의 사례를 통해서 토의의 모델을 만들 수 있도록 여러 가지 비판과 좋은 점과 반성할 점을 유도해 주어 다음의 토의수업에 반영될 수 있도록 해야 한다. 이때 유의할 점은 토의모둠에 대한 교사의 지나친 개인적 지적이나 비난은 금물이다.

바. 3단계 협력학습 기초자료

<인간의 존엄성 논쟁: 찬반토의>

단원	민주주의의 뜻과 이념	모둠이름
핵심 개념	인간의 존엄성	
주제	1. 복제 인간의 탄생은 과연 인간의 존엄성을 무시한 행위인가?(본수업의 토의주제) 2. 사교집단의 집단자살은 왜 인간의 존엄성을 무시한 행위인가?(토의주제로 선택 가능)	모둠이름
학습 방법	찬반 토의·조별 토의	개최 날짜
학습 목표	인간의 존엄성을 지킬 수 있는 여러 방법을 생각할 수 있다.	

■ 찬반토론 준비과정

① 1단계 — 문제제기

복제인간의 탄생 가능성에 대한 논쟁이 제기된 것은 최근에 복제양 돌리의 탄생에서 비롯된 것이다. 이어서 복제원숭이가 탄생함으로써 복제인간의 탄생에 대한 논의가 이 지구를 뜨겁게 달구었다. 대개는 두 가지의 입장으로 하나는 찬성의 입장에서 인간과학의 성과에 환호를 보냈으며, 다른 한쪽은 심각한 우려와 함께 인간의 존엄성을 무시한 행위로 강력하게 비난의 화살을 보냈다. 이에 우리는 복제인간의 탄생에 대해 문제제기를 해보고 찬반토론을 실시해 본다.

② 2단계 — 자료수집

잡지나 신문 등의 자료를 수집하여 최근에 논의되고 있는 논쟁을 정리한다. 그리고 난 후에 찬성의 입장과 반대의 입장을 나누어 자기의 입장을 정리한다.

③ 3단계—문제해결

문제해결을 위한 방법으로 찬반토의를 실시하고 찬성과 반대의 근거에 따라 논쟁을 전개한다.

사. 복제인간에 대한 자료수집 방법

PC통신에서 천리안 등에 들어가 종합일간지를 선택하여 자기가 원하는 신문에서 검색어 '복제인간'을 선택하면 복제인간에 대한 신문보도 내용을 접할 수 있다. 교사는 이 내용을 뽑아 스크랩하여 보관하며 학생이 열람하게 하고 필요한 자료는 복사해서 준다.

(2) 민주주의 제도와 선거(교과서 33~35쪽)

가. 인권교육의 의의

선거의 올바른 뜻을 이해하고 우리 사회에서 선거의 바른 문화를 정착시키기 위해 노력해야 함을 인식하게 한다. 선거는 민주주의에서 자신의 주권을 행사하여 합리적인 시민공동체를 형성하는 데 기본 전제조건이다. 시민의 합의를 통하여 인권에 침해가 되는 불합리한 제 문제를 고쳐 올바른 권력구조를 형성하는 데 선거의 중요한 의의가 있다. 특히 대통령은 국민의 인권향상의 도모를 통하여 삶의 질을 향상시킬 수 있는 총책임자로서 올바른 주권의 대행자가 될 수 있도록 최선의 노력을 할 수 있는 대표자를 뽑아야 한다. 이를 위해 본수업에서는 직접 모의선거를 해봄으로써 올바른 대표를 뽑기 위한 선거의 중요성과 절차를 이해하고자 한다.

나. 학습목표

• 선거의 의미와 뜻을 말할 수 있다.
• 직접 모의 대통령선거를 실시해 봄으로써 선거의 중요성을 인식할 수 있다.

다. 주요 해결 과제

우리 반에서 모의 대통령선거를 실시해 보자.

라. 교수-학습 방법

모의 역할극(모의 대통령선거)

마. 교수-학습 지도안

<1차시>

수업의 흐름	수업과정	교수-학습 활동	유의점	시간
도입	도입과정	1. 인사 및 본시수업 목표 제시 2. 흥미유발	현재의 대선에 대한 이야기로 시작	5
전개	기본학습 과정	<학습내용 1> 1. 선거의 의미 2. 선거의 4가지 원칙 설명 3. 대통령 선거시 후보자의 자질	선거는 대표자 를 뽑는 주요 과정임을 인식	20
	보충학습 과정	<탐구학습주제 1> 자신이 선거에 참여한 경험 말하기 → 경험 속에서 선거의 원칙 찾기	초등학교 이래 선거의 경험이 민주적이었는 가를 생각해 본다.	8
발전	심화학습 과정	<탐구학습주제 2> 모의 대통령선거를 교사가 내준 자료에 근거하여 준비한다.	민주적인 선거 가 될 수 있도 록 준비한다.	10
정리	정리 및 차시예고	<탐구학습주제 1>의 내용을 정리하고 선 거는 다음 시간에 실시할 수 있도록 준비 한다.		2

※ 모의 대통령선거는 중앙선거관리위원장의 담화문 발표에서 비롯하여 대통령 선거 공고
문 및 벽보제작, 선거유세 및 연설문 등을 조직적으로 준비될 수 있도록 한다. 선거 당일은
벽보를 칠판 앞 빈 공간에 부착하고 선거는 민주주의의 꽃인 만큼 축제의 분위기에서 실시
할 수 있도록 한다.

선거의 전과정을 통하여 축제의 분위기 속에서 시민사회의 구성원으로써 자신의 대표를
뽑는 과정의 중요성을 인식하게 한다.

<2차시> 모의 대통령선거: 선거관리위원장과 부위원장의 진행

선거진행 과정	교수-학습 활동	유의점	시간
도입과정	선거관리위원장의 인사 및 진행과정 보고회	• 그동안의 준비과정에 대한 보고회 • 대선 후보자는 이미 칠판 앞에서 준비	3
후보자 소개	선거관리위원장의 대선 후보자 소개	• 후보자 일어서서 인사	3
연설회	1. 선거관리위원장의 지시로 후보자 연설회 실시 2. 연설순서는 기호 1번부터 하고 찬조연설 → 후보자 연설 → 당의 구호외치기 순으로 진행	• 연설회는 후보자의 참모가 먼저 찬조연설 후 후보자가 연설한다.	20
투표	일렬로 서서 선거의 4대 원칙을 지키면서 투표 실시	• 투표함과 투표용지는 이미 준비되어 있음	8
개표 및 결과	중앙선거관리위원장과 부위원장의 지시로 개표 및 결과 발표	• 시간 부족하면 다음 시간까지 선관위에서 결과를 보고하면 된다.	6
대통령 취임식	취임인사 및 헌법 조항에 있는 취임선서문을 낭독		3
정리 및 평가	1. 대통령 선거과정에서의 느낌 및 준비, 결과에 대해서 평가 2. 시간이 부족하면 다음 시간까지 감상문을 써오게 할 수도 있다.		2

바. 3단계 협력학습 기초자료

<모의 대통령선거>

단원	(2)민주주의의 제도와 선거	학습방법	모의선거
주제	어떤 후보자를 뽑을 것인가?		
자료	중앙선거관리위원회, 선거법, 대통령의 역할, 대통령 선거 연설문, 대통령 선거 공고문, 담화문		

※ 모의 대통령선거 과정을 통하여 선거의 4대 원칙과 민주시민의 소양을 길러주는 교육이

될 수 있도록 치밀하게 준비한다. 이들 선거가 성공할 수 있는 한 방법으로 선거에서 대통령에 당선되는 모둠에 실기평가 점수를 일정하게 부여하면 아주 조직적이고 체계적으로 진행된다.

■ 대통령선거 준비과정
1. 준비과정
① 각 모둠이 하나의 당이 된다.
② 당의 이름을 정하고 대통령 후보자 한 명을 추천한다.
③ 각당에서는 선거연설문의 작성과 함께 선거벽보·선거구호 등을 정한다
④ 선거관리위원회를 구성하고, 대통령 후보자 등록을 받는다.
⑤ 각당에서 후보자 등록이 되면 선거유세의 계획을 세운다.
⑥ 선거관리위원회에서는 등록된 후보자의 기호를 정한다.
2. 선거관리위원회는 국회에서 제정된 선거규정을 게시판에 게시하고 등록된 후보자를 게시판에 기호별로 게시한다.

<대통령 선거규정>
① 자격: 우리 반을 아끼고 사랑하는 자는 누구나
② 선거유세: 쉬는 시간에 2회 이내의 자유선거유세와 사회시간에 1회의 합동연설회가 가능하다.
③ 선거일자: 1997년 4월 ×일
④ 선거방법: 직접·비밀·보통·평등 선거의 원칙을 지킨다.

3. 후보자 등록 후 선거유세를 한다. 이때 불법선거는 선거관리위원회에서 단속한다.
4. 대통령 취임식: 헌법의 내용을 참고하여 취임식을 거행한다.

(3) 민주적 절차와 참여(교과서 36-38쪽)
가. 인권교육의 의의
국민이 정치에 참여할 수 있는 다양한 방법을 모색해 보고 그 중 하나인 시민공청회를 실시해 본다. 시민이 갖고 있는 여러 의사를 합리적으로 반영하는 민주적 절차를 이해하고 시민의 정치참여를 통하여 자신의 주권을 실현시켜 나가는 방법을 모색해 본다.
나. 학습목표
• 민주적 절차와 민주적 참여방법을 이해한다.

•모의 시민공청회를 실시하여 정치참여의 의미를 이해한다.
다. 주요 해결과제
시민이 정치에 참여하는 방법은 어떤 것이 있을까?
라. 교수-학습 방법
모의 시민공청회
마. 교수-학습 지도안

<1차시>

수업의 흐름	수업과정	교수-학습 활동	유의점	시간
도입	도입과정	1. 인사 및 본시수업 목표 제시 2. 최근에 실시된 공청회 사례 및 시민정치참여 방법의 이야기로 동기유발		5
전개	기본학습 과정	<학습내용> 1. 민주적 절차 2. 민주적 참여방법		15
	보충학습 과정	<탐구학습주제 1> 1. 민주국가에서 시민의 동의를 얻어서 합의를 이끌어내는 방법은 어떤 것이 있을까? 사례모으기 2. 다수결의 의미와 횡포에 대해서 좀더 깊이 인식하기	•교사의 자료제시	10
발전	심화학습 과정	<탐구학습주제 2> 시민이 정치에 참여하는 방법 중 한 가지인 공청회를 실시해 보자.	•교사의 자료제시 -과외, 청소년 문제 등 주요쟁점이 되는 사안 제시	10
정리	정리 및 차시예고	<탐구학습주제 1>에 대해서는 발표 정리하고 <탐구학습주제 2>에 대해서 직접 공청회 준비-3단계 협력학습 과제로 제시	•3단계협력학습 희망조는 시민공청회에 대해 준비한다.	5

※ 시민의 정치참여 방법은 시민공청회 외에 시청자 전화를 받는다. 설문조사, 이익집단의 결사, 집회 등 다양한 방법이 제기될 수 있으나, 이 중에 가능한 한 가지를 선택해서 직접 그 과정을 실시해 봄으로써 정치참여의 의미와 시민사회 공동체 구성에 관심을 갖는 계기를 마련해 줄 수 있다.

다음에서는 3단계 협력학습의 보고회로서 시민공청회를 실시하고자 한다.

<2차시> 3단계 협력학습의 보고회: 시민공청회

공청회 개최 및 진행	교수-학습 활동	유의점	시간
도입	공청회의 의미 및 과정 소개(교사) -국민적 여론과 합의과정 중시	• 공청회의 중요성 인식	5
공청회 안내	모둠장: 공청회의 준비과정 보고 　　　　공청회의 주제와 진행 안내		5
공청회 진행	1. 모둠장의 진행으로 공청회 실시 2. 중간중간 중요안건에 대해서 학급 구성원이 참여할 수 있도록 유도	• 공청회는 시민의 참여가 중요한 만큼 구성원의 참여유도 중시	20
공청회에 대한 학급의 반응 및 질의	1. 공청회의 진행과정에서 나온 주요쟁점에 대해서 집중토의 유도 2. 질문 및 응답	• 쟁점에 대해 교사도 개입할 수 있다	10
공청회에 대한 평가 및 반성	1. 공청회의 진행이 합리적이었나 하는 것에 대한 평가 2. 다음을 위한 평가내용 반영	• 공청회 반성과 생활 속에서 실시방안 모색	5

바. 3단계 협력학습 기초자료

<공청회 개최와 준비>

단 원	(3) 민주적 절차와 참여	모둠이름
주 제	우리 사회의 주요 해결과제 중의 하나인 사교육비의 실태와 해결방안은? (내용은 준비조에서 정함)	모둠이름
교수-학습 방법	모의 공청회	
학습목표	공청회의 의미와 절차를 통해 민주적 절차를 이해한다.	개최 날짜
학습자료	공청회의 방법 및 내용 조사, 신문 스크랩, 사교육비 지출 통계표 등 각종 자료	

■ 공청회 개최를 위한 준비

① 1단계 — 문제제기

시민이 사회의 올바른 여론을 형성하고 정치에 참여하기 위한 방법에는 여러 가지 많은 방법이 있지만 대표적인 방법 중의 하나가 공청회이다. 그래서 공청회의 의미를 알아보고, 우리 사회의 주요안건 중의 하나인 사교육비의 지출에 대한 현실태를 파악하고 대책을 마련하고자 시민공청회를 개최하고자 한다.

② 2단계 — 자료수집

우선 공청회의 의미가 무엇인가를 파악하고 진행과정과 절차를 이해할 수 있는 자료를 수집한다. 그리고 신문 스크랩을 하고, 우리 교육의 사교육비 지출규모와 내역을 조사한다. 조사가 끝나면 공청회의 진행을 어떻게 할 것인가를 생각한다.

③ 3단계 — 문제 해결방법 모색

공청회를 어떻게 진행할 것인가를 고민하고, 그 계획을 세운다. 특히 시민 방청객이 같이 참여하여 열띤 토론을 유도할 수 있게 한다.

※ 교사는 공청회를 통해서 우리는 사회문제의 많은 문제들을 민주적 절차와 과정을 통해서 해결해 가야 함을 인식할 필요가 있다는 것을 주지시킨다.

(4) 정부의 형태와 기능 — 국회(교과서 43-47쪽)

가. 인권교육의 의의

국민의 대표기관인 국회의 기능을 이해하고 입법부의 합리적인 운영을 통해 민주주의를 실현해 가는 데에 관심을 갖게 한다. 특히 민주주의의 이념을 실현해 나가는 대표기관으로서의 국회는 시민주권을 위임받는 상태에서 시민권을 침해하지 않고 전체 공익을 추구해 나가야 한다. 올바른 시민주권을 담보하지 못하고 당리당략에만 몰두하는 국회는 본질적인 기능을 회복할 수 있어야 하며 국민의 합의에 기초한 법적·제도적 보장을 할 수 있도록 합리성을 증대시켜 나가야 한다.

나. 학습목표
• 국회의 기능에 대해서 이해한다.
• 모의국회 구성을 통해 법률안의 통과과정을 인식할 수 있다.

다. 주요 해결과제
국회의 구성과 법률안 통과는 어떻게 이루어지는가?

라. 교수-학습 방법
역할극(모의국회 구성 및 법률안 통과과정 재현)

마. 교수-학습 지도안

<1차시>

수업의 흐름	수업과정	교수-학습 활동	유의점	시간
도입	도입과정	1. 인사 및 본시수업 목표 제시 2. 흥미 유발: 국회의 여러 가지 모습 중 한 가지 내용 끌어오기		5
전개 1	기본학습 과정	<학습내용> 1. 국회의 권한 2. 국회의 구성		15
전개 2	보충학습 과정	<탐구학습주제 1> 1. 국회의 권한에 대한 어려운 개념 학습 2. 국회에 통과시키고 싶은 법률안을 만들어 보기	• 어려운 용어의 충분한 설명이 필요	10
발전	심화학습 과정	<탐구학습주제 2> 1. 국회에서 쟁점이 되는 법률안이 통과된 사례에서 다수결의 횡포를 인식한다. 2. 법률안이 바람직하게 통과되기 위한 과정을 모의 역할극으로 꾸며보자.	• 교사의 자료	12
정리	정리 및 차시예고	<탐구학습주제 1>은 정리하고, <탐구학습주제 2>는 3단계 협력학습 모둠의 발표로 준비하게 한다.		3

※ 국회는 민주사회에서 어떤 의미를 지니며 왜 국민은 관심을 가져야 하는지를 인식시켜 주어야 한다. 국회에서의 갈등·분쟁의 사례를 통해서 올바른 국회의 기능을 이끌어낼 수 있는 방법을 분석해 봐야 한다.

시민사회의 많은 질서는 국회를 통과한 법률에 의해서 이루어지기 때문에 그 의사결정 과정이 아주 중요함을 인식하며 국민적 합의를 이끌어낼 수 있는 법률의 제정에 대해 관심을 갖게 한다. 그래서 모의국회를 구성하여 합리적인 토의과정을 유도한다.

<2차시> 모의국회 구성 및 법률안 통과

수업 진행	교수-학습 활동	유의점	시간
도입	1. 모의국회 구성의 의미 설명 2. 모의국회 구성-역할극으로 꾸미기	•3단계협력 학습조에서 준비	5
모의국회 구성	모의국회 구성 후 국회의장 인사		10
법률안 상정 및 토론	1. 국회의장: 국회의 기능에 대한 중요성 소개 2. 상정된 법률안에 대해 소개 및 토의 3. 합리적인 토론이 될 수 있도록 유도		15
법률안 통과 및 제정 과정	1. 법률안에 대해 가부 결정 2. 법률안 통과순서를 결정까지 모의 역할극으로 실시		10
평가 및 반성	평가: 제대로 된 국회의 법률안 통과과정인가에 대해 반성		5

바. 3단계 협력학습 기초자료
<모의국회의 구성 및 법률안 통과>

단원	(2) 정부의 형태와 구조	모둠이름
주제	국회의 구성과 법률안 통과는 어떻게 이루어지고 있는가?	모둠원
학습목표	국회의 구성과 법률안 통과과정과 절차를 이해한다.	
교수-학습 방법	모의국회 구성 역할극	모의국회 개최 날짜
학습 자료	국회의 구성과 기능에 대한 조사, 모의국회 개최순서도, 여러 가지 법률안(학생이 만든 법률안)	

■ 모의국회의 구성과 법률안 통과과정
① 1단계 ― 문제제기

국회의 구성과 법률안 통과는 어떻게 이루어지고 있는가? 대의정치에서 가장 중요한 기구인 국회가 어떻게 구성되느냐는 민주정치의 가장 중심핵이다. 국회의 올바른 구성과 운영을 위해서는 국민의 관심있는 시선과 감시가 필요하다. 그리고 무엇보다도 선거가 바르게 실시되어야 한다. 그래서 대통령 선거에 이어서 국회의원 선거를 실시하여 국회를 구성하고 법률안의 통과과정을 역할극으로 꾸며보고자 한다.

② 2단계 — 자료수집

국회의 구성과 기능에 대한 기초자료를 수집하고, 국회 구성의 배치도를 파악한다. 법률안에 대한 초안을 작성해 보고 토의해 본다

③ 3단계 — 문제 해결과정

국회를 구성하기 위한 계획을 짜고, 법률안을 마련한다. 그 순서는 다음과 같다.

- 모의국회의 구성을 위해 한 모둠이 한 지역구가 된다.
- 한 지역구의 지명을 배정하고 국회의원 후보자를 낸다.
- 후보자는 당을 결정하고, 선거관리위원회에 등록을 한다.
- 선거관리위원회에서는 기호를 부여하고 선거공고문을 낸다.
- 후보자는 연설문을 작성하고 선거홍보물을 준비한다.
- 국회의원 투표를 통해 국회를 구성하고 법률안을 통과시킨다.

(5) 정부의 형태와 기능 — 법원(교과서 43-47쪽)

가. 인권교육의 의의

사법부의 기능을 법원과 헌법소원의 사례를 통하여 인식해 볼 기회를 가진다. 특히 국가공권력의 행사과정에서 발생하는 시민의 기본권 침해를 구제할 수 있는 법적인 제도장치를 통해서 인권을 보호해 나가는 방안에 대해서 이해한다.

나. 학습목표

- 법원의 구조와 기능을 이해한다.
- 헌법소원의 사례를 통하여 그 절차를 알아본다.

다. 주요 해결과제

헌법소원의 사례와 그 해결절차는?

라. 교수-학습 방법

모의 헌법 재판

마. 교수-학습 지도안

<1차시>

수업의 흐름	수업 과정	교수-학습 활동	유의점	시간
도입	도입과정	1. 인사 및 본시 수업목표 제시 2. 여론의 의미가 무엇인지로 흥미유발		5
전개	기본학습 과정	<학습내용> 1. 정책의 의미 2. 정책 결정과정 3. 정책의 집행	• 국민적 합의에 기초한 정책의 결정이 중요	15
	보충학습 과정	<탐구학습주제 1> 여론의 반영이 정책의 결정에 어떤 영향을 미치는가를 생각해 보자.	• 여론의 역기능도 인식	5
발전	심화학습 과정	<탐구학습주제 2> 정책에 반영하기 위해 국민여론 조사를 실시해 보자.	• 설문조사방법	15
정리	정리 및 차시예고	1. 정책에 반영하기 위한 여론의 의미를 <탐구학습주제 1>을 통해 정리 2. <탐구학습주제 2>는 3단계 협력학습의 과제로 다음 시간에 발표한다.		5

<2차시> 3단계 협력학습 발표-여론조사

발표진행	교수-학습 활동	유의점	시간
도입	인사 및 본시 수업목표 제시		5
발표의 의제 제시 및 방향 제시	모둠장: 발표의제 제시 및 준비과정 보고	• 발표준비를 위해 필요한 설문조사의 중요성 및 허점에 대해서 인식	5
발표진행	1. 모둠장의 사회로 발표 준비된 내용 제시 2. 설문조사 분석 제시	• 발표과정에서 의문점을 지적할 수 있도록 메모	25

발표진행	교수-학습 활동	유의점	시간
발표정리 결론내기	발표된 내용에 대해 질문 및 이의 제기	• 발표내용에 대해 질문하기	5
평가 및 차시예고	1. 설문조사과정의 어려움 및 설문조사의 중요성에 대해 정리 2. 본수업 준비조의 발표에 대한 평가하기		5

바. 3단계 협력 학습의 기초자료

<여론조사>

단원	(5) 민주적 절차와 참여	모둠이름
주제	국민의 의사가 정책에 어떻게 반영되는가를 국민의 여론 조사를 토대로 하여 알아본다.	모둠원
학습목표	정책의 의미와 결정과정을 이해한다.	
교수-학습 방법	여론조사(설문조사)	
학습 자료	여론조사에 관한 자료, 설문조사의 방법과 대상 정하기	여론조사 날짜

■ 여론조사의 준비과정과 발표준비

① 1단계 — 문제제기

　정부에서 정책의 결정이 어떻게 이루어지고 있는가를 국민의 여론조사를 통하여 알아본다. 국민의 여론을 가장 합리적인 방법으로 이끌어내기 위해서는 이해당사자뿐만 아니라 국민적 합의를 도출하는 과정으로 정책이 결정되어야 한다. 그래서 수업시간에 배운 내용을 현실에서 적용하기 위하여 여론의 의미와 조사방법에 대하여 구체적으로 공부를 하고 그 중의 한 방법인 설문조사의 문항을 직접 작성해 본다.

　여기서는 학생인 만큼 자신의 문제와 집적적인 관련이 있는 사안, 예를 들면 청소년 보호법, 또는 학원폭력, 남녀공학의 문제, 과외문제, 올바른 이성교제 등의 내용을 설정하면 훨씬 재미가 있으면서 여론의 의미와 정책의 의미를 충분히 공부할 수 있다.

② 2단계 — 자료수집

먼저 여론조사의 방법과 설문조사의 문항을 작성하는 데 필요한 자료를 수집하고, 필요하면 NIE에서 활용할 수 있는 통계분석표 등을 모은다. 그리고 설문조사 문항을 만들어 충분한 토의를 거쳐 구체적인 계획을 수립한다.

③ 3단계 — 문제 해결방법

설문조사의 대상을 찾아 설문지를 돌리고 받은 내용을 분석한 결과를 전체 학생들에게 설명하기 위하여 전지나 OHP 등의 자료를 준비하여 발표한다.

(6) 정책결정과 집행(교과서 47-49쪽)

가. 인권교육의 의의

정부의 국정운영이 국민적 동의를 얻어 합리적으로 이루어질 수 있는 방법들에 대해서 인식의 기회를 갖는다. 정책의 결정과정이 독단적이거나 권위적이지 않고 국민의 여론을 반영하여 국민주권의 원칙을 실현할 수 있는 여러방법을 모색해 보고자 한다.

나. 학습 목표

• 정책의 의미와 결정과정을 이해한다.

• 여론조사를 실시하여 정책에 반영시키는 방법을 모색해 보자

다. 주요 해결과제

정책에 반영하기 위해 여론조사 실시해 보기

라. 교수-학습 방법

조사학습(여론조사), 발표수업

마. 교수-학습 지도안

<1차시>

수업의 흐름	수업과정	교수-학습 활동	유의점	시간
도입	도입과정	1. 인사 및 본시수업 목표 제시 2. 흥미유발: NIE 학습을 활용하여 최근에 보도된 헌법소원 사례 제시	• 신문활용수업의 의미 이해	5
전개	기본학습과정	<학습내용> 1. 법원의 구조 2. 법원의 기능 3. 상소제도의 의미 4. 헌법소원의 의미	• 상소제도와 헌법소원의 개념설명에 유의	20

수업의 흐름	수업과정	교수-학습 활동	유의점	시간
발전	보충학습 과정	<탐구학습주제 1> 헌법소원의 의미가 무엇인지를 사례를 통하여 이해한다.	• 헌법소원의 의미 이해-기 본권 침해 구 제의 방편	5
	심화학습 과정	<탐구학습주제 2> 헌법소원의 사례와 그것의 결정과정에 대해서 모의헌법재판을 간단하게 준비해 보자.	• 교사가 자료 를 제시한다.	10
정리	정리 및 차시예고	<탐구학습주제 1>은 정리하고 학습지를 이용 하여 수업정리 및 3단계 협력학습의 과제로 자습시간 완성하기.		5

<2차시> 교수-학습 지도: 헌법소원심판

재판과정	교수-학습 활동	유의점	시간
도입	헌법재판의 의미 이해 및 소개(교사)		5
재판의 소개 및 진행안내	모둠장: 헌법재판에 대해 소개 및 준비과정 보고	• 헌법재판이 갖는 의 미 중시	5
재판의 진행	1. 모둠장의 사회로 진행 2. 준비된 내용을 간단한 연극으로 역할극	• 사례에 대한 역할극 준비	25
재판의 판결	재판의 결정문 낭독		5
평가 및 정리	재판의 의미 정리 및 재판의 평가(2학기에는 본격적인 재판시행 예고)		5

바. 3단계 협력학습의 기초자료

<헌법소원의 사례와 절차>

주제	(4) 법원의 구조와 기능	모둠이름
내용	헌법소원의 사례와 소원의 절차는?	
학습 목표	헌법소원의 의미를 알고 그 과정과 절차를 이해 한다.	모둠원
교수-학습방법	헌법재판	헌법재판 날짜
학습자료	헌법소원의 사례집, 헌법소원의 기초 조사	

■ 헌법소원의 사례와 절차

① 1단계 — 문제제기

헌법소원의 사례와 그것이 이루어지는 절차는? 헌법소원은 국민의 기본권 침해 구제를 위한 법적인 기능이 미비할 때 최종적 방편으로 제시할 민주주의의 히든 카드이다. 국민 개인의 기본권이 공권력에 의해 부당한 침해를 당했을 때 그 사실을 헌법재판소에 호소함으로써 국민의 기본권을 보호함에 그 목적이 있다.

② 2단계 — 자료수집

헌법소원의 사례를 수집하고, 그 절차와 과정에 대해 기초조사를 한다. 그리고 우리 사회에서 국가공권력에 의해 국민의 기본권이 침해당한 사례를 찾아보고, 그 사례 중의 하나를 선정하여 판결과정을 모색해 본다.

③ 3단계 — 문제해결 방법

헌법소원의 사례가 될 자료를 수집하여 헌법소원의 절차에 따라 수업진행과정을 꾸민다.

③ 단원 IV 국민생활과 법

1) 인간과 사회규범

(1) 인권교육의 의미(교과서 92-94쪽)

이 주제에서 다루고자 하는 인권교육의 의미는 자연적 권리인 생명존중을 통한 인간의 존엄성이 실현되는 시민공동체를 구성하고자 하는 사회규범의 의미로서 법과 도덕의 개념을 이해하는 데 있다. 법은 시민공동체의 합의에 의하여 생겨나서 공동체 내의 규칙체계를 형성하고 권리와 의무의 관계를 규정하여 상호 간의 인권을 보호함을 목적으로 해야 한다. 동시에 공동체 전체의 공익추구와 분쟁이 되는 사건들에 대한 공정한 정의를 추구함을 목표로 한다. 그리하여 개인은 자연인으로서 공동체의 생활 속에서 자신의 타고난 권리실현을 통해서 인간의 존엄성을 실현시켜 나가야 한다.

하지만 자본주의의 법이 거미줄과 같아서 힘이 약한 애벌레나 거미는 잡히지만 힘이 센 곤충들은 거미줄을 통과함으로써 거미줄을 무력화시키는 단점이 있다. 즉 법은 완전무결하지 못하다는 것이다. 이런 법을 제정하고 운영함은 반드시 공동체의 합의하에 이루어져야 하고 그 바탕에는 그 사회가 추구하는 도덕규범에 의하여 끝없는 반성 속에서 지켜져야 한다. 물론 우리는 법규범과 도덕규범이 상충되는 경우에는 어떻게 해결점을 찾아야 할 것인가의 문제에 직면했을 때가 있다. 이의 합리적인 해답을 찾기 위해 장발장의 행위를 가지고 토의해 보고자 한다.

(2) 학습목표
- 지식: 사회규범의 개념을 인권차원에서 이해한다.
- 이해: 사회규범의 종류의 각 사례를 제시하고 그 사례들을 인간의 생명권과 인간의 존엄성에서 평가할 수 있다.
- 적용: 장발장의 행위를 생명권의 존중과 공동체의 이익우선이란 차원에서 법과 도덕의 입장을 논의할 수 있다.

(3) 교수-학습 방법: NIE 학습, 모둠별 토론학습

수업의 흐름	교사의 학습활동 내용	학생활동	시간
도입	1. 인사 및 전시학습 확인 2. 본시학습 목표 제시 3. 동기유발: 조금 전 우리가 나눈 인사의 의미가 무엇인가? 4. 여기서 상대방을 존중한다는 것의 의미는 무엇인가?	• 다같이 인사 • 상대방을 존중하는 의미가 있음을 유도한다. • 내가 모여 공동체생활을 영위하는 데 사회규범이 필요함을 인식.	5

수업의 흐름	교사의 학습활동 내용	학생활동	시간
전개 1	1. 우리가 수업 시작에서 인사를 하듯이 공동체 사회를 위해서 지켜야 하는 원칙들이 있다. 그럼 우리 학급공동체를 위해서 지켜야 하는 원칙은? 2. 이런 원칙들을 사회규범이라고 하는데 그 의미를 질의응답에서 유추해 보자. 3. 그럼 사회규범의 종류에는 어떤 것이 있는가? (모둠에서 한 가지 사례씩 찾기) 4. 각 규범의 사례발표에서 사회구성원의 생명존중의식이 있는지?	• 우리 학급공동체의 원칙을 모둠별로 한 가지씩 말하기 • 사회규범의 의미 유추 • 사회규범의 종류 찾고 사례 찾기 • 각 규범의 사례를 생명존중사상과 인간의 존엄성에서 유추하여 답변한다 — 각 모둠에서 발표	20
전개 2	1. 도덕과 법규범의 가장 저변에 깔려 있는 인권의 의미는? 2. 그럼 최근에 발생한 사건 중에서 생명권 침해와 공동체의 질서에 해악을 끼친 사건들은? 3. 빛나리 양의 유괴사건은 인권침해의 관점에서 비판해 본다면? 4. 이같은 인권침해의 사실을 법적으로 어떻게 처벌해야 하는 것인가? 5. 이런 인권침해에서 인권의 구제방법은?	• 생명존중 의미와 인간존중의 의미를 찾는다. • 여러 사건 이야기, 특히 빛나리 양의 유괴사건 이야기 • 인간의 기본적인 생명권을 침해하여 인간의 행복추구권을 앗아간 사실 • 법적인 처벌의 의미 토의 • 인권 구제방법 모색하여 발표	5
문제 탐구	<탐구자료>를 읽고 장발장의 행위를 법과 도덕의 관점에서 토의해 보자(구체적인 이유 및 사례를 들어 생명권존중의 차원에서 논거를 강화해서 토의한다).	• <탐구자료> — 장발장의 행위를 법과 도덕의 관점에서 비판해 보자. 그 근거와 원칙은 인권의 차원에서 제시해 본다 — 모둠별 토의	10
정리	1. <탐구학습주제 1>의 내용을 좀더 같이 토의하고 싶으면 차시의 토의과제로 완성해 오기로 하여 전체토의에 부친다. 2. 교사의 정리 및 차시예고	• 학생은 본시에 발표하거나 차시의 과제로 준비(차시의 발표는 교사가 아닌 학생 도우미가 발표를 이끄는 방법도 좋다)	5

모둠별 탐구 학습지

1997년 월 일

( )학년 ( )반 모둠이름(   )

관련단원	(1) 인간과 사회규범	교과서(쪽)	92-93쪽
탐구과제	장발장의 행위를 인권의 관점에 비춰 법과 도덕의 관점에서 비판해 본다.	학습과정	모둠학습지

<탐구자료> 다음은 장발장의 내용을 소개한 글이다. 이 글을 읽고 모둠별 토의를 해 보자.

 …어느 해 겨울, 몹시 추운 때가 있었다. 그는 일자리를 구할 수가 없었다. 집에는 빵이 없었다. 더구나, 배고픔에 허덕이는 일곱 명의 조카들!

 어느 일요일 밤, 교회 광장의 빵집 주인은 막 잠자리에 들려다가 창문 쪽에서 요란한 소리가 나는 것을 들었다. 급히 가보니, 깨어진 유리창 구멍으로 한 손이 들어 와 있었다. 그 손은 한 조각의 빵을 쥐고 있었다. 주인은 급히 밖으로 뛰어나가 도둑을 잡았다. 도둑은 이미 빵을 내버렸으나, 손은 피투성이였다. 그는 바로 장발장이었다.

 장발장은 "야간에 주택에 침입해서 절도를 한" 혐의로 재판정에 끌려갔다. 장발장은 유죄 선고를 받았다. 법전(法典)의 조항은 명백했다. 형벌이 한인간의 파멸을 선고하는 순간이었다.

(자료: 교과서 탐구활동 93쪽)

<탐구활동과제>

1. 주제: 장발장의 행위를 인권의 관점을 바탕으로 하여 법과 도덕의 입장에서 토의해 봅시다.

2. 토의안건: 가. 도덕의 입장에서 그의 행위를 훈계해 보자.

　　　　　　 나. 법의 입장에서 그의 행위를 비판해 보자.

　　　　　　 (각 입장의 이유, 근거, 사례들을 들어 인권의 차원에서 설득력있게 토의해 보자.)

2) 법의 적용과 집행

(1) 인권교육의 의의(교과서 94-96쪽)

인권의 범주에서 제일 중요시되는 것은 인간의 존엄성을 중요시 여기는 것이며 이의 핵심내용은 무엇보다 생명존중이다. 타고난 권리인 생명권은 자연적 권리인 동시에 공동체 생활 속에서 보호되고 지켜져야 한다. 동시에 타인의 생명권도 존중되는 것은 당연지사이다. 그런데 때로는 그런 생명권이 공권력에 의해서이거나 혹은 사회적 상황에 의해 위협에 처하기도 한다. 그리고 그것이 불가항력에 의해 자의적인 자살행위와 타인에 의해 또는 사고에 의해 포기되기도 한다. 자살의 경우는 원인의 요인에 따라 이타적 자살이나 아노미적 자살의 형태로 타인에 의해 혹은 사회적 규제에 의해 발생하기도 한다. 또한 인간의 생명권은 의도하지 않았던 사실의 결과에 의해서 침해를 당하기도 하는데 예를 들어 심각한 환경오염으로 인해 시민의 생명권이 위협받기도 한다. 그것이 때로는 법의 집행과정을 거친 후 재판을 받아 그 공정성의 문제에 대해 법적인 심판을 받아야 하는 경우도 있다. 그래서 본단원에서는 불가항력이라는 뇌사사건에 대한 내용과 부산시민의 생명권을 위협하는 낙동강 오염 등의 문제를 인권의 차원에서 모의재판의 형태로 제기하여 법의 정의실현을 통한 인권의 문제를 다루어 보고자 한다.

(2) 학습목표
- 지식: 법의 적용과 집행의 의미를 말할 수 있다
  - 재판의 종류와 의미를 말할 수 있다.
- 이해: NIE 학습지를 보고 재판의 종류를 찾아낼 수 있다.
- 적용: NIE 학습지의 사례를 보고 인간생명권의 차원에서 재판을 재구성할 수 있다.

(3) 교수-학습 방법: 토론학습, NIE 학습, 모의재판

수업의 흐름	교사의 교수활동	학생의 수업활동	시간
도입	1. 인사 및 전시 확인학습 2. 본시의 학습목표 제시 3. 동기유발: 뉴스나 신문에 난 재판의 사례 제시를 통해 재판의 의미를 생각해 보자.	• 다같이 인사 • 학생들은 신문이나 전날의 뉴스에 대해 이야기한다.	3

수업의 흐름	교사의 교수활동	학생의 수업활동	시간
전개 1	1. 법의 적용과 재판의 의미는 무엇인지 생각해 보자. 2. 재판의 종류는 어떤 것이 있나를 말해보자(99쪽 <표> 참고) 3. 재판의 종류 중에서 민사재판이란 무엇인가? 원고는? 피고는? 4. 민사재판의 사례를 찾아보자. 5. 형사재판이란? 행정재판이란? 선거재판이란? 헌법재판이란? 각각의 원고와 피고는? 각 사례 제시를 통해서 구체적으로 설명한다. 6. 이들의 내용을 신문에서 뽑은 사례로 제시하면서 설명에 주의한다.	• 법의 적용과 재판의 의미를 파악한다. • 표를 보고 대답한다. • 표를 보고 민사재판의 의미와 원고·피고의 입장을 말한다. • 민사재판의 사례를 찾는다. • 각 재판의 의미를 말하고 원고와 피고의 입장을 말한다. 각 재판의 사례를 찾아 본다. • 신문에서 각 사건의 사례를 말한다.	20
전개 2	1. NIE(자료 1)을 제시하고 재판의 종류를 찾아보자(모둠 과제). 2. 각 재판의 사례에서 피고와 원고를 찾아보자.	• 모둠별로 재판의 내용을 학습지에 적어 완성한다. • 원고와 피고를 찾는다.	5
문제 해결 과정	1. <탐구학습주제 1>를 참고하여 재판대본을 구성해 보자. 주의할 점은 법의 심판이 인권을 보호하는 정의의 실현에 있음을 이해하도록 유도한다. 2. 재판의 주제는 여러 가지의 사례 중에서 교사가 제시할 수도 있다. 또한 학생이 실제사건이 아닌 가상사건을 설정하여 재미있게 꾸밀 수도 있다. 이번 시간에는 인권문제에 초점을 맞추어 실제 일어난 사건 중에서 뇌사상태에 빠진 형을 죽인 아우와 낙동강 식수오염 사건 중에서 한 주제를 선택하여 모의재판으로 구성해 보고자 한다.	• 교사는 모의재판을 쓰는 요령을 충분히 설명한 후 교사가 모델이 되는 모의재판의 대본을 제시해 준다. 학생은 인권차원에서 판결을 할 수 있도록 지도한다. • 학생들은 반에 따라 교사가 제시한 주제 중에서 하나를 선택하거나 자신들이 원하는 주제를 선정할 수 있도록 할 수도 있다.	15
정리	<탐구학습주제 1>의 모의재판 대본을 완성하고 재판 준비를 하여 다음 시간에 재판할 수 있도록 준비하게 한다.	• 학생들은 재판의 대본을 완성하여 모둠별로 준비를 하고 배역을 정한 후 충분히 연습을 하여 다음 시간에 모의재판을 실시하도록 한다.	2

모둠별 NIE 학습지

1997년 월 일
( )학년 ( )반 모둠이름(   )

관련단원	(2) 법의 집행과 적용	교과서(쪽)	94-95쪽
탐구과제	모의재판을 실시하여 재판의 의미를 인권의 차원에서 이해해 보자.	학습과정	모둠학습지

<탐구자료>

• 제목: 형을 죽인 아우 ('97. 7. 1.『중앙일보』)

두뇌의 산소결핍증인 뇌저산소증으로 거동을 하지 못하는 식물인간이 된 형을 1년이 넘도록 극진히 보살피던 동생 장동은 씨는 어느 날, 병원에 갔다가 의사로부터 더이상은 가망이 없다는 말을 듣고 마지막으로 가지고 있었던 희망마저 버리게 된다. 계속 식물인간으로 살아야만 하는 형을 가엾게 여긴 동생은 형이 있는 집에 불을 지르게 되고 형은 결국 죽고 동생은 재판과정에서 충분히 정상이 참작되어 4년형을 선고받는다.

• 제목: 부산변호사회 '오염된 수돗물' 1억 손배소 (출저: '97. 3. 14.『중앙일보』)

부산지방변호사회(회장 石容鎭)는 14일 부산참여자치시민연합 김정각(金正覺) 의장과 부산환경운동연합 구자상(具滋相) 사무국장 등 부산지역 환경관련단체 대표 1백 명 명의로 국가와 부산시에 대해 오염된 낙동강 물을 수돗물로 사용하는 데 따른 손해배상청구소송을 부산지법에 냈다. 변호사회는 환경단체 대표 1인당 1백만 원씩 모두 1억 원의 손해배상을 요구했으며 김주학(金周學), 문재인(文在寅) 변호사 등 환경분과위원회 소속변호사 15명이 소송을 대리키로 했다.

변호사회는 소장에서 "정부는 부산시민들에게 3급수에도 못 미치는 공업용수 수준의 오염된 물을 수돗물로 사용토록 한 책임이 있다"고 주장했다.

<탐구활동과제>

1. 위의 내용에서 피고와 원고의 입장에서 모의재판 대본을 짜보고 실시해 보자(대본은 교사가 제시한 모의재판 대본 참고). … 학생들이 인권차원에서 짜본 형사재판의 대본은 이 단원 마지막 <자료 1> 학생수업의 결과물에 제시한다.

2. 위의 내용이 아니더라도 모둠의 희망에 따라 다양한 소재를 가지고 재판을 짤 수도 있다.

3) 일상생활과 법(교과서 96-99쪽)

(1) 인권교육의 의의

일상생활에서 시민의 삶과 관련된 법의 영역은 지극히 사적인 영역인 사법의 영역과 국가권력과 관련되는 공법의 영역이 있다. 사법과 공법의 영역의 구분은 때로는 모호한 경우가 많아서 그 영역 분리의 무의미성을 지적하기도 한다. 하지만 그것이 이웃과 국가 공동체의 삶에서 개인의 권리 향유와의 사이에서 분쟁이 생겼을 때 어떻게 해결해야 하는가의 문제를 야기시키는 경우도 있다. 그 분쟁의 관계를 조종하고 해결하기 위한 노력은 공동체의 '규칙의 체계'(rule structure) 속에서 모색되어야 한다. 공동체를 구성한 시민의 합의에 바탕한 규칙(법)을 정하고 그 공동체의 규칙 속에서 권리를 향유해 나가야 한다. 그리하여 때로는 자신의 권리가 제한받기는 하지만 공동체의 복지와 공공선을 추구해야만이 시민공동체의 삶이 유지되고 그 속에서 시민권리가 향유되는 인권의 실현이 가능할 것이다. 이 단원에서는 사법과 공법이 공동체의 규칙과의 관계에서 분쟁이 되었을 때 어떻게 그 분쟁을 조절할 것인가의 문제에 초점을 맞출 것이다. 그리하여 최근에 분쟁이 된 개를 기른 이웃집에 대해 손해배상을 청구한 사건을 토론의 주제로 잡았다.

(2) 학습목표

- 지식: 사법과 공법의 의미를 이해한다.
- 이해: NIE 학습지에서 법의 종류를 찾아서 말할 수 있다.
- 적용: 개인생활에 관련된 개인의 권리향유가 이웃 공동체와의 사이에 분쟁이 되었을 때 해결하는 방법은 무엇인지?

(3) 교수-학습 방법: 토의학습, NIE학습

수업의 흐름	교사의 교수활동	학생활동	시간
도입	1. 인사 및 전시학습 확인 2. 본시학습 목표제시 3. 짧은 사설이나 신문기사 등을 이용하여 흥미를 유발한다.	• 인사 • 사설이나 신문의 내용 말하기	3

수업의 흐름	교사의 교수활동	학생활동	시간
전개 1	1. 우리 주변에 법이 얼마나 가까이 있는가를 알 수 있는 내용과 사례는? 2. 사람은 출생신고를 하는 그 순간부터 법과의 인연을 맺고 살아간다. 3. 옛날 어른들의 말에 '그 사람은 법이 없어도 살아갈 사람'이라는 말이 있는데 그 의미는 무엇인가? 4. 하지만 우리 모두는 법과의 관계를 맺고 하루하루 살아가는데 법률관계의 의미를 공동체 속에서 이해를 해보자. 5. 공동체의 삶 속에서 개인과 개인의 권리 의무관계를 정해 놓은 법은? 6. 사법의 종류는? 7. 국가권력과 관련된 공법의 종류는?	• 생활주변의 법적인 사례를 찾아 말하기 • 출생신고의 의미 이해 • 의미 이야기하기 • 법률관계의 의미 이해 • 사법의 종류와 의미 이해 • 공법의 종류와 의미 이해	20
전개 2	NIE학습지에서 사법과 공법의 종류를 찾아보고 법률관계를 이해해 보자.	• NIE 학습지에서 공법과 사법의 영역을 찾기	20
문제 해결 과정	1. <탐구자료>에서 사적인 생활의 영역에서 분쟁이 되고 있는 내용은 무엇 인가? 2. 전모 씨가 사적인 권리향유에 피해를 받았다고 주장한 부분은? 3. 이웃집이 전모 씨네 가족에게 인권을 침해했다고 주장한 부분은? 4. 공적인 영역의 문제로 확되어 자신이 판사의 입장이 되었다면 어떤 판결을 내릴 것인가? 그리고 그 근거는 무엇인가?(이웃공동체의 삶과 인권의 보호차원에서 판결하도록 한다)	• 자료에서 분쟁이 되는 부분 찾기 • 자료에서 찾기 • 자료에서 찾기 • 자신이 판사의 입장이 되어 공동체의 질서를 지키고 인권을 보호하는 차원에서 판결하기(모둠에서 판결문을 작성한다)	20
정리	판결문을 작성하다 보면 시간이 부족할 것이므로 다음 시간까지 완성해 와서 수업 시작 처음에 판결문 발표를 하고 그 시간 수업을 시작한다.	• 완성하기	2

모둠별 NIE 학습지

1997년   월   일

(   )학년 (   )반 모둠이름(   )

관련단원	(3) 일상생활과 법	교과서(쪽)	96~99쪽
탐구과제	공법과 사법의 의미를 공동체의 맥락 속에서 이해한다.	학습과정	모둠학습지

<탐구자료>

• 개짖는 소리 피해 2천만원: 「판례」 없어 주목 (출처: '97. 7. 9. 『조선일보』)

옆집에서 기르는 개소리와 냄새는 어느 정도까지는 참을 수 있는 것인가. 아직 우리 사회에서는 개의 사육과 이웃의 피해에 대한 보상기준이나 판례가 흔하지 않다.

이런 가운데 한 국회의원의 가족이 이웃의 개 사육으로 가정생활에 큰 피해를 보고 있다며 법원에 손해배상을 요구하는 소송을 냈다.

서울 강남구 자곡동에 사는 현역 국회의원의 부인인 전모 씨는 8일 "이웃집에서 기르는 7마리의 개 때문에 정상적인 가정생활을 유지할 수 없다"며 서울지법에 '개 사육금지 가처분신청'을 냈다.

전씨는 신청서에서 "지난해 5월 이사온 이웃집이 마당에서 기르는 도사견과 셰퍼드 등 개 7마리가 짖어대는 소리 때문에 고혈압을 앓고 있는 노모의 건강과 수험생 아들의 학업에 큰 지장을 받고 있다"고 주장했다. 전씨는 또 "개 축사가 집 안방과 불과 8m 거리에 있어 개털과 냄새 때문에 여름에도 창문을 닫고 지내야 할 지경"이라며 "개를 기르는 장소를 제한, 집과 멀찍이 떨어진 곳에서만 개를 기를 수 있도록 제한해 달라"고 밝혔다.

전씨는 "축사를 멀리 옮겨줄 것을 수차례 요구했으나 응하지 않아 소송을 제기했다"며 "470일간의 고통에 대한 손해배상금으로 2천만 원을 지급해야 한다"고 덧붙였다.

이에 대해 한 판사는 "애완견 사용으로 인한 불편이 인내할 수 있는 한도를 벗어났다고 판단할 경우에는 손해배상을 제기할 수도 있다"며 "법 취지상 개를 키운다는 것은 취미생활의 하나지만 이웃에게 폐를 끼쳐서는 안 된다"고 말했다.

<탐구활동과제>

1. 전모 씨와 이웃집과의 관계는 사법의 적용영역인가, 공법의 적용영역인가?

2. 전모 씨가 인권을 침해했다고 주장한 내용은?

3. 자신이 판사가 되어 공동체의 복지와 공공선의 추구라는 공동체의 규칙체계 속에서 전모 씨의 권리향유란 차원에서 판결을 내려보자. (판결의 근거: 전모 씨의 권리요청은 이웃과의 공동체적 삶의 추구에 도움이 되는가? 방해가 되는가? 이웃집은 전모씨의 요구를 왜 묵살했으며 이 과정에서 인권침해를 하지는 않았는가?)

4) 기본권의 종류와 내용 1[2])

(1) 인권교육의 의미

인권이 권리로 구체화되면 그것은 단순히 사람의 권리가 아니라 '사람답게 살 권리'(human right)가 된다. 이는 곧 사람의 사람다움을 실현할 권리로 인간적인 모든 것을 인정하고 정당화하는 인간관의 표현이다. 인권의 발전은 그만큼 사람다움을 평가기준으로 삼음으로써 사람을 가치의 근거로 삼아 '사람의 사람다움'을 최고의 가치로 추구한다.

이러한 인간의 가치를 법적으로 표현한 것이 현행 헌법의 기본권에서 구체화시켜 놓고 있다. 그 내용은 행복추구권·평등권·자유권·사회권·청구권·참정권 등으로 제시하고 있으며 그 중에서 무엇보다 중요한 내용은 헌법 제10조 "모든 국민은 인간으로서의 존엄과 가치를 가지며 행복을 추구할 권리를 가진다"로 규정하고 있는 행복추구권이야말로 사람다움에 대한 최고의 법적인 권리의 보장이다. 이를 위한 제 기본권을 보장해야 하며 기본권의 교육을 통해 너와 나의 공동체생활을 통해 인권을 존중하고 어떻게 실현해 나가야 하는가를 교육하고 배워 나가야 할 것이다.

특히 여기서는 여러 기본권을 학습하고 NIE 학습을 통해 사회의 여러 사례를 인권침해의 차원에서 분석해 보고 그 중에서 중요한 한 부분인 표현의 자유를 만화가 이현세의 검찰소환을 통해 알아보고자 한다. 여기서는 한 개인의 표현의 자유가 어느 정도까지 보장되어야 하는가와 이를 위한 개인의 기본권 보장이 우선순위인가, 아니면 사회 전체의 공익의 보장이라는 이름으로 개인의 기본권을 제한할 수 있는지를 집중토의 해보고자 한다.

(2) 학습목표

- 지식: 기본권의 종류를 알고 그 의미를 말할 수 있다.
- 이해: NIE 학습지에서 기본권의 종류를 찾아낼 수 있다.
- 적용: NIE 학습지에서 표현의 자유를 어느 정도 제한할 수 있는가를 개인의 인권과 사회공익의 입장에서 비판해 볼 수 있다.

(3) 교수–학습 방법: NIE 학습, 토론 학습

---

2) 이 수업지도안은 단원 IV. 2와 IV. 3을 통합주제로 다루고 있다.

수업의 흐름	교사의 교수활동	학생활동	시간
도입	1. 인사 및 본시수업 목표제시 2. 동기유발: 최근에 백화점의 몰래 카메라 고발사건이 사회문제가 된 사실을 알고 있는가? 3. 그 사건이 왜 그렇게 문제가 되었을까?	• 인사 • 사실의 확인 • 문제가 된 이유를 인권침해의 차원에서 이해한다.	3
전개	1. 사람이 사람답게 살기 위해 필요한 것에는 어떤 것이 있을까? 2. 그 많은 것들을 법적으로 보장하기 위한 것이 기본권이다. 헌법에 보장한 기본권의 의미는? 3. 기본권의 종류 및 내용은? 4. 행복추구권의 의미? 최근의 사건을 통해 행복추구권이 침해된 대표적인 사례들은? 5. 자유권의 내용과 사례는? 6. 사회권의 내용과 사례는? 7. 청구권의 내용과 사례는? 8. 참정권의 내용과 사례는?	• 사람답게 살기 위해 필요한 것 이야기하기 • 의미 이해 • 종류와 내용 이해 • 빛나리 양 유괴, 대구에서 빚쟁이에게 시달린 소녀가장의 투신자살 등. • 각 기본권의 사례찾기	20
	NIE 학습지에서 기본권의 종류를 찾고 인권침해의 입장에서 비판해 보자.	• NIE 학습지에서 해답찾기	5
문제 해결 과정	1. <탐구자료> NIE 학습지에서 기본권 침해 사례 토의해 보자. 2. 이현세의 검찰소환이 문제가 되는 이유는 무엇인가? 검찰소환의 사회적 배경은? 3. 이현세의 표현의 자유는 인정되어야 하는가? 인정되어야 한다면 그 근거를 인권의 보호란 차원에서 제시해라. 4. 이현세의 표현의 자유를 제한해야 하는가? 제한의 근거를 공익이라는 공동체적 선의 추구란 입장에서 찾아라.	• NIE 학습지를 보고 모둠별 토의한다. • 청소년 보호법의 제정과 최근에 사건이된 일본만화의 폭력성에 대해 인식 • 이현세의 소환에 대해 한 입장에서 그 정당성을 인권과 권리보호란 차원에서 토의하기 • 사회공익의 차원에서 개인의 기본권은 제한되어야 하는가?	15
정리	<탐구학습주제 1>의 토의정리 및 차시예고	• 정리	2

모둠별 NIE 학습지

1997년 월 일

(   )학년 (   )반 모둠이름(   )

관련단원	(4) 기본권의 종류와 내용	교과서(쪽)	103-108쪽
탐구과제	기본권의 제한과 기본권 보장 간의 갈등을 토의해 보자	학습과정	모둠학습지

<탐구자료>

• 제목: 검찰, 만화 '천국의 신화' 음란·폭력성 혐의 이현세 씨 소환키로 (출처: '97. 7. 19.『중앙일보』)

검찰이 이현세(李賢世) 씨 등 유명 만화가의 음란문서 제조혐의에 대해 일제수사에 나서 마광수(馬光洙)·장정일(蔣正一) 씨의 소설에 이어 작품의 음란성 시비가 만화계까지 번질 전망이다.

서울지검 형사 1부(윤종남 부장검사)는 19일 이현세 씨가 최근 발간한 시리즈 만화 '천국의 신화' 등 일부 작품의 음란·폭력성이 지나치다며 李씨를 음란문서 제조등 혐의로 21일 소환조사시키로 했다.

검찰은 지난 2월 해냄미디어를 통해 출판된 '천국의 신화' 1부 4권이 잔인한 폭력장면과 집단 성행위, 사람과 동물의 성행위등을 지나치게 노골적으로 묘사한 장면이 포함돼 있어 李씨를 조사키로 했다고 밝혔다.

검찰은 李씨와 해냄미디어 관계자를 소환조사한 후 사법처리 여부를 결정할 방침이다.

문제가 된 李씨의 '천국의 신화'는 상고사(上古史)부터 현대사에 이르는 우리 나라 역사를 총 1백권 분량의 연작만화로 펴낸다는 계획 아래 제1부가 출간된 대형작품이다.

검찰은 또 정기간행물에 실린 청소년용 만화들 중 선정·폭력성이 지나친 작품을 제작·게재한 朴모 씨 등 만화작가와 출판사 대표들에 대해서도 내사중이다.

주임검사인 홍연숙(洪連淑) 검사는 "경륜있는 만화작가들이 만화 주구독층인 청소년들에게 미치는 영향을 충분히 고려해야 하는데도 음란성과 폭력성을 지나치게 드러낸 만화를 시중에 유통시키고 있어 수사에 나선 것"이라고 말했다.

<탐구활동과제>

1. 만화가 이현세의 소환은 그 개인의 표현의 자유를 침해했다면 어떤 측면에서인가? 또, 그의 소환을 통해 기본권을 제한할 수밖에 없는 측면의 이유는 무엇인가?

2. 양자의 갈등에서 자신의 견해는 어떤 입장인가? 그리고 그 이유는 인권의 입장에서 토의해 보자.

3. 토의주제: 가. 만화가 이현세의 입장에서 표현의 자유가 인정되어야 한다

나. 공공복리를 위해 표현의 자유가 제한되어야 한다.

5) 기본권의 종류와 내용 2

(1) 인권교육의 의미

인권은 정당하고 타당한 요구와 관계되며 공정한 절차의 요구이기도 한다. 더구나 인간의 기본권이 국가의 공권력에 의한 침해를 받을 경우, 그것이 사법권에 의한 침해든 행정권에 의한 침해든 입법권에 의한 침해든 국가공권력의 행사로 인하여 인권에 대한 침해가 발생할 경우는 공정한 절차를 통하여 개인의 기본권은 구제되어야 한다. 더구나 그것이 한 개인의 생명권의 침해를 가져와 행복추구권을 침해 당했을 때에는 그에 대한 타당한 보상이 있어야 한다. 이 단원에서 개인의 권리와 인권의 침해가 국가공권력에 의해서 발생했을 때 어떤 구제책을 모색할 수 있는가를 학습한다.

NIE 학습지를 통해 인권침해의 사례를 학습한 이후 행정부의 에이즈 판정착오로 인하여 생명권의 위협을 당한 정모 여인의 실화를 통하여 기본권의 침해를 어떻게 구제할 것인가를 집중 토의하고자 한다. 법적인 구제내용뿐 아니라 인권보호의 차원에서 여러 가지 대안을 찾아본다.

(2) 학습목표

- 지식: 기본권의 침해와 구제 및 기관에 대해 이해할 수 있다.
- 이해: NIE 학습지에서 기본권의 침해사례를 찾을 수 있다.
- 적용: NIE 학습지에서 기본권의 침해사례를 읽고 구제방안을 모색할 수 있다.

(3) 교수-학습 방법: 토론 학습, NIE 학습

수업의 흐름	교사의 교수활동	학생활동	시간
도입	1. 인사 및 전시학습 2. 본시학습 목표제시 3. 동기유발: 최근에 발생한 인권침해 사례 제시를 통해 흥미유발	• 인사 • 최근의 사례찾기	3
전개 1	1. 기본권의 침해란? 2. 최근에 자신이 인권침해를 당한 사례를 찾아보자. 3. 최근에 자신이 남의 인권을 침해한 사례를 찾아보자.	• 의미 이해 • 사례찾기 • 자신이 남에게 행한 인권침해 사실을 찾고 반성하기	20

수업의 흐름	교사의 교수활동	학생활동	시간
전개 1	4. 한 개인에 의한 인권침해 사례를 어떻게 구제해야 하는가? 5. 개인에 의한 인권침해뿐만 아니라 국가공권력에 의한 인권침해의 사례도 찾아보자. 6. 입법권에 의한 인권침해의 의미와 그 사례는? 7. 사법권에 의한 인권침해의 의미와 그 사례는? 8. 행정권에 의한 인권침해의 의미와 그 사례는? 9. 이처럼 기본권의 침해가 있을 때 구제방안은?	• 구제방안 모색 • 의미와 사례찾기 • 의미와 사례찾기 • 의미와 사례찾기 • 의미와 사례찾기 • 구제방안 모색	20
전개 2	1. <자료 1>의 NIE 학습지에서 기본권 침해의 사례찾기 2. 각 기본 침해사례는 무엇에 의한 침해인가? 3. 기본권 침해의 법적인 구제방법은 무엇인가?	• NIE 학습지에서 해답구하기 • 해답찾기 • 구제방안 모색하기	10
문제 해결 과정	1. <탐구자료> NIE 학습지에서 기본권 침해 사례에서 구제방안을 토의해 보자. 2. 정모 여인의 기본권 침해는 무엇에 의한 침해인가? 3. 정모 여인의 기본권 침해를 구제하기 위한 방법에는 어떤 것이 있는지를 인권보호차원에서 토의해 보자.	• 기본권 침해를 NIE 학습지에서 찾기 • 침해의 종류 답변 • 기본권의 구제방법을 법적인 내용과 인권의 보호차원에서 토의한다.	10
정리	1. <탐구학습주제 1>의 토의내용 정리 2. 차시예고	• 내용을 정리	2

모둠별 NIE 학습지

1997년 월 일

( )학년 ( )반 모둠이름(   )

관련단원	(5)기본권의 침해와 구제	교과서(쪽)	108-111쪽
탐구과제	기본권의 침해와 구제방법을 인권보호의 차원에서 토의해 보자.	학습과정	모둠학습지

<탐구자료>

• 제목: '에이즈 판정착오' 국가배상 판결 (출처: '97. 9. 3.『조선일보』)

보건당국의 에이즈(AIDS) 판정착오로 자포자기한 삶을 살아가다 실제로 에이즈에 감염된 30대 여인이 국가로부터 1천만 원의 배상을 받게 됐다.

서울지법 민사합의15부(재판장 장용국 부장판사)는 3일 에이즈 양성판정을 받고 절망감에 빠져 감염자 모임에서 만난 남자와 동거하다 에이즈에 감염된 鄭모 씨(36, 여)가 국가를 상대로 낸 1억 원의 손해배상 청구소송에서 "보건당국이 정확한 검사결과를 알려주지 않아 鄭씨가 입은 정신적 피해에 대해 국가는 위자료를 지급하라"며 원고 일부승소 판결을 내렸다.

재판부는 판결문에서 "에이즈 양성판정은 피검사자에게는 사형선고와 다름없기 때문에 당국은 검사에 고도의 신중을 기해야 하며 에이즈 감염 환자를 적극 보호해 확산을 방지할 책임이 있다"면서 "검사결과가 엇갈렸다면 보건당국이 즉시 이를 통보해야 함에도 통보는 물론 재확인과 원인규명 노력 등 아무런 조치를 취하지 않은 만큼 국가는 원고가 입은 정신적 고통에 대한 책임이 인정된다"고 밝혔다.

鄭씨는 지난 87년 국립보건원의 에이즈 검사결과 양성판정을 받은 뒤 생계유지를 위해 제주, 전남, 순천 등지에서 접대부 생활을 계속하면서 91년 전남보건환경연구원에서 받은 세 차례의 에이즈 검사에서 음성으로 판정됐으나 이 사실을 통보받지 못했다.

결국 鄭씨는 에이즈 양성판정만 믿고 지난 94년부터 에이즈 감염자 모임 '희망나눔터'에 참여, 당시 회장이던 金모 씨(44)와 동거에 들어간 뒤 실제로 에이즈에 감염됐다. 鄭씨는 지난 95년 5월 에이즈 환자로서 모방송국 프로그램의 취재에 응하는 과정에서 자신의 에이즈 검사기록을 보게 됐고 판정결과가 양성·음성으로 엇갈린 사실을 확인하고는 지난 2월 소송을 냈다.

鄭씨는 지난 94년 7월 에이즈 감염 사실을 알고도 유흥업소 접대부를 계속하는 바람에 '에이즈 복수극' 파문의 주인공으로 알려지기도 했다

<탐구활동과제>

1. 교과서 111쪽 표를 참고로 하여 위의 사례는 기본권 침해의 어떤 사례에 속하는가를 찾아보자. (   )

① 타인에 의한 침해   ② 행정권에 의한 침해   ③ 사법권에 의한 침해

④ 입법권에 의한 침해 ⑤ 헌법에 의한 침해

2. 위의 경우에 정모 여인의 기본권을 구제할 수 있는 방법은 무엇인가를 토의해 보자 (법적인 구제내용과 인권보호의 차원에서 토의하기).

· ·

<자료 1> 학생 수업의 결과물

사회 모의재판

제목: 식물인간 형의 죽음과 동생

재판의 종류: 형사재판

3학년 6반 모둠이름: 천사

모둠원: 24번 이혜원   18번 조태숙
14번 이민경   8번 최서영
32번 권미란   4번 박수경
6번 설정희 21번 김미영

주제: 〈식물인간인 형과 그의 동생〉

1. 내용

두뇌의 산소결핍증인 뇌저산소증으로 거동을 하지 못하는 식물인간이 된 형을 1년이 넘도록 극진히 보살피던 동생 장동은 씨는 어느 날 병원에 갔다가 의사로부터 더이상은 가망이 없다는 말을 듣고 마지막으로 가지고 있었던 희망마저 버리게 된다. 계속 식물인간으로 살아야만 하는 형을 가엾게 여긴 동생은 형이 있는 집에 불을 지르게 되는데 …….

2. 배역

검사, 피고인, 변호인, 재판장, 사회자, 정리, 증인(의사)

3. 재판내용

사회자: 본재판은 검사가 피고 장동은에 대해 낸 형사재판으로 식물인간이 된 형을 불에 태워 죽인 피고의 죄와 형량을 결정하는 재판입니다.

정　리: 모두 조용히 해주십시오. 재판장 김진수 부장판사께서 입장하십니다. 모두 자리에서 일어나 주십시오. (재판장이 입장한다) 모두 착석해 주십시오.

재판장: 지금부터 검사가 장동은 피고인에 대해 낸 춘천지법 제2형사부 형사 1452호 소송을 시작하겠습니다. 피고인은 이 법정에서 묵비권을 사용할 권리가 있습니다. 검사, 공소장을 낭독해 주십시오.

검　사: 피고인 장동은은 지난 6월 9일 오후 6시 50분경, 두뇌의 산소결핍증으로 거동을 하지 못해 1년 여를 식물인간으로 살아온 형 장동철 씨를 안방에 두고 거실에 자신이 사온 경유를 뿌린 뒤 불을 질러 형을 불에 타 숨지게 한 혐의로 지난 7월 1일 구속기소 되었습니다. 뇌사상태에 빠져 거동을 하지 못하는 형이기는 하나 같은 부모 밑에서 태어난 형제를 죽인다는 것은 차마 인간으로서는 행할 수 없는 반인류적인 행위이고, 또한 피고인은 자신이 살던 집에 고의로 불을 지른 방화를 행했음이 명백하므로 검찰에서는 피고인을 구속기소 했습니다. 이상입니다.

재판장: 검사의 공소장 낭독을 잘 들었습니다. 변호인, 변론하십시오.

변호인: 친애하는 재판장님.

지금 피고인은 식물인간인 상태로 1년 여를 살아온 형을 불에 태워 숨지게 한 혐의로 이 자리에 서 있습니다. 물론, 피고인이 한 행위는 법의 관점에 비추어 보아 옳다고는 할 수 없습니다. 그러나 피고인은 지난 1여년간 형을 극진히 보살펴 왔으며, 최근 병원에서 더이상 가망이 없다는 말을 들어왔습니다. 피고인은 형을 사랑하는 마음에서, 더이상 형에게 고통을 주지 않기 위해 형을 영원히 잠들게 하는 방법을 택할 수밖에 없었던 것입니다. 피고는 비록 형을 불에 타 숨지게 했지만, 이는 당시 피고인의 상황에서 어쩔 수 없는 선택이었다는 것을 다시 한번 말씀드립니다. 이상입니다.

재판장: 검사, 심문하십시오.

검 사: 알겠습니다. 재판장님, 사건현장에서 발견된 이 경유통을 증거물 제1호로 제시하겠습니다. 이 경유통에는 발견 당시 경유가 담겨 있었던 흔적이 남아 있었으며, 지문 감식결과로 보이는 것처럼 피고인의 지문이 여기저기에 뚜렷이 나타나 있습니다. 이로 미루어 보아 피고인의 범죄행위는 의심할 여지조차 없습니다. 피고는 이 사실을 인정합니까?

피고인: 인정합니다.

검 사: 이 경유통은 어떤 용도로 사용된 것입니까?

피고인: 그 경유통은 제가 그 사건이 있던 날, (피고인, 울먹인다) 집 근처에 있는 주유소에서 경유를 사올 때 사용했던 통입니다.

검 사: 피고인은 이 경유통에 든 경유를 피고인의 형이 있는 방과 거실에 뿌려 불을 질렀죠? 경유통 옆에서 발견된 라이터를 증거물 제2호로 제시합니다. 이 라이터에서도 지문 감식결과 피고의 지문이 뚜렷이 나타나 있습니다. 피고인은 이 사실을 인정합니까?

피고인: 인정합니다. 제가 그랬습니다. 제가 나쁜 놈입니다. 제가……

재판장: 피고인, 진정하세요.

검 사: 이상 심문을 마칩니다.

재판장: 변호인, 심문하세요.

변호인: 피고인은 그 일을 저지른 후, 증거물로 제시된 그 경유통과 라이터를 어디에 버렸습니까?

피고인: 버리진 않고, 그냥 마당에 놔두었습니다. 그런 끔찍한 물건에 손을 대기도 싫었습니다.

변호인: 재판장님, 이것은 바로 피고인이 자신이 저지른 일을 억지로 은폐하려 하지 않았다는 것을 보여주고 있습니다. 그러면 피고인, 피고인의 형이

　　　　　뇌저산소증으로 식물인간 선고를 받은 것은 얼마나 전의 일입니까?

피고인: 한 1년이 넘었을 것입니다.

변호인: 피고인은 형이 처음 그런 선고를 받았을 때 형을 죽이겠다고 마음먹었습니까?

피고인: 아니요, 절대 아닙니다. 형을 열심히 간호했어요. 언젠가 한번 식물인간이 다시 회복되었다는 기사를 읽은 것을 기억하고 있었습니다. 그래서 희망을 버리지 않았습니다.

변호인: 그런데 왜 그런 일을 했습니까?

피고인: 그 일을 저지르기 얼마 전에 병원에 갔습니다. 그곳의 의사 선생님께서 형은 더이상 가망이 없다고 했어요. 세상이 무너진듯 했고, 형이 너무 불쌍했어요. 저렇게 사는 것보다는 죽는 게 낫다는 생각을 했습니다.

변호인: 존경하는 재판장님, 그 병원의 의사를 증인으로 채택합니다.

재판장: 좋습니다.

정　리: 증인은 이 법정에서 언제나 진실만을 말할 것을 맹세합니까?

증　인: 맹세합니다.

재판장: 변호인, 증인 심문하십시오.

변호인: 증인께서는 얼마 전에 식물인간이 된 형의 상태를 검진받으러 왔던 한 청년을 기억하십니까?

증　인: 물론입니다. 저의 환자들 중 식물인간인 사람은 한 사람밖에 없기 때문에 잘 기억하고 있습니다.

변호인: 당시 피고인의 형의 상태는 어땠습니까?

증　인: 거의 가망이 없었습니다. 본래 뇌사판정을 받은, 흔히 식물인간이라 표현합니다만, 그런 사람은 회생할 가능성이 매우 희박합니다. 저도 굉장히 안타까웠습니다.

변호인: 당시 피고인의 태도는 어땠습니까?

증　인: 그때 그 청년의 태도는 정말 눈물겨웠습니다. 그 청년은 제가 가능성이 거의 없다는 말을 하자 금방 눈시울이 붉어지더니 형이 불쌍하다며 흐느꼈습니다.

변호인: 이상입니다.

재판장: 검사, 반대심문하십시오.

검　사: 재판장님, 증인 반대심문을 하기 전에 피고인에게 한 가지 질문해도 되겠습니까?

재판장: 하십시오.

검　사: 피고인, 피고인은 형이 회생가능성이 없어보이자 차라리 죽는 것이 낫다고 생각하여 그런 일을 저질렀다고 했습니다. 그렇다면 피고인은 왜 그렇게 끔찍한 방법으로 형을 죽였습니까? 다른 방법도 많이 있지 않았습니까? 예를 들면 약물을 투여한다든지 하는 방법도 있는데 말입니다.

피고인: (울먹인다) 그때는 아무것도 생각나지 않았습니다. 형을 구해 주고 싶었는데 별다른 방법은 아무것도 생각나지 않았습니다. 담배를 피는데, 손에 라이터를 쥐는 순간 이렇게라도 해서 형을 구해주어야겠다고 생각했습니다.

검　사: 그러나 사람을 불에 태워서 죽이는 방법은 너무 끔찍하다고 생각하지 않습니까?

피고인: 다른 방법은 생각나지 않았습니다. 아무것도요.

검　사: 좋습니다. 이상입니다. 그러면 증인심문을 하겠습니다. 증인은 식물인간이 되면 회생할 가능성이 매우 희박하다고 하였는데, 회복한 사람도 있지 않습니까?

증　인: 그야 그렇지만 정말 기적적인 경우가 아니고서는 가능성이 없습니다.

검　사: 그렇다면 피고인의 형도 언젠가는 회생할 가능성이 조금은 있었다는 말이 아닙니까?

증　인: 그럴지도 모릅니다.

검　사: 이상입니다.

재판장: 검사, 최종의견진술을 해주십시오.

검　사: 친애하는 재판장님.

지난 6월 9일 뇌사상태에 빠져 식물인간이 된 형을 불에 태워 죽인 피고인의 행위는 이제까지의 증거물, 경유통과 라이터의 피고인의 지문으로 보아 확실하게 드러났으며, 피고인도 그런 그의 행동을 인정하고 진술하였습니다. 같은 피를 타고난 형제를 죽이는 행위는 명백히 법에 어긋나는 행위가 아닐 수 없으며, 회생가능성이 조금이나마 있는 데도 불구하고 미리 단념부터하고 형을 불에 태워 죽인 피고의 행위는 용납될 수 없는 것입니다. 게다가 피고인이 처음에 말했듯이 피고인이 식물인간이 되었다가 살아난 사람의 예를 알고 있으면서도 그런 행동을 한 것은 더욱 용납될 수 없는 일입니다. 그리고 고통 속에서 형을 구해 주려 한 피고인의 동기는 순수하다고 보아지지만, 그 행동이 끔찍하고 잔인하며,

　　　　건물에 고의로 방화를 한 혐의를 인정하여 검찰에서는 피고인에게 징역
　　　　5년을 구형하는 바입니다.
재판장: 변호인, 최종 변론하십시오.
변호인: 존경하는 재판장님. 피고인이 비록 식물인간이 된 형을 불에 태워 죽이
　　　　는 일을 저질렀지만 우리는 그러한 행동을 하였을 당시의 그의 마음을
　　　　생각해 보아야 할 것입니다. 피고인은 형이 식물인간이 된 1년이 조금
　　　　넘는 기간 동안 형을 극진히 보살펴왔고 형을 진심으로 사랑했습니다.
　　　　그러나 1년이 조금 지나고 더이상은 가망이 없다는 이야기를 들었을
　　　　때의 피고인의 심정을 여러분들은 상상해 보실 수 있습니까? 피고인은
　　　　이처럼 식물인간으로 평생을 보낼 바에는 차라리 빨리 형을 고통 속에
　　　　서 해방시켜 주고 싶었고, 형의 현상태에 대한 슬픔 속에서 이같은
　　　　일을 하게 되었던 것입니다. 여러분들의 현명하신 판결을 기대하겠습
　　　　니다.
재판장: 피고인, 마지막으로 진술하십시오.
피고인: 제가 나쁜 놈입니다. 하지만 형이 너무 불쌍했어요. 형을 고통 속에서
　　　　구해내 줄 수 있다면 무슨 일이든 하고 싶었습니다.
재판장: 10분간 휴정하겠습니다.
(10분이 지남)
정　리: 여러분, 자리에 앉아 주십시오. 재판을 계속하겠습니다.
재판장: 판결을 내리겠습니다.
　　　　피고인이 형을 불에 태워 죽인 범죄행위로 보아 중형을 선고해야 할 것
　　　　이 마땅하나, 피고인은 1년이 넘게 형을 극진히 보살펴 왔으며, 사건 당
　　　　시의 상황으로 보아 더이상의 치료 가능성이 없다는 것, 그리고 사건 당
　　　　시 피고인의 행동에 고의성을 전혀 발견할 수 없는 점과 피고인이 현재
　　　　까지도 형을 여전히 사랑하고 있는 것 등이 밝혀진 점 등으로 미루어
　　　　보아서, 피고인의 당시 상황을 참작하여 피고인의 형량을 다소 경감시켰
　　　　습니다. 그러나 피고인이 저지른 방화혐의는 너무나도 명백한 것이기 때
　　　　문에 징역 4년을 선고합니다. 이 판결에 불복시 피고는 앞으로 1주일
　　　　이내에 서울고등법원에 상소할 수 있습니다. (탕탕탕)
사회자: 이상으로 재판을 마치겠습니다. 모두들 수고하셨습니다.

④ 단원 Ⅵ 자원과 지역개발 및 환경문제3)

1) 환경과 인권교육의 의의

오늘날 근대화의 인간중심주의에서 비롯된 인권은 사람과 사람 사이의 권리에 머물지 않고, 사람과 자연의 관계를 고려한 자연권(right of nature)으로 확대되어야 한다고 본다. 곧 인류생존의 문제는 인간만의 문제가 아니라 자연의 생태계보존 속에서만이 가능하다. 극복과 개발대상으로서의 자연이 객체가 아니라 이제는 인간의 생존은 자연과 더불어 가능하며 환경보존의 문제를 인간의 권리회복의 차원에서 제기 되어야 한다.

환경문제는 산업화·도시화·기계화와 소비의 극대화 등의 자본주의 경제발전과 더불어 심화되어 현재는 심각한 상태에 이르렀다. 그래서 이 단원에서는 환경에 대한 인식이 역사적으로 어떻게 변화되어 왔으며 환경오염발생의 원인, 현재의 실태와 이를 규제하기 위한 환경법은 무엇인가? 현재 환경운동의 실태와 앞으로 우리가 해야 할 실천운동은 무엇인가를 중심으로 고찰해 보고자 한다. 그리하여 하나뿐인 지구의 생태계를 회복하기 위해서는 인간과 자연, 사회·경제적 요소들 간의 상호작용결과 발생하는 환경문제의 복합성을 이해하고 환경을 보호하는 태도를 기르고자 한다. 더 나아가 인류가 소비생활의 패턴 환경을 중시여기는 의식의 대전환만이 인류가 더불어 살아갈 수 있음을 인식시켜야 한다.

2) 학습목표

환경문제의 원인과 현재적 상태를 인식하여 생활 속에서 환경문제를 해결해 나갈 태도를 기른다.

3) 교수-학습 방법

통합사회과의 수업, NIE 학습, 토론학습

4) 교수-학습 지도안

브레인 스토밍을 통해 질문을 범주화시킨 예는 ① 환경이란 무엇인가? ② 환경에

---

3) 이 단원은 통합주제로 수업지도안을 작성하였다.

대한 인식은 역사적으로 어떻게 변화되어 왔는가? ③환경오염의 현재적 상태는 어느 정도인가? ④환경오염의 종류와 그 피해는? ⑤환경오염이 주로 발생한 지역은? ⑥환경오염이 지구생태계와 우리의 인체에 미치는 영향은? ⑦환경오염의 문제를 해결하고자 하는 인간의 노력과 환경보호운동의 실태는? 등의 내용을 종합하여 통합사회과의 수업으로 계획해 보았다. 1차시에는 브레인 스토밍을 실시하고, 2차시에는 그 아이디어를 조직화하여 통합사회과의 수업으로 구성하였다. 2차시의 내용을 다음과 같이 실시하고 그 중 필요한 자료를 같이 제시한다(1차시 수업지도안은 생략한다).

<2차시> 교수-학습 지도안

단계	학습내용	교수-학습 활동		수업지도시의 유의점
		교사	학생	
도입 (3분)	본시수업 목표제시 동기유발	• 환경문제를 인간과 자연의 관계회복을 통한 인간됨의 권리회복 운동임을 주지시킨다. • 최근에 비가 많이 오는 이유가 무엇인지를 이야기한다.	• 자신의 생각을 이야기한다.	
기본 학습 (20분)	1. 환경의 역사적 인식 2. 환경문제 발생의 경제적 배경 3. 환경오염 발생지의 지리적 영역 4. 사회적 현상태 5. 법적인 영역 6. 환경운동의 실태와 우리의 자세	• 환경에 대한 인간의 인식은 역사적으로 어떻게 변화되어 왔나? • 환경문제가 발생한 경제적인 배경은 무엇인가? • 환경문제가 심각한 지리적인 영역은? • 환경오염의 현실태와 환경파괴로 인하여 나타난 현상은? • 환경오염을 규제하는 법적인 내용은 어떤 것이 있나? • 환경문제를 해결하고자 하는 인간의 노력은 어떠하며, 인류의 공생을 위하여 우리가 해야 할 역할을 인간생존의 문제와 결부시켜 생각한다.	• 교사가 제시한 자료에서 찾아서 답변한다. • 경제발전과 환경문제의 상관관계를 인식한다. • 공업화 단원에서 배운 내용을 상기한다. • 교과서의 내용을 포괄하여 설명한다. • 환경법의 내용을 확인한다. • 환경문제를 해결하기 위한 실천의지는?	제시한 자료를 보고 해답을 찾을 수 있도록 한다.

단계	학습내용	교수-학습 활동		수업지도시의 유의점
		교사	학생	
심화 학습 (20분)	1. 탐구학습 과제 1 2. 탐구학습 과제 2 3. 탐구학습 과제 3 4. 탐구학습 과제 4	• 경제개발이 우선인가, 환경보호가 우선인가? <탐구자료> • 환경보호법을 어긴 사례를 신문에서 찾아 그 법적인 처벌규정과 대책을 토의해 보자. • 환경문제를 해결하기 위한 캠페인을 계획해 보자. • 환경문제를 해결하기 위한 환경일기를 써보자.	·학생들은 탐구학습과제 중 한 가지 선택하여 집중적으로 토의한다. 토의 주안점은 지구 생태계를 보호하여 인간생존의 문제를 어떻게 지속시킬 것인가에 둔다. ·노래부르기, 공익광고하기, 팸플릿 제작하기 등 여러 방법모색	학생들의 적극적인 활동이 가능하도록 유도한다.
정리 (2분)		• 학생들의 탐구학습과제가 완결되었으면 정리를 하고, 그렇지 못할 경우에는 다음 시간까지 완성하여 발표하도록 한다.	·학생들은 모둠별로 완성하여 토의를 하거나 다음 시간에 발표를 한다.	

<자료 1>

모둠 토의 학습지

1997년   월   일

(   )학년 (   )반 모둠이름(   )

관련단원	3. 환경문제의 지구적 확산	교과서(쪽)	171-184쪽
탐구과제	경제개발이 우선인가, 환경보호가 우선인지를 토의해 보자.	학습과정	탐구학습

<탐구자료>

■ 사례 1

• 제목: 불황 여파로 21세기도 환경보다 경제가 더 중요(출처: '97. 11. 21. 『중앙일보』)

계속된 경제불황의 여파로 인해 우리 국민들은 21세기 삶의 질은 환경보다 경제적 풍요가 더 중요한 변수가 된다고 생각하게 됐다. 이 사실은 한국환경정책, 평가연구원(원장 김종기) 이 최근 전국의 시민 1천 5백명과 2백 50개 기업을 대상으로 실시한 '환경문제에 대한 국민·기업 의식조사'를 통해 나타났다. 조사에서 '21세기 삶의 질에 영향을 주는 가장 중요한 요인'으로는 응답자의 35.5%가 경제적 풍요를, 30.7%는 깨끗한 환경, 18.9%는 사회복지를 꼽았다(96년 조사: 깨끗한 환경이 33.7%, 사회복지는 26.9%, 경제적 풍요는 25%). 그러나 응답자의 94.2%는 환경문제가 심각하다고 응답, 지난해 89.8%보다 많아졌다.

■ 사례 2

• 제목: 위천공단 찬성-반대 코멘트('96. 3. 16. 『조선일보』)

◇ 찬성론

- 김석원(신한국당/대구달성)= 대구 경제를 위해 필수불가결하다. 특히 공단은 강을 끼고 조성되어야 한다. 구미공단도 낙동강 연안에 있으며 라인강의 루르 공업지대를 비롯해 세계의 유수한 공단도 대부분 강가에 위치한다. 부산시민의 논리는 전적으로 낙동강 수질의 오염문제다.

- 박방희(국민회의/대구달서갑)= 너무 완벽한 환경오염방지에만 관심을 집중하면 국가의 부창출이나 생산성은 어떻게 하겠다는 말인가. 다소 간의 환경오염을 감수하더라도 나라 전체의 입장에서 국가공단으로 지정해야 한다. 지정을 미루는 것은 부산-경남에 토대를 둔 현정권의 정치적인 판단으로 볼 수밖에 없다.

◇ 반대론

- 박종웅(신한국당/부산 사하을)= 반대다. 작년에 한라산에서 여의도까지 강길을 따라 수질오염실태를 점검해 봤는데 금호강 주변 낙동강이 가장 심하더라. 이 상황에서 대규모의 공단을 세운다는 것이 말이 되겠느냐. 대구시에서 제시한 비오디(BOD) 10피피엠(ppm)까지 폐수처리는 중금속이나 난분해성 물질을 감안하지 않은 것이다.

- 이주영(민주당/창원을)= 반대다. 현재 낙동강 수질은 전국 최악이다. 더 악화되면 수돗물을 못 마실 지경에 이를 것이다. 지금 당장 대안제시는 어렵지만 대구경제를 살리기 위한 방안마련을 위해 지혜를 모아야 한다고 생각한다.

<탐구활동과제>

1. 위의 <사례 1>의 환경문제가 심각하면서도 국민은 환경보다 경제가 더 중요하다고 생각하고 있다는 내용이다. <사례 2>는 경제 우선정책과 환경보호 우선정책을 추진해야 한다는 양자의 갈등을 가장 심각하게 보여준 것은 위천공단의 문제에서 보여준 대구시민과 부산시민의 대립이다. 과연 여러분은 어떤 입장이 타당하다고 생각하는가? 두 사례를 관련지어 경제가 우선인지, 아니면 환경보호가 우선인지 토의해 보자.

9. 학교생활에서 접근할 수 있는
인권교육 프로그램

　여기서 제시하는 프로그램은 중학생을 기준으로 마련한 프로그램이다. 소그룹이나 모둠별로 프로그램이 운영되는 것이 이상적이나, 교육 여건을 고려해서 한 학급에 40-50명 되는 학생 중 8명을 기준으로 6개 정도의 모둠으로 프로그램을 운영하는 것을 기준으로 했다. 학급활동이나 특별활동 등 기타의 시간에 교사들이 임의로 활용할 수 있으리라고 생각된다.

① 프로그램 1 토론식 수업 ― 자신의 권리 알기

　학생들이 인권이란 인간으로서 자신의 존엄성을 보호·존중해야 한다는 인식과 주장이라는 것을 이해하는 것이 중요하다. 그것을 가장 쉽게 이해할 수 있는 방법은 학생의 일상적 경험을 통해 자신이 존중받고 있는가를 말하게 하는 것인데, 이것은 개인의 권리에 대한 접근에서 기초적으로 이루어져야 할 것이다. 그리고 자신의 권리에 대한 앎은 타인의 권리를 존중해 줄 수 있는 시작이라고 본다. 학교에서의 일상생활은 일반적으로 쉬는 시간, 점심시간, 특별활동, 소풍, 학급활동 등에서 학생들이 친구와 교사와 소통하는 과정을 말하며, 또한 여기에는 교과지식의 전달과 교육이 일어나는 수업시간도 포함되는데 그 이유는 수업은 단순한 지식전달 이상의 교사와 개별학생과의 인간적 교류가 동시에 이루어지는 시간이기 때문이다. 뿐만 아니라 가족·친구 관계에서의 경험을 포함해서 더욱 포괄적으로 자신의 경험을 의식적으로 바라보는 것에서부터 권리에 대한 교육은 이루어질 수 있다.

■ 목표
　자신과 타인에 대한 존엄성과 권리의식을 형성하게 하는 기초로서 자신의 경험을 인권이라는 기준으로 다시 바라보게 하여 권리에 대한 기본적 의식을 형성한다.

■ 진행절차

1. 학교에서 자신이 존중받고 있다는 생각을 가져본 경험이 있는가? 있으면 구체적으로 어떤 상황에서 이루어졌는가?

2. 학교에서 자신의 인격이 무시된다고 느낀 적은 있는가?

3. 앞서 1, 2에서 경험이 있었다면, 이번에는 역으로 자신이 타인의 존엄성을 무시한 경우를 생각해 보게 한다.

4. 자신과 타인의 존엄성이 실현되는 경우들이 가지는 공통점은 무엇인가? 무시되는 경험이 가지는 공통점은?

5. 지금까지의 질문을 종합해서 자신과 타인의 인간으로서의 존엄성이 지켜지는 경우와 그렇지 않은 경우를 비교해서 그것의 차이점을 비교하게 한다(학생들이 스스로 차이점을 발견하게 하는 것이 중요하며 교사는 종합적으로 학생들이 발표한 의견을 훈화로서 평가하는 것은 바람직하지 않다).

■ 주의

개별의 경험을 이야기하기에 시간이 부족한 경우 모둠별로 가장 대표적인 사례를 구두로 발표, 그림으로 그리기, 역할극으로 상황을 재현하게 하는 것도 가능하다(발표의 방식은 학생들의 수준과 인원에 따라 보다 적절한 것으로 선택하는 것이 좋음).

② 프로그램 2 시나리오 쓰기 — 인권의 갈등적 상황

타인의 권리에 대한 침해 없이 권리의 실현을 이루어가는 것이 민주주의 원칙이다. 그러나 인권의 실현과정은 그렇게 단순한 과정을 통해서 이루어지지 않는다. 여러 다른 종류의 권리들이 서로 충돌할 수 있다. 여기서 우리는 윤리적으로 더 바람직한 선택을 강요받는다. 학교생활에서 권리에 대한 갈등체험의 연습은 권리의 실현이 현실화되는 과정에서 중요한 부분이다. 그러므로 권리의 갈등상황에 대한 다양한 내용의 학습을 통해서 좀더 높은 차원의 권리의식을 함양할 수 있게 한다.

■ 목표

권리가 상충되는 상황을 학생들에게 모둠별로 가상의 시나리오를 만들게 하여,

갈등해소를 위한 더 바람직한 선택에 대해 논쟁하게 한다.

■ 진행절차

1. 교사가 먼저 가상 시나리오의 줄거리를 간단히 제공한다. 하나의 시나리오를 두 개의 모둠에게 주어서 각기 어느 한 쪽의 입장을 지지하는 방향으로 시나리오를 완성하게 하는 방법이 있으며, 좀더 단순하게 하나의 줄거리를 가지고 각 모둠별로 상이한 입장의 시나리오를 완성하게 하는 것이 가능하다. 다음 몇 가지 간단한 시나리오의 예를 들어보자.

(보기 1) 친한 친구가 우연히 타인을 폭행하는 것을 목격했다. 그래서 지금 그 친구는 폭행죄로 고소를 당한 입장이다. 만약 내가 증인으로 나선다면 그 친구는 분명 유죄를 받게 되고 그냥 눈감아 버리면 친구는 무죄가 될 상황에 있다. 피해자의 권리를 생각하면 신고를 해야 하지만 친구가 유죄를 받게 될 경우 그의 미래를 생각하니 또한 쉽게 신고할 수 없다.

(보기 2) 수업시간을 방해하는 민수로 인하여 많은 학생들이 피해를 받는다. 선생님은 민수에게 그저 주의를 줄 뿐 체벌을 하지 않는다. 이 상황에서 반 학생들이 선생님에게 민수를 좀더 강력한 방법(체벌)으로 벌해야 한다고 건의한다.

(보기 3) 임신말기에 있는 어느 산모가 암진단을 받았다. 지금 치료를 하지 않으면 산모는 위독하게 된다. 그래서 암치료를 할 경우에 그것은 태아에게 치명적이어서 낙태를 할 수밖에 없는데, 시부모는 아이를 낳아 대를 이어야 한다며 낳을 것을 고집한다. 그렇게 되면 임산부는 목숨을 잃게 된다. 이때 남편은 시부모의 입장에 따르기로 결정한다.

---

2. 서로 다른 입장으로 완성한 시나리오를 가지고 두 개의 모둠별로 논쟁하게 한다.
3. 논쟁의 초점이 된 부분을 요약해서 전체 발표한다.
4. 마지막으로 교사는 전체적으로 논쟁의 내용을 정리하는데 여기서 주의해야 할 것은 어느 한 입장이 더 옳다라는 결론을 내리지 않는 것이다. 그 학습효과

를 약화시키므로 교사의 도덕적 판단은 삼가는 것이 바람직하다.

③ 프로그램 3 학생 자치활동 강화 — 학생회를 통한 권리의 주장

학생들이 학교생활에서 받게 되는 권리의 침해사례는 다양하다. 복장검사와 소지품검사에서 나타나는 사생활의 침해, 학교의 규율이 학생들의 존엄성과 일치하는가의 여부, 그리고 학교시설은 학생들의 안전과 위생을 보장하는가 등 다양한 침해사례가 있을 수 있다. 각급 학교의 사정에 따라 중점적인 침해사례가 있다면, 이것을 개선할 수 있는 통로 중의 하나가 학생회 활동이 될 수 있다.

「어린이의 권리에 관한 국제협약」 제15조에서는 "첫째, 당사국은 어린이의 결사의 자유와 평화적 집회의 자유에 대한 권리를 인정한다. 둘째, 이 권리의 행사에 대하여는 법률에 따라 부과되고 국가안보 또는 공공의 안전, 공공질서, 공중보건이나 도덕의 보호 또는 타인의 권리와 자유의 보호를 위하여 민주사회에서 필요한 것 이외의 어떠한 제한도 두어서는 안 된다"라고 명시하고 있다. 학생들이 생활에서는 느끼는 부당함과 존엄성의 무시 등은 단지 개인의 경험의 차원을 넘어서 인권에 대한 의식을 새롭게 정립하는 계기가 된다. 그리고 인권의 보호, 존중, 그리고 증진으로 나아가기 위해서는 학생들에 의한 학교에서의 작은 실천이 중요함을 강조한다. 이것은 현대와 같은 자치의 시대에 '자치'에 관한 훌륭한 학습의 기회가 될 수 있으며 동시에 학생들의 인권실현을 경험할 수 있는 장이 된다.

■ 목표
현재 학급회, 학교 학생회, 서클, 특별활동에서 그들의 경험을 새롭게 볼 수 있는 기회를 마련한다. 그리고 학생들에게 자치권의 연습과 실현은 학생회 기구를 통해 이루어져야 한다는 것을 인식시키고 앞으로의 가능성을 학생들에게 모색하게 한다.

■ 진행절차
1. 학생회의 구성과정은 어떻게 이루어지며, 그 활동상황에 대해 알아보기를 학생들에게 미리 과제로 부여한다. 모둠별로 각기 다른 과제를 부여한다. 과제의 종류는 첫째, 피선거권자가 입후보되는 절차를 검토하게 한다. 둘째, 학생회 선거현장을 사진으로 찍게 하거나 상황을 묘사하게 한다. 마지막으로 입후보자의

공약을 가져와서 검토하게 한다.

2. 모둠별로 준비된 내용을 발표하여 학생회의 실상에 대한 공감대를 형성한다 (여기서 단지 현재의 학생회 기구에 대한 비판에 머물 것이 아니라 함께 고민하는 것이 중요함을 지적한다).

3. 모둠별로 분석한 현재의 문제점을 해결할 수 있는 대안적인 계획서를 작성하게 해본다. 예상되는 어려움이 무엇인가에 대해서 관심을 가지게 하여 실천가능한 계획서를 만들어 보도록 한다.

④ 프로그램 4 사례연구 ─ 퀴즈로 풀어보는 인권문제

인권교육에서 우리가 몸담고 있는 지금의 현실상황 그 자체가 살아 있는 교과서이다. 교사들의 경험, 학생들의 경험, 그리고 사회적 사건 중에서 인권침해가 있었던 사례들이 있을 것이다. 이러한 사례들 중 토론해 볼 만한 가치가 있는 것을 모아 퀴즈로 만들어 본다. 주변에서 일어나는 인권적 상황에 대한 다양한 사례를 통해 인권에 대한 개념과 올바른 지식을 습득하는 것이 목표이다. 그리고 퀴즈의 정답은 참/거짓/아마도 참 또는 거짓 등의 답이 나올 수 있도록 작성하되, 답만을 이야기하는 것이 아니라, 여러 종류의 인권선언 또는 인권협약과 연결하여 경험과 지식이 함께 어우러질 수 있는 교육으로 나아가는 것이 더 바람직한 학습결과를 가져올 것이다.

■ 퀴즈 1

철수는 이번 학급 학생회 선거에서 부반장으로 뽑혔다. 한 주가 지난 뒤 아침 조례에서 학급회 임원에게 시상을 하는데 철수반의 부반장으로 다른 학생의 이름이 지명되는 것이었다. 선생님이 철수에게 다가와 하시는 말씀이 학급성적 50% 안에 들지 않는 사람은 반장, 부반장이 될 자격이 없다는 것이었다. 선생님도 섭섭하게 되었다고 하면서 어쩔 수 없이 총무를 부반장으로 올렸다고 했다. 이 경우 철수의 학생회 피선거권은 무시되는 것이 타당합니까?

• 질문내용

1. 학급 또는 어떤 단체의 장에게 기대되는 능력은 무엇입니까?

2. 학업성적을 이유로 피선거권이 제한되는 것은 타당합니까? 그렇지 않다면 이것은 어떤 종류의 권리를 침해하는 것입니까?

■ 퀴즈 2

수미와 같은 아파트에 사는 여자친구들이 모여서 축구팀을 만들었다. 연습할 곳이 마땅하지 않아서, 그 지역에 있는 어느 운동장에 사용허가신청을 했는데, 운동장 관리인은 여자들이 무슨 축구냐면서 무시하였고, 축구장 사용할 시간을 배당할 때 가장 좋지 않은 시간에 그것도 다른 팀들에 비해 작은 시간을 할당해 주었다. 이것은 이 여학생들의 인권을 위반한 것입니까?

　• 질문내용

1. 여자가 축구를 하는 것은 여자답지 못한 것인가요?

2. 운동장 관리인은 어떤 종류의 차별을 한 것입니까?

3. 공공시설의 사용에 어떤 차별이 있을 수 있습니까?

■ 퀴즈 3

영희는 19세로 올해 고등학교를 졸업하고 장애자를 돌봐주는 사회복지관에 취직하기로 했습니다. 그동안 장애자들을 돕는 봉사활동을 많이 해왔기 때문에 1차 서류심사는 무사히 통과했습니다. 그런데 면접에서 문제가 생겼습니다. 면접관은 영희의 가운데손가락 세 개가 보통의 사람들보다 좀 짧은 것을 보고는 아이를 안고 돌봐야 하는 일에 적당하지 않다고 판단해 영희를 불합격시켰습니다. 이때 영희의 권리는 침해되었습니까?

　• 질문내용

1. 면접관이 영희가 그 일을 할 수 없다고 믿는 데는 어떤 타당한 근거가 있습니까?

2. 어떤 근거로 면접관은 영희가 그 일의 적임자가 아니라고 결정했나요?

3. 면접관은 어떤 결정을 하는 것이 바람직한가요? 여러분의 의견을 말해보세요.

■ 퀴즈 4

희진이는 유리그릇 만드는 공장에 취직한 뒤 1년째 다니고 있습니다. 늦게 알게 된 일이지만 입사후 여자들은 포장하는 일, 남자들은 모두 소매와 도매의 고객에게 상품을 파는 일을 담당했습니다. 포장일은 승진이 보장되지 않고, 판매 쪽의 일만이 승진이 보장된다고 합니다. 그래서 희진이는 자신도 판매 쪽으로 옮기고 싶어 알아보니까 그 동안 포장에서의 경력은 인정받을 수 없으며, 업무를 옮기려면 시험을 쳐야 하는데 그 시험도 실제 판매업에 필요하지 않는 내용이 많이 나온다고 합니다. 희진이는 자신의 회사에 단지 2명의 여자만이 승진한 경우가 있다는 것을 확인했습니다. 그래서 희진이도 흥미를 가지고 상급자에게 의논을 했는데, 그는 희진이의 부서를 옮기겠다는 요구를 거절했습니다. 거기다가 여자는 집에서 살림하는 것이 더 나은 선택이라고 희진이에게 말했습니다. 희진이는 차별을 받은 것입니까?

- 질문내용
1. 희진이는 지금 차별을 당하고 있습니까? 있다면 무엇입니까?
2. 이 회사가 모든 사람에게 동등한 기회를 주는 회사라면 어떤 조처를 해야 하는 것입니까?

■ 퀴즈 5

정수와 민호는 AIDS환자를 돕기 위한 기금을 모으기로 했습니다. 반 친구에게 협조를 구했습니다. 그러나 다음날 친구들은 정수와 민호가 동성애를 한다고 수군거리며, 책상에는 동성애자를 혐오하는 내용의 낙서가 적혀 있었습니다. 몇몇 친구들은 공공연히 그들에게 비난을 퍼부었습니다. 반학생들은 정수와 민호의 인권을 침해했습니까?

- 질문내용
1. 정수와 민호의 기금 모금에서 문제된 것은 무엇입니까?
2. AIDS 환자를 돕는 것과 그들이 동성애자라고 비난받은 것과 관련이 있나요? 있다면 어떤 것입니까?
3. 위에서 반 친구들의 동성애자들에 대한 태도는 어떠합니까?

⑤ 프로그램 5 영상매체를 통한 토론수업

영화, 다큐멘터리, TV 드라마, 광고, 신문기사, 컴퓨터 게임, 만화와 같은 다양한 매체들은 인권학습의 좋은 교과서가 될 수 있으며, 실제적이고 유용한 토론거리를 제공한다. 적절한 이들 자료의 활용은 학생들의 흥미와 관심을 유도할 뿐 아니라, 정보를 분별할 수 있는 연습을 하게 하여 학생들로 하여금 정보에 대한 분별력을 가지게 한다.

■ 영화제목: TOO YOUNG TO DIE (줄리엣 루이스, 브래드 피트 주연)

■ **주제:** 가정과 사회에서 버림받은 14세 소녀의 생의 종말

■ **영화내용:** 의붓아버지에게 강간당한 이야기를 울면서 엄마에게 말하는 아만다는 오히려 엄마에게서 외면 당한다. 엄마는 오히려 이 일이 새로운 남편과의 출발을 망치게 될까 봐 염려한다. 살아갈 방법이 없음을 간파한 아만다는 이제 막 18세가 된 남자친구와 결혼한다. 그러나 생계능력이 없는 이들은 연료를 땔 수 없을 정도로 가난하다. 가난에 견디지 못한 남편은 지금까지의 결혼생활은 사랑이 아니라 최대의 악몽이었다는 편지를 남기고서 군대로 떠나버린다. 남편을 찾아 나선 아만다는 군대 주위의 환락가에서 빌리를 만나게 된다. 빌리는 아만다가 쇼걸과 매춘을 해서 번 돈을 가로채고, 아만다가 괴로워할 때 마약을 주사하는 악당이다. 이런 아만다에게 군인 하사인 마이크가 나타나 아만다를 도우려고 한다. 마이크의 집에서 아이들과 같이 생활하면서 아만다는 마이크를 사랑하게 된다. 그러나 빌리는 마이크의 상사에게 아만다가 미성년자임을 알리고서는 아만다와 마이크를 헤어지게 한다. 미성년자이므로 취직도 할 수 없는 상태에서 엄마마저 자신을 쓰레기처럼 버렸다고 말하는 아만다가 갈 수 있는 곳은 빌리뿐이다. 어느 날 환각상태에서 빌리와 함께 마이크를 살해하게 되고, 그녀는 법정에 서서 사형선고를 받는다. 사형 연령을 16세로 낮춘 미국에서 그녀는 가스실에서 삶의 끝을 맞이한다.

■ **진행절차**
1. 영화를 같이 보거나, 미리 학생들에게 보고 오게 하거나 아니면 이야기 중심의 영화인 경우는 줄거리를 상세하게 적은 내용을 학생들에게 배포한다.
2. 모둠별로 토론거리를 제공해서 토론하게 한다.
3. 모둠별 토론과제를 발표한다.

■ **모둠별로 부과하는 토론내용**
• 미성년자와 성인은 어떤 차이가 있는가? 미성년자여서 할 수 있는 것과 할 수 없는 것은 무엇인가?
• 아만다가 경험한 인권의 침해는 무엇인가? 있는 대로 찾아보자.
• 아무에게도 보호받지 못한 미성년자인 아만다가 살인죄로 사형을 당했다. 내가 만약 변호사라면 아만다를 어떻게 변호하겠는가?
• 사형제도에 대해서 어떻게 생각하는가? 찬반 중 하나를 선택해서 정당화해 보자.

⑥ 프로그램 6 집단상담을 이용한 인권교육 프로그램 — 뜨거운 의자

■ 진행상의 원칙

어떤 프로그램이나 계획이건 간에 다음과 같은 원칙에 유의하여 프로그램을 진행하고 계획을 실행하면 도움이 될 것이다.

- 프로그램은 연속성을 가져야 한다. 일련의 계획 속에 다른 프로그램과의 관련성 속에서 진행해야 한다.
- 학생들의 참여동기를 적절히 유발하여야 한다.
- 학생들의 자발적이고 주체적인 참여가 이루어져야 한다.
- 교사는 관찰하고 도와주는 역할에 머무르는 것이 가장 바람직하다.
- 프로그램 진행의 과정을 기록하여 되새김할 수 있도록 하고, 교육자료로도 활용한다.
- 프로그램 참여자들(교사를 포함) 간의 친밀감과 신뢰형성을 위한 사전계획들이 있어야 한다.

■ 목표

- 타인에 대한 상호이해와 존중의 가치와 태도를 기른다.
- 인권이란 무엇인가에 대해 참여자들의 이해를 높인다.
- 참여자들이 친구들의 경험을 듣고 자신의 경험을 이야기하면서 인권침해의 일상적이고 구체적 상황에 대해 이해한다.
- 프로그램에 참여하면서 자신의 감정을 솔직히 표현하고 남의 이야기를 듣는 방법을 배운다.
- 자신과 타인의 진실과 고통을 함께 나누는 방식과 즐거움을 배우고 훈련한다.

■ 진행

- 모둠 구성원 간의 친밀감과 신뢰형성을 위한 사전 프로그램
- 모둠의 구성과 운영 — 모둠의 구성은 프로그램의 구체적 목표와 방식에 따라 달라진다. '문제아'에서 '범생이'까지 다양한 학생들을 한 그룹으로 구성할 수도 있고, 이들을 특성별로 묶을 수도 있다. 이에 대한 판단은 교사가 목표와 상황에 따라 한다.
- 벽트기(마음 나누기) — 1-2회 정도의 집단상담을 통해 모둠 구성원끼리의 친밀감과 신뢰를 쌓는다(교사도 함께 참여). 적당한 어두움(커튼과 촛불을 사용)과 참여자들의 호기심 등으로 분위기를 잡고 자신의 별칭 소개 등으로 가볍게

마음을 풀고, 자신의 살아온 이야기나 현재의 어려움 등을 차례로 이야기하고 듣는다(이때 먼저 시작하는 사람이 어떻게 이야기를 풀어가느냐 하는 것이 중요함─이어지는 이야기의 흐름을 좌우하기도 함). 다음으로는 서로를 위로해 주고 조언해 주는 것으로 끝낸다(자세한 내용은 '집단상담'에 관한 책이나 자료를 참고하면 된다). '벽트기'는 학기초 모둠 구성원들의 서먹함을 없애고 자연스럽게 가까워질 수 있는 계기를 준다.

• 그밖에 모둠 구성원끼리 교환하는 '모둠일기'를 운영하는 등 모둠으로 학급을 편성(한 모둠에 6명 내외로)하여 수업활동이나 청소나 행사 등 수업 외의 활동이 이루어지게 하면 이후의 진행에 도움이 된다.

■ 실제 프로그램의 진행

• 시간: 방과후─교사가 모둠별로 날짜를 잡도록 미리 계획을 알린다(걸리는 시간: 80-90분).

• 공간: 6명 정도의 인원이 조용히 이야기 나눌 수 있는 아늑한 공간이 좋다(교실인 경우 책상 배치와 조명에 신경을 쓰고 촛불 등으로 집중도를 높인다).

• 진행순서
  - 프로그램의 취지 및 진행 방식을 간단히 소개한다(2-3분).
  - 경험 나누기 1─먼저 자신이 타인으로부터 인권을 침해당한 사례를 이야기한다(20분).
  - 경험 나누기 2─자신이 타인의 인권을 침해한 사례를 이야기한다(20분).
  - 사례 선정, 주인공 선정(5분)
  - 선정된 사례의 주인공이 '뜨거운 의자'에 앉는다.
  - 나머지 사람들은 주인공의 상대방의 입장에서 질문을 하고 주인공은 답한다(10-20분; 예를 들어 뜨거운 의자에 앉은 주인공에게 왜? 어떤 감정으로 그랬는지? 결과적으로 기분이 어땠는지? 상대방을 어떻게 생각했는지? 평소에도 그러는지? 지금의 심정은 어떤지? 등등을 묻고, 대답을 듣는다).
  - 정해진 시간이 지나면 주인공이 뜨거운 의자에서 내려와 느낀 점을 이야기한다(5분).
  - 프로그램에 참여한 각자의 느낌을 쪽지에 적어 발표한다(15분).

■ 진행상의 유의점

• 교사의 개념설명 등 처음부터 인권이란 무엇인지에 대한 지식적 이해에 집착

하지 않고 프로그램을 통해 학생들이 자연스럽게 인권에 대해 느끼고 이해할 수 있도록 주의한다.
• 의자에 앉은 사람이 너무 곤혹스러워할 때도 있으므로 시간을 줄인다.
• 시간이 예정보다 좀 길어지더라도 구성원들이 원할 경우에는 시간을 조금 연장한다.
• 생각할 시간적 여유와 정리를 위해 먼저 쪽지에 적어보게 하는 방법도 좋다.
• 녹음이나 녹화 등의 방법으로 기록을 남기려는 경우 분위기가 경직되고 참여자들이 솔직해지지 않을 수 있으므로 신중해야 한다.
• 진행이 잘 안 되더라도 교사는 조급해하지 말고 기다린다(진행이 잘 안 되면 학생들이 더 초조하다). 진행이 도저히 안 되겠다는 판단이 이루어지면 교사가 적절히 개입하고 학생들이 스스로 평가할 수 있도록 한다(다음에 할 때에는 분명 더 잘하게 된다).

■ 평가
• 교사는 집단 상담일지를 써두어 평가의 자료로 삼는다.
• 교사의 상담일지나 그밖의 기록(상담 진행과정을 기록하는 경우)과 학생들의 느낌들을 통해 이 프로그램을 통해 일어난 참여자들의 정서적 변화를 체크한다.
• 평가는 일련의 지속적 과정을 통해 이루어져야 하며, 일회적인 경험에 대한 소감이 교육적 성과로 성급히 평가되어서는 안 된다.
• 프로그램의 내용상의 평가와 함께 준비·진행 등 운영상의 평가도 비중있게 이루어져야 한다.

⑦ 프로그램 7 내가 들으면 가장 자존심 상하는 말은?
— 학급회의 시간 등을 활용하는 인권교육

인권교육에서 요구되는 인권에 대한 기초적 이해와 공감, 실천적 태도 형성 등을 목표로 학급회의 시간을 적절히 활용한다면 학생들의 인권에 대한 바람직한 태도변화와 비판력을 키울 수 있을 것이다. 학생들이 생활 속의 부조리와 갈등상황을 게임이나 토론, 역할놀이 등 다양한 프로그램으로 재해석할 수 있는 기회를 가질 수 있다면, 이러한 경험이 곧 학생들의 인권의식과 태도의 성장을 가져올 수 있다.
학급회의는 학생자치가 유명무실화되어 원천적으로 형식화되어 있고, 그나마 격

주로 운영되거나 다른 시간들로 대체되는 경우가 많다. 따라서 학급회의 운영이 형식적 틀을 넘어서 학생들의 생활상의 갈등과 문제를 제기하고 풀어가는 장으로 활용하는 방향이 현실적으로 학급운영에 도움이 된다. 학급반장과 모둠장 등으로 구성된 학급운영위원회에서 학급운영상의 현안들을 사전 논의할 때, 학생들 자신이 정하거나 교사가 시의적절한 주제를 제시하여 문제 해결의 경험을 해보게 한다면 좋을 것이다.

■ 목표

'들으면 자존심 상하는 말'을 정리하는 과정에서 학생들 각자의 경험을 나누고, 실천방법을 찾는다. 생활 속의 사소한 부분에서도 상대방이 얼마나 상처받을 수 있는지를 이해하고 학생들이 상용하는 언어와 태도에 대하여 성찰하고 상대방을 존중하며 자신의 존엄을 높인다.

■ 진행과정
• 학생들이 교사나 동료들로부터 '어떤 말을 들을 때 가장 자존심이 상하는지'와 '그 이유'를 열 가지 이상씩 종이에 각자 적어보도록 한다(7분).
• 모둠별로 각자 적은 것 중 가장 많이 나온 것을 순서대로 다섯 가지만 정리한다(8분).
• 정리가 끝나는 대로 모둠별로 발표한다(10분).
• 모둠별로 한두 사람씩 이 프로그램을 해본 느낌을 듣는다(5분).
• 마지막으로 실천에 대한 제안을 듣고 마무리한다(10분).

■ 사후처리
• 모둠별로 발표된 내용을 모두 전지에 깨끗이 쓰거나 타자를 쳐서 교실 게시판에 붙이고 볼 수 있도록 한다.
• '친구들은 이런 말을 들을 때 마음이 아프대요!', '친구에게 상처주는 이런 말이나 행동은 삼갑시다!' 등으로 제목을 정하고 10-20가지로 항목화하여, 교실 생활수칙으로 정할 수도 있다.

■ 진행상의 유의점
• 학생들의 자발적 참여 분위기를 조성한다.
• 교사의 일방적 진행보다는 학생들이 직접 해보는 방식이 될 수 있도록 '학급

운영위원회'의 사전논의 등이 필요하다.
• 결과처리에서 학생들이 수칙으로 정해서 지키기로 했다면 다음 학급회의 시간에 그간의 실천에 대한 개인평가를 하도록 하고, 실천을 더 발전시킬 수 있는 방안에 대해 논의하도록 한다.
• 담임교사의 실천에 대한 평가도 반드시 이루어져야 한다.
• 다른 교사나 학급 등에 홍보할 수 있는 적극적 방안도 한번 생각해 볼 일이다.

⑧ 프로그램 8 학급회의나 수업시간을 활용하는 '모의재판' — 학급재판

학급재판은 학급에서 발생하는 크고 작은 사건을 재판의 형식을 빌려 학생들의 흥미와 관심을 높이고 참여를 유도할 수 있는 학급활동 프로그램이다. 재판의 형식은 판사와 변호사, 검사, 피고와 원고, 증인이 등장하는 형식으로 하는 것이 보통이나 배심원 제도를 활용할 수도 있다. 학생들이 학급에서 발생하는 폭력적 사태나 부당한 여러 가지 사안들에 대하여 재판을 함께 준비하고 실행하는 과정에서 인권에 대한 인식과 실천력을 높일 수 있다.
이러한 모의재판에 익숙하지 않은 학생들이 처음에는 자신감이 없고 어려워할 수도 있으나 한두 차례 해보고 나서 자신감과 흥미를 갖게 되면 인권교육의 교실 프로그램으로 정착할 수 있다.

■ 목표
학생들이 교실과 학교에서 겪는 심한 갈등과 불만스런 일들을 그냥 지나치지 않고, 주체적으로 해결해 가는 과정에서 양심과 정의, 용기를 배우고 기를 수 있다. 재판을 준비하고 실행하는 과정에서 비이성적·폭력적인 갈등방식이 아닌 공개적이고 민주적인 절차에 의한 갈등해결의 합리적 방식을 체험하고, 상대방의 주장에 대한 경청과 치열한 자기 주장, 논리적 설득방법 등을 학습하게 된다. 궁극적으로는 학생들 스스로 자신들이 안고 있는 문제들을 풀어갈 수 있다는 자신감과 타인에 대한 재발견, 상호이해와 존중의 정신을 배우고 반인권적이고 반평화적인 상황에 대한 올바른 판단력과 실천력을 기르게 한다.

■ 준비과정
• 학급회의에서 미리 재판에서 다룰 내용을 선정하고 판검사, 변호사, 증인 등의

역할을 적절히 선정한다(배심원을 두기로 한 경우는 모둠별로 배심원을 한 사람씩 정한다). — 내용선정과 역할분담은 모둠별 토의와 학급운영위원회 → 학급회의를 거쳐서 신중하고 책임감 있게 정하도록 한다.

- 사전에 모의재판의 사례에 관한 자료를 모둠별로 나누어주고 진행과정에 대해 이해하도록 한다.
- 모의재판에 필요한 대본의 준비, 교실꾸미기나 소품의 준비는 모둠별로 하도록 한다.
- 모의재판 당일에는 교실을 재판정처럼 꾸며 분위기를 조성한다.

■ 재판의 진행과정
- 재판의 진행절차는 붙임자료 참고

■ 진행상의 유의점
- 교사가 재판의 진행이 너무 딱딱하거나 장난스러운 분위기가 되지 않도록 사전에 충분히 주의를 준다.
- 교사는 사전에 대본을 만들어 보고 내용을 검토하여 재판이 산만해지거나 너무 튀지 않도록 학생들과 사전에 조율한다(물론 매번 대본을 만들어 할 필요는 없으며 학생들이 모의재판을 여러 번 해보았고, 사안에 따라 대본 없이 진행하는 것이 더 바람직할 수도 있다. 이러한 판단은 교사의 도움을 얻어 학생들이 스스로 하도록 한다).
- 결론을 내기 어려운 경우는 방청객들의 거수로 대체적인 경향성을 파악하고 판사가 그 결과를 공표하는 식으로 하면 된다(배심원제인 경우는 배심원 전원의 합의를 원칙으로 하되, 시간상의 제약 등으로 합의가 잘 안 되면 찬반의 비율 등만 알리는 것으로 재판을 마무리한다).
- 판사는 피고의 유무죄만을 판단하고 구체적 처리절차 등은 담임교사와 협의하여 처리하도록 하고 그 결과는 조·종례시간 등 적절한 시간을 활용하여 공표한다. 재판의 과정과 결과는 기록으로 남겨 학급문집 등에 활용하고, 결과는 교실 게시판에 정리하여 게시한다.

<붙임> 두발단속에 대한 모의재판 대본

등장인물: 피고인, 검사, 변호인, 증인1, 증인2, 증인3, 증인4, 증인5, 증인6(피고인, 모자를 쓴 채 등장, 자리에 앉는다.)

판 사: 자, 조용히 해주십시오. 지금부터 '○○○ 군 머리 고속도로 사건'에 대한 재판을 시작하겠습니다. 땅! 땅! 땅! 먼저 변호인은 사건경위와 자세한 설명을 해주십시오.

변호인: 네, 우선 여러분, 먼저 ○○○ 군의 머리를 보십시오. ○○○ 군 모자를 좀 벗어주시겠습니까?

（피고인, 모자를 벗는다.) 여러분 그리고 판사님 이 머리를 보십시오. 머리 한가운데가 고속도로처럼 흉측하게 깎였습니다. 이것은 학생 선도가 아닌 개성 억압과 자유권 침해입니다. 헌법 제2장 12조 1항을 보면 "모든 국민은 신체의 자유를 가지며 누구든지 법률에 의하지 아니하고는 체포, 구속, 억압, 압수, 수색을 받지 아니한다. 그렇다면 학교에서는 ○○○ 군의 표현과 개성의 자유를 침해했습니다. 그러므로 이 사건은 학교의 자유권 침해죄에 해당합니다.

판 사: 검사는 이의있습니까?

검 사: 네, 학교라는 곳은 2천 명이나 되는 학생들이 모여서 생활하는 곳입니다. 여러 사람이 모이면 규칙이 생기게 마련이듯이 학교에도 교칙이 있고, 교풍이 있습니다. ○○○ 군의 머리는 학생 신분으로는 도저히 이해가 가지 않는 머리였습니다. 그러므로 학교에서는 교풍과 교칙을 지키기 위해 ○○○ 군의 머리를 자른 것입니다. 헌법은 그토록 잘 지키면서 왜 교칙은 지키지 않으려 하는 겁니까? 이상입니다.

판 사: 변호인, 변론하십시오.

변호인: 네, 판사님. 우선 증인을 한 명 신청해도 될까요?

판 사: 좋습니다.

（증인 등장)

변호인: 증인은 저를 따라 하십시오. 나는(나는) 이 법정에서(이 법정에서) 진실만을 말할 것을(진실만을 말할 것을) 맹세합니다.(맹세합니다) 좋습니다. 증인은 지금 머리가 꽤 긴데 몇 센티미터죠?

증 인: 6-7센티미터됩니다.

변호인: 그러면 머리를 잘려 본 적이 있습니까?

증 인1: 아니오.

변호인: 지적당한 적도 없습니까?

증 인1: 네.

변호인: 그러면 피고인에게 질문하겠습니다. 피고인 머리 길이는 몇 센티미터죠?

피고인: 7센티미터 조금 넘습니다.

변호인: 그런데 왜 피고인의 머리만 잘렸죠? 혹시 전에 학생부에 다른 일로 지적당한 적이 있습니까?

피고인: 네.

변호인: 그때는 왜 지적당했죠?

피고인: 토요일에 흰 와이셔츠 대신 검은색 티셔츠를 입고 왔다고 해서 매도 맞고 이름도 적혔습니다. 머리도 조금 길었고요. 그 밖에 또 …….

변호인: 그러면 증인은 다른 일로 학생부에 지적당한 일이 있습니까?

증 인: 아니오.

변호인: 판사님, 학생부에서는 피고인이 한 번 걸린 적이 있었기 때문에 원래 피고인을 좋지 않은 눈으로 보고 있었고 또 피고인의 머리만을 심하게 잘랐습니다. 모든 이는 법 앞에 평등합니다. 피고인은 단지 학생부 명단에 올라 있다는 이유만으로 머리를 잘려야 했고 개성이 침해되었습니다. 이것은 학교가 자유권 및 평등권까지도 침해한 일이라고 주장합니다.

판 사: 검사는 의견을 말해 주십시오.

검 사: 지금 피고인측에서는 학교가 한 학생을 제물로 삼아서 그 학생만을 혼내고 머리를 자른다고 생각하고 있는데 한번 생각해 보십시오. 2천 명이나 되는 이 많은 학생들을 한 명씩 모두 다 검사할 수 있습니까? 그러므로 자연히 계속 눈에 띄는 학생들이 더 교칙을 위반하는 것처럼 보이는 것입니다. 그리고 학교에서는 그 전에 ○○○ 군에게 머리가 길다고 몇 번씩 주의를 주었습니다. 그렇죠, 피고인?

피고인: 네.

검 사: 만약 피고인이 학교의 규율을 지키고자 하는 마음이 조금이라도 있었다면 오늘 같은 일은 발생하지 않았을 것입니다.

판 사: 변론하십시오.

변호인: 지금 학교측에서는 계속 규율을 말하고 있는데(종이를 꺼내며) 여러분, 이것을 봐주십시오. 이것이 우리 학교 용의복장에 대한 규정입니다. 제

가 조금 읽겠습니다. "남학생은 스포츠 머리를 하며 옆머리카락이 귀에 닿지 않으며 뒷머리카락은 옷깃을 덮지 않도록 한다."라고 씌어 있습니다. 그 외에 두발에 관한 규정은 없습니다. 앞머리는 몇 센티미터이다, 뒷머리는 어느 정도이다라는 등 정확한 규정은 나와 있지 않습니다. 여기 씌어진 대로 한다면 피고인은 어긋난 것이 없습니다. 피고인은 학생부 선생이 머리가 길다고 하여 잘린 것입니다. 규칙은 객관성을 띠어야지 이렇게 선생의 주관적 판단에 의해 좌우되어서는 안 됩니다. 규칙을 정확하게 정해 놓지도 않고 학생들 보고 무조건 지키라니 아니 도대체 뭘 어떻게 지키라는 말입니까?

판 사: 의견을 말해주십시오, 검사님.

검 사: 헌법 제2장 31조 4항을 보면 교육기관의 자주성에 대해 나옵니다. 교육기관은 학생을 위해서 또 교내 질서확립을 위해 스스로 교칙을 만들 수 있고 그것을 시행할 수 있습니다. 그러므로 ○○○ 군은 학교라는 단체에 소속되었으므로 학교의 규율을 지켜야 합니다. 비록 정확한 규정은 나와 있지 않다 해도 여기에는 학생다운 단정한 복장과 모양을 하라고 되어 있습니다. 객관적으로 보았을 때 그 머리는 신분에 어울리지 않았고 스포츠 머리라고 할 수도 없습니다. 그러면 스포츠 머리를 하는 이유를 알기 위해 증인을 한 명 신청하겠습니다. 판사님.

판 사: 좋습니다.

(증인 등장)

검 사: 증인은 저를 따라 하세요. 나는(나는) 이 법정에서(이 법정에서) 진실만을 말할 것을(진실만을 말할 것을) 맹세합니다.(맹세합니다) 좋습니다. 증인은 학생부 선생님이십니다. 스포츠 머리를 해야 되는 이유를 설명해 주십시오.

증 인2: 그 이유 세 가지를 말씀드리겠습니다.

첫째, 위생상 좋습니다. 둘째, 학생답고 단정합니다. 셋째, 머리가 짧으면 성인과 구별이 되고 학생 신분을 나타내주므로 유흥가나 노래방 등의 출입을 막을 수가 있습니다. 저희 학생부에서는 학생들을 올바른 길로 선도하기 위해 애쓰고 있습니다. 그런데 개성억압이라니요? 말도 안 됩니다.

검 사: 감사합니다. 이런 이유들 때문에 학교에서는 스포츠 머리를 하라고 하는 것입니다. 선생님과 학생부의 '깊은 뜻'은 모른 채 머리가 잘렸다고 자신

의 자유권이니 개성이 침해되었다고 하는 것은 도저히 이해가 안 됩니다.

판　사: 변론하십시오.

변호인: 증인 한 명을 신청하기에 앞서 아까 학생부에서 말한 것에 대해 이의가 있습니다. 세번째 이유가 머리가 짧으면 유흥가 출입을 막을 수 있다고 했습니다. 과연 그럴까요?(정민에게 간다) 개인의 인격을 위해 눈을 가리겠습니다. 저 혹시 노래방에 가본 적이 있나요?

정　민: 네, 아무 제한 없이 쉽게 드나들 수 있습니다. 머리가 짧다고 해서 제지 당한 적은 한 번도 없습니다.

변호인: 감사합니다. 머리가 짧다고 해서 성인과 구별되는 것은 아닙니다. 노래 방을 가도 된다는 것이 아니라 학생부의 이유가 타당하지 않다는 것입니다. 그러면 여기서 증인 1명을 신청하겠습니다, 판사님.

판　사: 좋습니다(증인3 등장).

변호인: 저를 따라 하십시오. 나는(나는) 이 법정에서(이 법정에서) 진실만을 말할 것을(진실만을 말할 것을) 맹세합니다.(맹세합니다)

　　　 증인은 피고인과 무슨 관계죠?

증　인: 짝입니다.

변호인: 평소 ○○○ 군의 머리에 대해 어떻게 느꼈습니까?

증 인3: 개성이 있고 멋있다고 생각했습니다.

변호인: 왜 그렇죠?

증인3: 다른 아이들과 똑같이 하고 다닌다면 아무 의미가 없잖아요. 남과는 다른 자신만의 개성이 있어야죠.

변호인: ○○○ 군이 머리를 잘린 것에 대해서는 어떻게 생각하십니까?

증 인3: 학생의 자유권과 개성침해입니다. 아무리 학교라 하더라도 개인의 개성을 침해할 수는 없습니다.

변호인: 감사합니다. 모든 학생들은 자신의 개성을 갖기를 원합니다. 그런데 그 것을 학교에서 억압하고 있습니다. 학교는 개인의 소질을 찾게 하기 위해 도와주어야 하는데 오히려 개성을 억압한다면 학생들이 무엇을 할 수 있겠습니까?

검　사: 헌법 제2장 37조 2항에는 "국민의 모든 자유와 권리는 국가 안전 보장 질서 유지 또는 공공복리를 위해 제한될 수 있다."고 명시되어 있습니다. ○○○ 군의 머리는 다른 학생으로 하여금 "저런 머리를 해도 되는

구나"하는 충동을 일으키게 하기 때문에 교풍을 위해 ○○○ 군의 개성을 조금 침해한 것입니다. 사실 개성을 침해했다고도 할 수 없습니다. 학생들이 자유권을 주장하며 머리를 기른다면 교칙이 무슨 의미가 있고 규율이 무슨 필요가 있습니까? 이것은 개성이나 자유권 침해가 아닌 피고인의 교칙 위반사항이라고 할 수 있습니다.

판 사: 변론하십시오.

변호인: 판사님 증인 한 명을 신청하겠습니다.

판 사: 저를 따라 하십시오. 나는(나는) 이 법정에서(이 법정에서) 진실만을 말할 것을(진실만을 말할 것을) 맹세합니다.(맹세합니다) 증인은 자기 소개를 해 주십시오.

증 인4: 네 저는 3학년 4반 모학생의 어머니입니다.

변호인: 아드님이 머리를 잘린 적이 있습니까?

증 인: 네, 한두 번 쯤 됩니다.

변호인: 그때 어떻던가요?

증 인4: 조금 심하다고 생각됩니다. 아이들은 거의 한 달에 두 번꼴로 머리를 자릅니다. 한 달에 이발비로 8천원이 들어간다는 것은 문제가 있다고 생각됩니다. 규제가 너무 심합니다. 제 아들이 하루는 머리가 잘리고 와선 이발비를 달라고 하더군요. 그때 제가 잔소리를 하니까 아들은 삭발을 했어요. 그런데 학교에서는 삭발했다고 또 뭐라고 한답니다. 도대체 어쩌라는 겁니까?

변호인: 감사합니다. 이와같이 스포츠 머리는 경제부담이 큽니다. 그런데도 학교에서 심한 규제를 하는 것은 문제가 있다고 생각됩니다.

판 사: 검사는 의견을 말씀해 주세요.

검 사: 저도 증인 한 명을 신청하겠습니다.

판 사: 좋습니다.

(증인5 등장)

검 사: 저를 따라하십시오. 나는(나는) 이 법정에서(이 법정에서) 진실만을 말할 것을(진실만을 말할 것을) 맹세합니다.(맹세합니다) 증인은 피고인의 아버지이십니다. 평소 ○○○ 군의 행동은 어떠했습니까?

증 인5: 솔직히 제 자식이지만 조금은 심한 것 같더군요. 머리에 피도 안 마른 게 무스도 바르고 머리는 나보다도 길고 옷도 멀쩡한 걸 찢고… 이해 안가는 부분이 너무나 많았습니다.

검 사: 이번 사건에 대해 어떻게 생각하십니까?

증 인3: 자식이 혼났으니까 부모로서 속은 상하지만 솔직히 이번 기회에 자식이 반성을 했으면 좋겠다는 생각도 들었습니다.

검 사: ○○○ 군의 행동이 학생답다고 생각하십니까?

증 인5: 아니오, 조금…

검 사: 감사합니다. 피고인의 모습은 아버지의 눈에도 학생처럼 보이지 않았습니다. 자식이 본분이 학생의 의무는 다하지 않고 개성·자유 억압이라고만 주장하는 것은 옳지 못하다고 생각합니다.

판 사: 이제 검사, 변호인, 최종결론을 내려주십시오.

변호인: 네, 마지막으로 피고인에게 묻겠습니다. 이 사건을 자신은 어떻게 생각하고 있습니까?

피고인: 이건 당연한 개성억압입니다. 나에게는 나만의 개성이 있습니다. 그것을 다른 사람 때문에 억압당할 수는 없습니다.

변호인: 네, 개성이란 그 개인만이 가지고 있는 특성을 말합니다. 소질 계발에도 중요한 역할을 합니다. 그런데 그 개성을 억압하는 것은 소질이 있어도 더이상 발전을 누르는 것과 같은 이치입니다. 개성이 학생부의 몽둥이로 인해 억압되어져서는 안 됩니다. 머리를 다 같이 짧게 자르게 하고 똑같은 옷을 입게 하는 것도 개성억압입니다. 사람은 그 사람 나름대로의 특성을 지키려 하고 또 그것을 표현하려 합니다. 그러나 그것을 억압하고 모두를 똑같이 만들면 우린 고정관념과 틀에 박힌 테두리 안에서 빠져나올 수 없습니다. 개성의 신장은 장차 사회의 발전과도 관계가 깊습니다. 비록 작은 것이지만 지금부터 우리는 개성을 억압당하지 않고 우리의 개성을 존중받아야만 합니다. 그러므로 이번 사건은 학교의 학생에 대한 개성억압 자유권 침해죄에 해당한다고 주장합니다.

검 사: 네, 물론 '개성'이란 것은 대단히 중요합니다. 학교에서도 학생들의 개성을 존중해 주기 위해 노력하고 있습니다. 그러나 자유나 개성은 남에게 피해를 주지 않는 범위 내에서 규범과 규칙들을 위반하지 않고 이루어져야 합니다. 학생이 머리를 기르고 싶고 사복을 입고 싶어하는 것은 교칙에 위반되므로 개성이라 할 수 없습니다. 학교에 소속된 이상 그 학교의 규칙을 따라야 하기 때문입니다. 학생이 자신의 본분에 맞지 않는 행동을 하고 학생의 의무는 외면한 채 오직 자유와 개성만을 주장하는 것은 옳지 않습니다.

이 사건은 자신의 자식이 잘못을 해서 그것을 타이르는 부모와 자신을 타이르는 부모에게 왜 혼내냐며 따지는 아이의 경우와 같습니다. 판사님 그리고 여러분, 이 둘 중에 누구의 잘못이 더 크다고 생각하십니까? 이상입니다.

판 사: 이상 검사, 변호인 수고 많으셨고 의견 잘 들었습니다. 개성은 소중하고 의미 있는 것입니다. 누구도 개인의 개성을 억압할 수는 없고 또 침해해서도 안 됩니다. 그러나 그 개성도 남의 개성을 침해하지 않는 범위 내에서만 발휘될 수 있는 것입니다. 그리고 양쪽 모두 좋은 근거를 제시해 주셨습니다. 스포츠 머리는 학생답고 단정하지만 경제적 부담이 크고 정확한 규정이 없어 지키기 어렵습니다.

그리고 이번 사건에서 학생부가 ○○○ 군의 개성을 침해하였으며 ○○○ 군이 교칙을 위반한 것도 사실입니다. 그러면 사건에 대한 판결을 내리겠습니다. (잠시 5분 간 쉰 후)

먼저 학생회를 개최하여 학생들끼리 자치적으로 한 번 규율을 정해 보십시오. 단 스포츠 머리라는 조건 하에서 구체적인 규정을 정하십시오. 알겠죠? (변호인 끄덕거린다)

그 후에 학생회에서 결정된 내용을 바탕으로 두발에 대한 세부규율을 최종적으로 선생님들께서 논의하셔서 10일 이내에 전교에 공표하십시오. 단 규제는 완화해 주시기 바랍니다. 알았죠? 그리고 학생들은 그 규정을 꼭 지키십시오. 세부규정 위반시는 학교에서 처벌하겠습니다. 양측 이의 없죠? (모두 끄덕거린다)

그러면 이것으로써 '○○○ 군의 머리 고속도로 사건'에 대한 재판을 마치겠습니다.

땅! 땅! 땅!

■ 집필책임자 ■

심성보   부산교대 교수(윤리사회과)

■ 집필진 ■

김용환   한남대 교수(철학과)
강보길   인천기계공고 교사
강현선   서울 방화중 교사
박길자   부산 개금여중 교사
백영애   서울 강남여중 교사
이미식   부산 동명여중 교사
현원일   서울 세륜중 교사

인권교육 어떻게 할 것인가

인　쇄: 2000년 5월 3일
발　행: 2000년 5월 13일

편　자: 유네스코한국위원회
발행인: 부성옥
발행처: 도서출판 오름
등록번호: 제2-1548호 (1993. 5. 11.)

· 서울특별시 서초구 서초동 1420-6 통일시대연구소빌딩 301호
· 전화: (02) 585-9122, 9123 / 팩스: (02) 584-7952
· E-mail: oruem@oruem.co.kr
· URL: http://www.oruem.co.kr

ISBN 89-7778-046-2   93370

＊잘못된 책은 교환해 드립니다.